FRANK FABIAN

PARAHISTORIE - UNERKLÄRLICHE PHÄNOMENE DER GESCHICHTE

REDLINE | VERLAG

Frank Fabian

PARAHISTORIE

UNERKLÄRLICHE PHÄNOMENE DER GESCHICHTE

Was spirituelle Quellen, Propheten und paranormale Ereignisse über die Menschheitsgeschichte verraten

Bibliografische Information der Deutschen Nationalbibliothek:
Die Deutsche Nationalbibliothek verzeichnet diese Publikation in der Deutschen Nationalbibliografie; detaillierte bibliografische Daten sind im Internet über http://d-nb.de abrufbar.

Für Fragen und Anregungen:
info@redline-verlag.de

1. Auflage 2023

Türkenstraße 89
D-80799 München
Tel.: 089 651285-0
Fax: 089 652096

Redaktion: Monika Spinner-Schuch
Umschlaggestaltung: Marc Fischer
Umschlagabbildung: Vezdehod/ Shutterstock
Satz: ZeroSoft, Timişoara
Druck: GGP Media GmbH, Pößneck
Printed in Germany

ISBN Print 978-3-86881-943-4
ISBN E-Book (PDF) 978-3-96267-531-8
ISBN E-Book (EPUB, Mobi) 978-3-96267-532-5

Wir produzieren nachhaltig
www.m-vg.de

Weitere Informationen zum Verlag finden Sie unter

www.redline-verlag.de

Beachten Sie auch unsere weiteren Verlage unter www.m-vg.de

INHALT

PARAHISTORIE UND DIE ENTWICKLUNG EINER WISSENSCHAFT

Wir alle kennen den Ausdruck *Para-Psychologie.* Der Begriff beschreibt jenen Zweig der Psychologie, der *jenseits* der gängigen, »normalen« Psychologie liegt. »Para« bedeutet im Griechischen wörtlich »neben«, »psychologia« heißt so viel wie »Seelenkunde«.

Es handelt sich bei der Parapsychologie um einen Forschungszweig, der der Psychologie angelagert ist und in deren Rahmen unter anderem außergewöhnliche *psychische Fähigkeiten* untersucht werden, denen mit den »normalen« Methoden und Mitteln der althergebrachten Psychologie nicht beizukommen ist. Weiter werden das *Leben nach dem Tod* sowie *paranormale* Phänomene im Rahmen dieser Disziplin aufs Korn genommen.

Kein Fachgebiet könnte spannender sein.

Es geht kurz gesagt um aufregende, hochinteressante spirituelle Talente. Außersinnliche Wahrnehmungen, die Fähigkeit, ein künftiges Ereignis vorherzusagen und Geistererscheinungen sind nur einige Forschungsgebiete, deren sich sogar Universitäten annahmen – alles im Rahmen der »Parapsychologie«.

Sobald etwas über das »Gewöhnliche« hinausging, sobald es sich um Grenzgebiete handelte wie Hypnose, »magnetische Energiefelder«, die eine Person umgaben, Telepathie, Trance, Gegenstände, die scheinbar aufgrund spiritueller Einwirkung schweben und sich bewegen konnten, verfrachtete man sie rasch in das Fachgebiet der »Parapsychologie«.

Schon im 19. Jahrhundert wurden parapsychologische Institute und Lehrstühle ins Leben gerufen, die sich mit dieser unvorstellbar interessanten Disziplin befassten, mit »psychischen Besonderheiten«, so in den USA, England und in den Niederlanden. Später nahmen sich rund 30 Nationen, inklusive Deutschlands und der UdSSR, all dieser paranormalen Phänomene an.

Begeisterung griff um sich. Selbst Spionageorganisationen, die normalerweise aus hartgesottenen Agenten bestehen, wo nur Fäuste und Colts zählen, entdeckten auf einmal die Parapsychologie. Sie arbeiteten mit speziellen hellseherisch begabten Medien zusammen, die den Feind, manchmal über eine Entfernung von vielen tausend Meilen hinweg, ausspähen sollten. Eine neue Ära innerhalb der Spionage begann. In Ost und West suchte man sich gegenseitig zu übertrumpfen, die Russen suchten den Amerikanern den Rang abzulaufen.

Weiter wurden »Kriminaltelepathen«, die ohne Worte kommunizieren und Gedanken lesen konnten, auf einmal im Rahmen der Verbrechensaufklärung eingesetzt, teilweise mit spektakulären Erfolgen.

Parapsychologen betraten völliges Neuland, sie begaben sich in den Bereich der Seele. Weiße Flecken auf der Terra incognita, der »unbekannten Landschaft« der Psyche und des Geistes, wurden entdeckt und auskartographiert.

Fieberhaft forschte man. Man stellte Laboruntersuchungen und die unglaublichsten Experimente an, um die Existenz von außerkörperlichen Wahrnehmungen und anderen spirituellen Phänomenen hieb und stichfest zu beweisen.

Die Altherrenriege innerhalb der Psychologie stand Kopf. Einige ihrer Vertreter bewaffneten sich bis an die Zähne und sagten der Parapsychologie den Kampf an. Aber warum? Nun, das gesamte Weltbild verschiedener »Autoritäten« innerhalb der Psychologie begann mit einem Mal zu wanken.

Oh nein! Der Mensch bestand aus Körper *und* Seele?

Die Beweise häuften sich und nahmen ständig an Umfang zu. Parapsychologen bedienten sich der Experimente, die neutral, minutiös und von unabhängigen Gremien überwacht wurden. Sie setzten ferner bewährte wissenschaftliche Methoden ein, wie die Statistik, und bewiesen schließlich ohne Wenn und Aber, dass bestimmte parapsychologische Phänomene ganz zweifelsfrei existierten.

Die Tiefe des menschlichen Bewusstseins wurde ausgelotet und ausgemessen und immer mehr Grenzgebiete untersucht. Wiederholt stieß man auf die Existenz außersinnlicher Wahrnehmung und auf andere Bewusstseinszustände, die man bislang penetrant ignoriert hatte.

Offenbar gab es eine Welt außerhalb der »normalen« Welt. Telepathie, sprich Gedankenübertragung und Gedankenlesen, sowie die Vermittlung von Informationen allein durch Gefühle, ohne die klassischen fünf Sinne, gab es wirklich und wahrhaftig. Sogar der Normalmensch konnte das feststellen, wenn er ein besonders exzellentes Verhältnis zum Beispiel zu der eigenen Mutter besaß und »zeitgleich« ähnliche oder gleiche Gedanken wie sie dachte, obwohl Tausende Kilometer zwischen ihnen lagen. Die »Gedankenübertragung« war fast jedem real, zumindest im Ansatz.

Himmel, die Welt war voll von Geistererscheinungen, Spukgeschichten, Erzählungen rund um Poltergeister, Fernwahrnehmungen und Berichten über frühere Leben. Auch die Existenz außerhalb eines menschlichen Körpers wurde zunehmend diskutiert.

Hatte denn bislang niemand die Augen aufgemacht? Hatte man, verflixt!, bislang versäumt zu erkennen, dass es eine *Seele* gab, die nicht unbedingt mit dem Körper und dem materiellen Universum identisch war?

Auch die Existenz der mentalen Einflussnahme existierte ganz zweifelsfrei, wie Hypnose-Experimente bewiesen.

Wie konnte man nur so ignorant und verbohrt sein, diese Tatsachen, die doch ohne jede Frage existierten, abzuleugnen?

Natürlich gab es auch genügend Scharlatane und Schurken im Rahmen der Parapsychologie, die durch ein paar Taschenspielertricks das gesamte Gebiet dieser neuen Disziplin in Misskredit brachten. Es fanden betrügerische *Séancen*, sprich Sitzungen, statt, bei denen angeblich die Geister der Verstorbenen herbeigerufen werden konnten, währenddessen man einem gutgläubigen Trottel nur das Geld aus der Tasche zog.

Trotzdem waren bestimmte parapsychologische Phänomene einfach nicht wegzudiskutieren, wenn man auch nur halbwegs objektiv urteilte.

Und so erfreut sich diese Disziplin bis heute einer enormen Anziehungskraft.

PARAHISTORIE

Der Begriff »Parahistorie« ist eine Parallel-Wortbildung zu der »Para-Psychologie«.

Unter Parahistorie verstehen wir an dieser Stelle ausdrücklich nicht die gängige Definition, die da besagt, dass es sich um »Alternativ-Geschichte« handelt, das heißt um imaginäre Geschichte, potenzielle Geschichte oder Eventual-Geschichte – wie sie so gern im Rahmen des Science-Fiction-Genres vorgestellt wird.

Wir definieren an dieser Stelle das Wort völlig anders.

Wir verstehen unter *Parahistorie* eine neue Methode der Geschichtsschreibung, die auch ganz andere Informationsquellen zulässt, als das bislang der Fall war.

Im Rahmen der »Parahistorie«, wie wir sie begreifen, versucht man, mit alternativen Methoden Erkenntnisse über die Vergangenheit zu gewinnen.

Im Grunde genommen handelt es sich um einen völlig neuen Wissenszweig, der bislang nie als eigenes Fachgebiet definiert wurde und bestenfalls punktuell Aufmerksamkeit erfuhr.

Parahistorie in diesem Sinn ist streng abzugrenzen von der »normalen« Historie und Geschichtswissenschaft. In der gängigen Geschichtsschreibung versucht man, mit Ausgrabungen, Dokumenten, Aufzeichnungen, Münzen, alten, verblichenen Knochen und verschiedenen Berichten zu ergründen, wie sich »Geschichte« ehemals abgespielt hat. Man konsultiert handfeste *materielle* Quellen, wie man das nennen könnte.

Die Parahistorie dagegen gewährt auch *mentalen* und *spirituellen* Quellen Raum. Dazu gehören Wahrnehmungen über große zeitliche und räumliche Entfernungen hinweg und Erinnerungen an frühere Leben, kurz Phänomene, die in das Fachgebiet der *Parapsychologie* gehören.

Die Parahistorie nimmt diese Quellen zumindest in Augenschein.

Sie bügelt nicht von vorneherein alles ab, was nicht in den allgemein akzeptierten »wissenschaftlichen« Rahmen passt. Sie pfeift auf die Vokabel »Wissenschaft«, auch weil Parahistoriker nur zu gut wissen, wie oft dieses Wort missbraucht worden ist. Der Parahistoriker kümmert sich nicht um etablierte Lehrmeinungen, er sucht im Gegenteil alte, ausgetretene Pfade zu verlassen. Er untersucht Legenden und Mythen sehr viel genauer. Er verwirft nicht von vorneherein »Erinnerungen« und »Geheimtexte«. Selbst »Propheten«, »Erleuchteten«, Priestern und Propheten gewährt er Raum, wenngleich sich der Parahistoriker durchaus des Umstandes bewusst ist, wie angreifbar solche Quellen sind und dass sich auch hier viele Scharlatane tummeln, nicht anders als in der Parapsychologie.

Aber er realisiert ebenfalls, teilweise mit Erstaunen, wie genau mitunter die (früheren) Berichte von »medial begabten« Menschen mit den (späteren) Entdeckungen der herkömmlichen Geschichtswissenschaft übereinstimmen, die mit einer gewissen Verzögerung das Licht der Welt erblickten.

Der Parahistoriker ist sich der Achillesferse seiner Behauptungen sehr wohl bewusst, aber er klammert nicht zahlreiche Phänomene von vorneherein aus.

Er ficht das rein materialistische Weltbild an. Noch einmal: Er lässt mentale und spirituelle Fähigkeiten gelten.

Innerhalb der Parahistorie ist es gestattet, Stimmen, die üblicherweise außerhalb der gängigen Geschichtsforschung liegen, zumindest zuzuhören – wie etwa Berichten über Götter, Riesen, Zwerge, gewaltige Ungeheuer, früheste Zivilisationen und vieles mehr.

Der Parahistoriker verweist lächelnd auf den Umstand, dass man einst Geschichten über Riesen, Dinosaurier oder andere »Ungeheuer« in den Bereich des Märchens verwies – bis eines Tages entsprechende Knochen gefunden wurden, die genau diesen Umstand zweifelsfrei bewiesen: *dass* es ehemals Dinosaurier gab sowie eine Unzahl anderer gewaltiger Urvögel, Fische und Landtiere, sprich riesige »Ungeheuer«, die heute ehrfurchtsvoll in Museen ausgestellt werden. Auch »Riesen« fand man längst, sprich Menschenknochen, die Zeugnis dafür ablegen, dass es vormals durchaus sehr, *sehr* große Menschen gab – eben Riesen, nebenbei bemerkt auch Zwerge.

Und was ist mit den legendären Drachen? Nun, Menschen, die behaupteten, es gäbe Drachen, wurden buchstäblich jahrhundertelang verlacht. Man amüsierte sich köstlich und machte sich über sie lustig. Doch da passierte es: Im Jahre 1912 entdeckte man auf einigen indonesischen Inseln, nördlich von Australien also, tatsächlich »Drachen«. Es handelte sich um Komodowarane, sprich »Drachen«, wie man sie sich nicht besser wünschen konnte. Sie spuckten zwar kein Feuer, aber ansonsten ähnelten sie haargenau den »Ungeheuern«, die längst beschrieben worden waren.

Mehr und mehr angebliche »Legenden« entpuppten sich im Laufe der Geschichtsforschung als wahr. Man denke nur an Troja, eine Stadt auf (heute) türkischem Boden, die einst von den Griechen bekämpft und eingenommen wurde. Eben diesen Krieg beschrieb der Dichter Homer unvorstellbar genau. Lange belächelte man diese seine Erzählung. Schließlich wurde Troja von dem Forscher Heinrich Schliemann entdeckt und ausgegraben. Anfänglich hatte man sich im Kreis der »etablierten Wissenschaft« über ihn mokiert, ja ihn sogar mit Schmutzkampagnen überzogen.

Die Parahistorie ist vorurteilsfrei. Sie untersucht selbst ausgefallene Berichte, die normalerweise in den Bereich der »Mythen« verwiesen werden und denen man keinerlei »Wahrheitsgehalt« im Kreis der etablierten Historiker zugesteht. Sie weigert sich, solche Berichte einfach abzutun, nur weil sie nicht in das momentane Weltbild passen. Innerhalb dieser neuen Disziplin schreckt man auch nicht vor »unglaublichen Begebenheiten« zurück, nur weil sie zunächst »unwahrscheinlich« klingen.

Der Parahistoriker weiß, dass es mehr Dinge zwischen Himmel und Erde gibt, als unsere Schulweisheit sich träumen lässt. Für ihn ist es klar, dass wir erst am Anfang vieler Entdeckungen stehen und Bescheidenheit und Neugier gegenüber einigen Phänomenen angebracht sind – nicht Ablehnung und Vorverurteilung.

Er verfügt über keine Scheuklappen und hat keine Brille auf der Nase, die einige Farben vollständig ausblendet.

Der Parahistoriker lehnt es ab, sich bevormunden zu lassen.

Er ist sehr viel wacher, vorurteilsfreier und unbelasteter als so mancher historische Akademiker, dem es nur erlaubt ist, sich intellektuell in einem vorgezeichneten, genau abgesteckten, abgezirkelten, engen Rahmen zu bewegen – ansonsten wird er von der Gemeinde der »ernsthaften Wissenschaftler« ausgeschlossen.

Er weiß, dass er irren kann, aber er lässt zahlreiche Phänomene zunächst einmal gelten und leugnet sie nicht arrogant ab, ohne sie auch nur in Augenschein genommen zu haben.

Parahistorie untersucht wertneutral alle geschichtlichen Phänomene, die bislang nicht erklärt werden konnten – auch etwa die Behauptungen vieler »übersinnlich« begabter Menschen, die vorgeben, über besondere Wahrnehmungskanäle zu verfügen.

Es gibt Zeitgenossen, die behaupten, in weit vergangene Zeit »zurückkehren« zu können – ähnlich wie Zeitreisende, nur ohne Körper und Leib, lediglich »mental«.

Kein Thema könnte erregender und spannender sein.

Und warum soll dies eigentlich nicht möglich sein?

Beinahe täglich entdecken wir neue Fähigkeiten innerhalb der Tier- und Pflanzenwelt. Warum sollte ausgerechnet dieses spezielle »Erinnerungstalent« bei Menschen so außergewöhnlich sein?

Selbst C. G. Jung, der große Psychologe, räumte ein, dass es so etwas wie »archetypische« Erinnerungen gibt, zu denen etwa die Existenz von Drachen und Schlangen gehören und andere »Urbilder« oder symbolische Bilder. Er sprach von einem *kollektiven Bewusstsein* oder *Unterbewusstsein*.

Der Parahistoriker weiß, dass es ist im Grunde genommen »unwissenschaftlich« ist, wenn man bestimmte Quellen kategorisch für falsch, erlogen und verrückt erklärt, ohne sie genauer untersucht zu haben. Man muss allem zunächst einmal eine gewisse »Wahrheitsmöglichkeit« einräumen.

Und so plädieren wir für diese neue Wissenschaftsdisziplin, der bei allen Fallstricken und Fährnissen dennoch zumindest die Existenzberechtigung zugesprochen werden sollte.

Umgekehrt weiß der Parahistoriker sehr wohl, innerhalb welch enger Grenzen sich der »normale« Geschichtswissenschaftler bewegt, der ach so stolz ist auf seine scheinbare »Objektivität«.

Keine Behauptung könnte jedoch anfechtbarer sein.

Leuchten wir also einmal hinter die Kulissen und verraten wir, worüber innerhalb der »normalen« Geschichtswissenschaft eisern geschwiegen wird.

PROBLEME DER GÄNGIGEN GESCHICHTSSCHREIBUNG

Objektivität! Neutralität! Unparteilichkeit! So lauten die Forderungen der Herren Wissenschaftler, was das Fach »Geschichte« angeht.

Aber ach! An eben diesen Postulaten bissen sich schon viele Philosophen, Theologen, Schriftsteller und Historiker die Zähne aus. Und nahezu ausnahmslos scheiterten sie.

Alle, alle rutschten auf diesem gefährlich glatt gebohnerten Parkett aus: Herodot, Thukydides, Aristoteles, Tacitus, Strabon, Tours, Herder, Hegel, Marx, Febvre, Droysen, Spengler, Toynbee, Mommsen und wie sie alle heißen.

Jeder schriftstellernde Historiker weiß, dass er nie wirkliche Objektivität erreichen kann, ganz einfach, weil zu viele Fakten und zu viele Gesichtspunkte existieren. Dabei ist ein Großteil der Fakten längst verloren gegangen, wieder andere Fakten wurden absichtlich vernichtet.

Gibt es überhaupt so etwas wie Objektivität in der Geschichtsschreibung?

Ist nicht jeder Historiker vorgeprägt – durch Erziehung, Lehrer, Bücher, Stadt, Land und Nation? Besitzt er nicht seine Neigungen, Abneigungen, Lieblingstheorien und Wertsysteme, die religiöser, weltanschaulicher oder politischer Natur sein können – und ist also kläglich befangen in seinen eigenen Vorurteilen? Sind selbst in den hervorragendsten wissenschaftlichsten Arbeiten nicht schon die gestellten Fragen subjektiv, geschweige denn die Anordnung der Fakten oder gar die Auswertungen? Und ist es nicht beobachtbar, dass jeder »normale« Historiker recht willkürlich selektiert, thematisiert und interpretiert?

Und also könnte man 101 Einwände erheben, was die Objektivität der herkömmlichen, gängigen Geschichtswissenschaft angeht.

Der Katalog der Einwände ließe sich leicht erweitern: Selten überblickt heute selbst ein ausgezeichneter Historiker mehr als 200 bis 500 Jahre innerhalb einer einzigen bestimmten Kultur, denn das Datenmaterial ist einfach zu umfangreich. Längst unterscheidet man deshalb etwa zwischen »Technikgeschichte«, »Militärgeschichte«, »Kulturgeschichte«, der Geschichte der Frauen, der »Alltagsgeschichte«, der »Landesgeschichte«, der lokalen Geschichte und noch vielen Geschichtsarten mehr.

Geschichte ist ein Ozean von Daten, in dem man ertrinken kann.

Deshalb konzentriert man sich innerhalb von deutschen Universitäten auch vornehmlich nur auf die Geschichte des eigenen Landes, die jedoch zumeist überstrapaziert wird. Gelegentlich wird in unseren Schulen und Hochschulen auch die europäische Geschichte gestreift, aber sie wird nicht intensiv genug behandelt. Auch die Geschichte Afrikas, Australiens und Amerikas etwa wird im Allgemeinen ignoriert oder fristet ein stiefmütterliches Dasein. Asien wird allenfalls am Rande wahrgenommen. Die Geschichte Persiens, Indiens und Russlands steht selten auf dem Stundenplan. Die Historie Griechenlands und Roms ist dagegen überrepräsentiert. Das alles führt jedoch zu einem zu engen Blickwinkel.

Wahrheiten, die unter den Teppich gekehrt werden

Auch die »normale Geschichte« (im Gegensatz zur *para*normalen Geschichte) wird stets von unterschiedlichen Gesichtspunkten aus geschrieben – zum Beispiel von dem Gesichtspunkt einer bestimmten Führungspersönlichkeit aus oder einer bestimmten Klasse, Rasse, Partei, Nation oder Religion. Diese unterschiedlichen Gesichtspunkte sind selten oder nie auf einen gemeinsamen Nenner zu bringen.

Insofern gibt es auch keine objektive Wahrheit in der »normalen« Geschichtsschreibung.

Gefühlte 70 bis 80 Prozent der *gesamten* Geschichtsschreibung wurden durch eine politisch/parteiliche und/oder religiös/weltanschauliche Sicht verfälscht.

Hinzu kommt, dass stets Sieger Geschichte schreiben. Die »normale« Geschichtsschreibung ist deshalb selten oder nie neutral.

Darüber hinaus existieren ein präzises Know-how und eine hohe Schule der Lüge und der Fälschung, was eben diese »normale« Geschichtsschreibung angeht. Über die Methoden der Fälschung innerhalb der herkömmlichen Geschichtsschreibung könnte man zehn und mehr Bände verfassen. Dazu gehören die falsche Zeit, der falsche Ort, die falschen (oder unsichtbaren) Drahtzieher/Verursacher eines Ereignisses, die reine Erfindung, die Viertel-, Halb- und Dreiviertel-Lüge, gefälschte Dokumente, gefälschte archäologische Funde, unkorrekte mündliche Überlieferungen, geschönte Darstellungen, Auslassungen, Hinzufügungen, »Erscheinungen«, die nicht beweisbar sind, falsch aussagende oder frei erfundene Zeugen, »Geschichtsphilosophien« und einiges mehr.

Unter einer »Geschichtsphilosophie« versteht man die angeblich einzig richtige Art und Weise, wie man Geschichte darzustellen hat.

Eine »Geschichts-Philosophie« sucht von vorneherein festzuklopfen: 1. wie Geschichte vorgeblich voranschreitet und 2. was das angebliche Ziel der Geschichte ist, sowie 3. *wie* man Geschichte niederschreiben und verfassen sollte.

Beispiele hierfür sind der Marxismus, der Nationalsozialismus oder die jüdisch, christlich oder islamisch motivierte Geschichtsschreibung. Die meisten »Geschichtsphilosophien« werden dazu benutzt, um der eigenen Weltanschauung, Ideologie oder Theologie als Magd zu dienen.

»Objektive« Geschichtsschreibung innerhalb der »normalen« Historie? Bei Licht betrachtet handelt sich um nichts anderes als um einen köstlichen Witz.

Die herkömmliche Geschichtsschreibung

Selbst die »normale« Geschichtsschreibung ist eben *nicht* wertneutral und objektiv. Sie ist immer subjektiv.

Nicht aufmerksam gemacht haben wir dabei auf die ständigen Neuinterpretationen der Geschichte durch nachwachsende Generationen von Historikern, die gewöhnlich völlig neue Blickwinkel anlegen.

Die überlieferte Geschichtsschreibung, so wie wir sie kennen, ist nichts anderes als das, worauf sich die Gelehrten, die momentan gerade am Ruder sind, nur einigen.

Hinzu kommen die persönlichen Emotionen und Einstellungen vieler Historiker. Einige empfinden beispielsweise Zorn auf die Monarchie – was sich sofort in ihren »geschichtlichen Berichten« niederschlägt. Andere hassen »Konservative« – und schon manipulieren sie unbewusst oder bewusst ihre »historischen Darstellungen«. Und so gibt es auch ein persönliches, privates und emotionales Moment, wodurch die »normale« Geschichtsschreibung verfälscht wird.

Der ärgste Fehler besteht freilich darin, dass »Historie«, so wie sie momentan gelehrt wird, von einem »festen Weltbild« ausgeht, das mit Zähnen und Klauen verteidigt wird. Kurz gesagt ist dieses Weltbild »materialistisch«. Es geht davon aus, dass ein paar tote Steine mehr über die Vergangenheit verraten als Beobachtungen und Vermutungen intelligenter, ahnungsvoller Zeitgenossen. Die Existenz der »Seele« wird a priori abgelehnt. Mit welcher Berechtigung eigentlich? Spirituelle Erfahrungen werden rigoros ausgeblendet.

Die Abstammung des Menschen vom Affen dagegen ist Diktat, sowie die Vorstellung, dass sich der Mensch langsam »höher entwickelte«. Anderslautende Meinungen werden mit Hohn übergossen. In diesem Sinne wird die Existenz von Hochzivilisationen, die vor 20 000 Jahren, 100 000 Jahren oder gar Millionen von Jahren existiert haben mögen, einfach abgeleugnet oder penetrant ignoriert. Denn das passt nicht in das Schema und Kästchendenken, das man sich so hübsch zurechtgelegt hat.

Dabei gibt es längst die erregendsten Erkenntnisse über den Umstand, dass es erstaunliche Zivilisationen schon lange, lange vor der »offiziellen Menschheitsgeschichte« gab – wie sie die »normale« Historie erzählt.

Huii, plötzlich befinden wir uns mitten in der aufregendsten Diskussion.

UMWÄLZENDE ENTDECKUNGEN

Offenbar werden bestimmte Entdeckungen einfach vertuscht. In Mexiko und in den USA fand man beispielsweise Zeugnisse hochentwickelter Zivilisationen, die in einem Fall ein Alter von 250 000 Jahren aufwiesen und im anderen Fall zwischen 9 und 55 Millionen Jahre zurücklagen – obwohl dies nach der »offiziellen Lehrmeinung« eigentlich nicht möglich war ... denn »Hochzivilisationen« gab es gemäß der Schulbuch-Historie, gemäß der Establishment-Geschichtswissenschaft, frühestens vor rund 6000 Jahren. Erstaunliche Werkzeuge wurden jedenfalls in den USA und Mexiko von angesehenen Archäologen entdeckt, die nicht einmal dem Lager der »Parahistoriker« zuzurechnen waren.[1] Wären diese Entdeckungen einer breiten Leserschaft zugänglich gemacht worden, so hätten sie das gesamte Weltbild der bisherigen Historie und Archäologie von Grund auf verändert.

Was aber passierte in der Folge? Schnell wurden die Entdeckungen – in Zentralmexiko, im Staate Puebla, sowie in den USA, in Kalifornien – abqualifiziert, sie wurden lächerlich gemacht und versanken rasch in der Versenkung ...

Auch vor der Insel Kuba förderten Taucher Zeugnisse zutage, die eigentlich nicht existieren dürften und die darauf hindeuteten, dass unsere Zivilisation weitaus älter ist, als bisher angenommen. »Die Überreste einer versunkenen Stadt vor der Westküste Kubas [bestanden aus] massiven Steinblöcken ..., die in einer Tiefe von etwa 500 Metern rechtwinklige und kreisförmige Formationen sowie sogar einige Pyramiden bildeten.«[2]

Über das Alter dieser Funde schwieg man sich penetrant aus.

Eine weitere versunkene Stadt beträchtlichen Alters fand man vor der indischen Küste im Arabischen Meer, die Entdecker waren Vertreter des Indischen *National Institute for Ocean-Technology* (NIOT), die gewiss nicht der Parteinahme geziehen werden konnten. Steinsäulen, eingestürzte Mauern von mindestens zwei Städten, 2000 von Menschen hergestellte Artefakte, Töpferwaren, Schmuck, menschliche Knochen und sogar Hinweise auf eine Schrift wurden hier entdeckt.[3]

Datierungen ergaben ein Alter von rund 9000 Jahren, obwohl das erneut nicht in das Weltbild der etablierten Wissenschaft passte. Indien war nach Meinung der Establishment-Historiker zu dieser Zeit nur von Jägern und Sammlern besiedelt.

Ähnliche Entdeckungen machte man vor Japans Küste. Sporttaucher fanden hier vor der Insel Okinawa, die bekannt ist für ihre enorm langlebigen Bewohner, steinerne Gebilde und architektonische Details, gepflasterte Straßen und Kreuzungen, Treppenaufgänge und Pfeiler. Auch in diesem Fall waren die steinernen Gebilde sehr viel älter, als es die Schulbuch-Historie »erlaubte«.[4]

Und so könnte man immer weiter fortfahren und fortfahren.

Kurz gesagt könnten all diese Funde unser gesamtes Geschichtsbild verändern, ja sogar unser gesamtes Weltbild, wenn sie denn nur akzeptiert und ins allgemeine Bewusstsein gehoben würden. Wenn es schon vor Zehntausenden, Hunderttausenden oder gar Millionen von Jahren Hochzivilisationen gab, stürzen automatisch unsere ganze Establishment-Geschichtsschreibung sowie das hübsch zusammengebastelte Weltbild, das von einer mehr oder weniger gradlinigen »Höherentwicklung« vom Affen zum Menschen ausgeht, in sich zusammen.

Es würde sich um die größte intellektuelle Revolution seit Darwin handeln.

Parahistoriker haben keinerlei Problem mit solchen Funden.

Sie nehmen einfach zur Kenntnis, dass hier Entdeckungen gemacht wurden, die beweisen, was sie schon immer insgeheim dachten, ahnten oder annahmen: dass die Menschheitsgeschichte völlig umgeschrieben werden muss und dass die Vorstellung Darwins, der Mensch stamme vom Affen ab, gründlich auf den Prüfstand gestellt und hinterfragt werden sollte.

Die Beweise häufen sich, dass all die hübschen Bildchen und Zeichnungen, die uns allenthalben serviert werden und die suggerieren, dass über verschiedene Zwischenstationen der Mensch vom Affen abstammt, nicht korrekt sein können. Das gesamte Weltbild der »Höherentwicklung« des Menschen steht auf verflixt wackligen Beinen.

Im Rahmen der Parahistorie wurde indes schon lange behauptet, dass die Menschheitsgeschichte gänzlich anders verlief, als man es uns in der Schule weiszumachen versuchte.

Warum also verwendet man die Behauptungen der Parahistoriker nicht einfach als Stimulus, um tiefer zu graben und noch genauer nachzuforschen? Im Rahmen des Science-Fiction-Genres benutzten Ingenieure die ungeheuerlichen Behauptungen einiger Autoren intelligenterweise dazu, sich zu neuen Erfindungen anregen zu lassen. Bravo!

Jules Verne, der Vater der »Science-Fiction«, inspirierte zahlreiche Physiker, Chemiker, Tüftler und Bastler. Sie forschten genau in der Richtung weiter, die er mit flottem Griffel in seinen Romanen vorgegeben hatte. Und so gibt es heute Unterseeboote und hochtechnische Ballone.

Desgleichen sollte man nicht grundsätzlich alles verwerfen, was außerhalb des Rahmens der erlaubten, hehren »Geschichts-Wissenschaft« liegt, die doch selbst so denkbar unvollkommen ist.

Die Begabungen, die außerhalb der »normalen« historischen Geschichtsschreibung existieren, sollten genutzt werden: Es gibt Berichte über medial talentierte Zeitgenossen, die aus einem Knochensplitter oder einem Gegenstand, ja selbst aus Steinen ganze *Geschichten* herauslesen können. »1953 gelang es dem holländischen Hellseher Gerard Croiset mithilfe eines winzigen Knochensplitters, eine genaue Beschreibung der Höhle, aus der er stammte, zu geben wie auch der exakten Umgebung, der ehemaligen Bewohner und einer religiösen Zeremonie, bei der dieser Knochen eine wichtige Rolle spielte … Alle Angaben Croisets wurden vom Rektor der Universität Witwatersrand [in Südafrika] … als korrekt bestätigt.«[5] Croiset (1909–1980) war ein holländischer Parapsychologe.

Es gibt medial begabte Menschen, die aus toten Gegenständen Informationen zu klauben vermögen.

Auch Georg Iwanowitsch Gurdjieff besaß angeblich dieses Talent. Gurdjieff (1866–1949) war ein griechisch-armenischer Magier, Philosoph, Esoteriker und Schriftsteller, der Methoden der Fakire, bestimmter Mönche und Yogis miteinander verband und erklärte, in bestimmten Gegenständen Geschichten und Geschichte sehen zu können.

Ein polnischer Ingenieur, Stefan Ossowiecki (1877–1944), war lange Zeit Europas berühmtestes psychisches Talent. Er besaß angeblich die Fähigkeit, Objekte innerhalb eines verschlossenen Behälters zu »sehen« und konnte außerhalb des Körpers »umherwandern«. Durch das Berühren bestimmter Artefakte und Gegenstände zapfte er das »Gedächtnis« bestimmter Museumsobjekte an. »Knochen, Fischhaken, Steinwerkzeuge, keramische Figuren .... lieferten [ihm] regelrechte Augenzeugenberichte.«[6]

Verschiedene Phänomene einfach zu verwerfen, weil sie nicht in das momentane Weltbild passen, ist weder fair noch wissenschaftlich.

Die Parahistorie gibt uns jedenfalls Antworten auf Fragen, die uns die normale Historie nie geben kann und nie geben wird. Und schließlich steckt selbst in Legenden fast immer auch ein wahrer Kern, wie selbst hartgesottene »normale« Historiker zugeben.

Setzen wir also mit diesem Buch einen bescheidenen Anfangspunkt.

Tauchen wir als Erstes ein in eine der spannendsten Auseinandersetzungen, die bis heute die Gemüter erhitzt. Untersuchen wir in diesem Sinne zunächst das Thema *Atlantis* – aber mit einem völlig neuen Handwerkszeug. Lassen wir dabei die Methoden der »normalen« Historiker, des Establishments, nicht völlig außer Acht, aber konsultieren wir auch spirituelle Erfahrungen. Nutzen wir also unsere schöne, neue Wissenschaft, die Parahistorie, um neue Einsichten zu gewinnen. Gehen wir genau so vor, so sehen wir uns plötzlich sehr außergewöhnlichen Erkenntnissen gegenüber.

Atlantis erhebt sich plötzlich aus den Wellen des Ozeans, es wird lebendig und taucht wieder aus den Wogen auf.

FASZINATION *ATLANTIS*

Es ist mehr als erstaunlich: Bis heute erschienen über *10 000* Bücher über Atlantis. 10 000! Einige Bücher gerieten zu fantastischen Bestsellern und fesselten Leser zeitweise mehr als Liebesromane oder Krimis – Genres, die ansonsten die Hitlisten anführen. Tatsächlich kann man die gesamte Literatur über diese geheimnisumwobene, mystische Insel, die einst im Meer versank, kaum mehr seriös in Augenschein nehmen, so umfangreich ist sie.

Das Thema *Atlantis* lässt die Gemüter nicht los. Allein der Klang des Wortes wühlt ungeheure Emotionen auf, was rational kaum zu verstehen ist. Eine unglaubliche Sehnsucht und Romantik, Geheimnis und Gefühl schwingen in den Wellenlängen des Wortes *Atlantis* mit und gleichzeitig der Wunsch, dass sich dieses mysteriöse Inselreich eines Tages wieder aus dem Meer erheben möge.

Schriftsteller zu allen Zeitaltern überschlugen sich förmlich – und das seit rund 2500 Jahren! –, wenn die Sprache auf Atlantis kam. Über mysteriöse Hochtechnologien wurde berichtet und unglaubliche spirituelle Fähigkeiten, welche die Atlantiker oder Atlantiden besaßen, angefangen von der Telepathie bis hin zu dem Talent, mit riesigen Energien wie selbstverständlich umgehen zu können.

Selbst in der Neuzeit flaute das Interesse nicht ab. E. T. A. Hoffmann (1776–1822), der bekannte Schriftsteller der Romantik, konnte sich ebenso wenig von dem Thema losreißen wie zahlreiche andere Autoren.

Bücher über Atlantis belegten schon bald die Bestsellerlisten und wurden vom Publikum voller Gier verschlungen. Ignatius Donnelly (1831–1901), ein US-Abgeordneter und Autor, verdiente sich mit seinem Atlantis-Buch eine goldene Nase.

Esoteriker und Okkultisten stürzten sich ebenfalls auf das Thema. Neue Bestseller erblickten das Licht der Welt. Alte Seebären erwarben Hightech-Schiffe und stellten

Spezialcrews zusammen, um Atlantis wiederzuentdecken. Tiefseetaucher suchten den Meeresboden ab.

Als Jules Verne (1828–1905), einer der Väter der Science-Fiction-Literatur, dem wir bereits begegnet sind, seinen weltberühmten Roman 20 000 Meilen unter dem Meer schrieb, ließ er seinen Protagonisten, seine Hauptfigur, Kapitän Nemo, die Ruinen von Atlantis am Meeresgrund finden. L. Sprague de Camp (1907–2000), ein späterer weltberühmter Science-Fiction-Autor, folgte seinen Spuren ... und hundert andere mehr.

Im 20. und 21. Jahrhundert versuchten sich zusätzlich zu den Federfuchsern zahlreiche Filmemacher an dem Thema. Einige waren förmlich besessen von der Idee. Vielleicht, vielleicht handelte es sich bei Atlantis um den Ursprung aller Hochkulturen? Es war nicht auszudenken, welche Wirkung der Umstand auslösen würde, wenn das geheimnisvolle Inselreich endlich, endlich gefunden wurde. Die gesamte Menschheitsgeschichte konnte neu geschrieben werden!

Archäologen und Wissenschaftler fühlten sich aufgerufen, nach der sagenhaften Insel zu forschen, genauso wie Utopisten und Historiker aller Provenienz, ob sie nun der »normalen« oder der »paranormalen« Geschichtsschreibung zuneigten.

Nach wie vor werden Expeditionen ausgerüstet, die Millionen von Dollars verschlingen, um endgültig dem Rätsel Atlantis auf die Spur zu kommen und seine Ruinen im Meer ausfindig zu machen. Es ist sehr gut möglich, dass nie ein einzelnes Thema die Vorstellungskraft so in ihren Bann schlug wie die Kunde über Atlantis.

Aber wer hatte eigentlich als Erster darüber berichtet? Wer hatte die Fantasie derart angeheizt und angezündet, dass man förmlich nicht mehr davon loskam?

ZWEI ARTEN VON LITERATUR ZU ATLANTIS

Grundsätzlich gilt es, zwei Arten von Literatur über Atlantis zu unterscheiden.

Die erste ist »streng wissenschaftlich«, es handelt sich um »normale« Historie.

Die zweite Art von Literatur lässt ganz andere Quellen gelten als die »wissenschaftliche« Literatur. Wir sprechen von der Parahistorie oder paranormalen Historie, die wir bereits definiert haben.

Ihre Autoren sind Esoteriker, die sich nicht scheuen, sich zur »Reinkarnation« oder »Wiedergeburt« zu bekennen. Sie behaupten, sich *erinnern* zu können, mehr als einmal gelebt und viele, viele Existenzen hinter sich zu haben, ja, sie geben manchmal sogar Details aus ihren früheren Leben preis – wie zum Beispiel Erinnerungen über das sagenhafte Atlantis.

Allerlei Seher und Propheten, Okkultisten und Philosophen, religiös Erleuchtete und Medien tummeln sich in diesem Lager wie etwa Edgar Cayce (1877–1945), um nur ein prominentes Beispiel herauszupicken. Cayce erinnerte sich an Atlantis in Trance, heute spricht man in »eingeweihten Zirkeln« vom *Channeln* oder *Channeling*. Cayce arbeitete anfänglich als Buchhändler und Fotograf, bevor er sich darauf verlegte, in Trance Antworten auf Fragen über die nahe oder ferne Vergangenheit von sich zu geben.

Buchstäblich Hunderte von medial begabten Esoterik-Autoren stellten jedenfalls die Behauptung in den Raum, sich an ihre früheren Leben auf Atlantis erinnern zu können. Zu rund 20 Prozent weichen diese Erinnerungen stark voneinander ab, zu (gefühlten) 80 Prozent stimmen sie jedoch interessanterweise weitgehend miteinander überein.

Das ist erneut mehr als erstaunlich.

Atlantiker oder Atlantiden, ehemalige Bewohner von Atlantis also, sind deshalb längst innerhalb gewisser esoterischer Zirkel so etwas wie eine verschworene Gemeinschaft.

Untersuchen wir einmal beide Arten von Literatur. Die weitaus interessantere Art ist natürlich der esoterisch inspirierte Flügel, er ist schier unvorstellbar aufregend. Aber tun wir auch der hehren »Wissenschaft« Genüge und untersuchen wir zunächst, was selbst die heftigsten Kritiker zugeben, wenn die Sprache auf das mysteriöse Atlantis kommt.

ATLANTIS, DAS ALTE GRIECHENLAND UND DAS ALTE ÄGYPTEN

Mit Händen und Füßen sträuben sich einige Gelehrte gegen die Behauptung, dass *Atlantis* einst existierte – dieses mythische, versunkene Inselreich, das der griechische Philosoph **Platon** (427–347 v. Chr.) als Erster höchst ausführlich beschrieb.

Aber es gibt auf der anderen Seite auch Gelehrte, welche die Meinung vertreten, Atlantis habe einst existiert. Selbst das wissenschaftliche Lager ist also gespalten, sogar viele »normale« Historiker neigen der Ansicht zu, dass Atlantis durchaus existiert haben könnte.

Der Grund? Es gibt eine hoch seriöse Quelle – eben den griechischen Philosophen Platon, der für seine Wahrheitsliebe und sein hohes Ethikniveau, wie man das nennen könnte, bekannt war.

Tauchen wir ein in die Vergangenheit: Laut Platon handelte es sich bei Atlantis um eine gewaltige Seemacht, die »jenseits der Säulen des Herakles« gelegen war. Die »Säulen des Herakles«? Damit bezeichnete man in jenen Zeiten die Meerenge zwischen den Felsen von Gibraltar, dem südlichsten Zipfel Spaniens also, und dem Berg Dschebel Musa in Marokko/Nordafrika. Wiederholen wir: Eine *Meerenge*, eingerahmt von einem Felsen auf dem spanischen Festland und einem Berg auf der marokkanischen/afrikanischen Seite … das bedeutete der Ausdruck »jenseits der Säulen des Herakles«.

Die alten Griechen glaubten, dass dieser Berg und dieser Felsen zwei »Säulen« darstellten, auf denen die Welt ruht und die den Himmel tragen. Sie glaubten weiterhin, dass ihr starker Held Herakles hier kurzzeitig den Himmel abgestützt habe, der nach einer Weile jedoch eben diese beiden Säulen platziert habe. Und sie glaubten schließlich, dass hier das »Ende der

Welt« gelegen sei. Bei den »Säulen des Herakles«, in der Meerenge zwischen Spanien und Marokko also, hörte die Welt für die Griechen auf, zumindest die bekannte Welt.

»Dahinter« aber lag, laut Platon, einst das sagenhafte Reich Atlantis, das jedoch aufgrund einer Katastrophe eines Tages unterging. Atlantis befand sich also offenbar einst im Atlantischen Ozean, es lag zwischen Europa und Amerika.

Dabei ist das erst der Anfang des erregenden Berichts des alten griechischen Philosophen.

PLATONS BERICHT

Laut Platon existierte Atlantis 9000 Jahre vor Solon, also vor rund 11 500 Jahren, von unserer Gegenwart an gerechnet.

Platon berichtete, es handelte sich um eine starke Seemacht, die in Westeuropa und Nordafrika einfiel und auf der Höhe seiner Macht Ägypten, Spanien, Italien, die Türkei und viele Länder mehr beherrschte – und gerade dabei war, auch Griechenland zu unterwerfen. Aber die Griechen/Athener setzten sich mutig und unverdrossen zur Wehr.

Nach der Abwehr des Angriffs durch die Athener wurde Atlantis durch ein schweres Erdbeben heimgesucht. Schier der Himmel tat sich auf, die Erde schrie und jaulte und bewegte sich. Eine gigantische Flut überspülte die gesamte Insel, und Atlantis verschwand von einem Tag auf den anderen aus der Geschichte.

Doch wie sah Atlantis konkret aus?

Die »Insel des Atlas« war laut Platon reich an Rohstoffen, Gold, Silber und einem feurig schimmernden Metall, das der griechische Philosoph *Oreichalkos* nannte. *Oros* bedeutet im Griechischen »Berg«, *chalkos* »Erz«. *Oreichalkos* kann man wörtlich also mit »Bergerz« übersetzen. Heute geht man davon aus, dass damit auf eine Legierung aus Kupfer und Zink gedeutet wird, im Verhältnis 4 : 1. Platon berichtete, dass dieses »feurig schimmernde Metall« von den Atlantiden hoch geschätzt wurde.

Der griechische Philosoph beschrieb das Aussehen der Insel sehr genau. Die Struktur der Hauptinsel beruhte gemäß seinen Schriften auf exakten geometrischen Grundformen, sie war von breiten, schiffbaren Kanälen durchzogen, die sowohl ring- als auch strahlenförmig angelegt waren. Hierdurch entstanden viele kleine Binneninseln. Ein mächtiger Tempel erhob sich im Zentrum neben der Stadtburg zu Ehren Poseidons, dem Gott des Meeres. Um den Tempel herum waren goldene Statuen gruppiert, eine zeigte den Meeresgott als Lenker eines Streitwagens.

Die Wohnstätten der Herrscher lagen ebenfalls im innersten Bezirk und waren von einer Mauer umschlossen. In den ringförmigen Randbezirken lagen die Quartiere der Wächter, Krieger und Bürger. Drei kreisförmig angeordnete Ringmauern umfriedeten die gesamte Anlage, deren äußersten Kanäle als Häfen dienten.

In technischer Hinsicht war Atlantis offenbar weiter fortgeschritten als alle anderen Zivilisationen zu seiner Zeit.

Das Inselreich war zudem reich an seltenen Pflanzen und Bäumen, an exotischen Vögeln und prächtigem Getier, kurz, es handelte sich geradezu um ein kleines Paradies.

Nach Platon ging es um eine frühe Zivilisation, die erstaunliche Höhen erreichte.

Doch halt! Ist diese Behauptung nicht zu kühn?

Exkurs: Die ältesten Hochzivilisationen

Noch immer streitet man sich im Lager der Gelehrten darüber, wo die *älteste* Hochzivilisation auf Planet Erde beheimatet war.

Das Thema ist in sich selbst aufregend, denn wir begegnen auf einmal dem geheimnisvollen alten Ägypten, Indien, China und Sumer, wenn wir diese Frage aufwerfen.

Wann, verflixt, betrat die Menschheit insgesamt ein höheres Plateau und ließ die Barbarei hinter sich?

Gönnen wir uns einen kleinen Exkurs und betrachten wir dieses Problem genauer.

Geheimnisse des alten Ägypten

Viele Forscher deuteten auf das alte Ägypten, wenn die Frage nach der ältesten Hochzivilisation gestellt wurde. Und so viel ist richtig: Das alte Ägypten war einst die Nummer eins unter allen Nationen. Die Errungenschaften dieser Kultur, auf der wir alle ruhen, erstaunen uns noch heute.

Allein die Architektur erreichte im alten Ägypten eine Höhe, die im Grunde nie wieder übertroffen worden ist, wenn man von der jüngsten Jetztzeit absieht. Gleichzeitig wurde eine unvorstellbare Organisation auf die Beine gestellt, wie sie die Historie vorher nie gesehen hatte. Die Ägypter verfügten zudem über die reichsten Städte im Reigen der damaligen Zivilisationen, mit Bauten und Tempeln, die uns noch immer sprachlos machen. Es wurde mit weißem Marmor, Granit, Diorit, Alabaster und anderen Materialien gebaut, die bis heute unvergänglich sind. Raffinierte Säulen entstanden in reicher Zahl, weiter Flachreliefs, Sphinxe und Statuen – in Karnak allein gibt es 86 000 Statuen. Feinste Zeichnungen und Bildhauerarbeiten findet man überall, Festhallen und Obelisken in einer überbordenden Fülle.

Die zahlreichen Kanäle und Bewässerungsanlagen waren ebenfalls ein schieres Wunder der Ingenieurkunst, die es gestattete, dass der Ackerbau auf ein vollständig neues Niveau gehoben wurde. Weiter machte die Wissenschaft Quantensprünge. Die Mathematik wurde geboren, die Astronomie und ein Kalender entstanden. Anatomie und Physiologie, Medizin und Chirurgie erblickten das Licht der Welt. Die Uhr und die Geometrie wurden erfunden und ein neues, weitaus höheres Niveau der Wohnqualität geschaffen.

Sogar eine Schrift entwickelte sich – vielleicht die wichtigste Erfindung der gesamten Geschichte. Unversehens konnten abstrakte Ideen dargestellt werden.

Aber wie alt ist diese Zivilisation? Archäologen belehren uns, dass sie bereits 4000 v. Chr. existierte. Sie ist also rund 6000 Jahre alt.

Doch was ist mit den Sumerern?

Eine vergessene Kultur oder was über die Sumerer nicht bekannt ist

Fragen wir uns zunächst: Wo befand sich überhaupt das Land Sumer?

Nun, es lag in *Mesopotamien*, genauer gesagt handelte es sich um ein Teilgebiet Mesopotamiens. Der Begriff *Mesopotamien* ist angeblich auf Alexander den Großen zurückzuführen, der damit ein Land »zwischen zwei Flüssen« bezeichnete, (= *méso potamós* auf Griechisch). Damit wurde auf ein Gebiet zwischen den beiden Flüssen Euphrat und Tigris gedeutet, die weitgehend im heutigen Irak gelegen sind, ein Land, das wir alle kennen aufgrund der gegenwärtigen unnötigen Kriege dort.

In diesem Mesopotamien blühte also einst die Kultur der *Sumerer* – ein Wort, dessen Herkunft und Bedeutung wir nicht mit Sicherheit ausmachen können.

Die Bezeichnung *Sumeru* wurde den Sumerern von einem anderen Volk aufgedrückt und beinhaltete vielleicht eine Abwertung. Sie bedeutete möglicherweise »Getreidefresser«. Nicht ausschließen kann man, dass der Begriff *Sumer* einfach nur eine geografische Region bezeichnet. Es wurde vermutet, dass das Wort *Sumar* mit dem hebräischen Wort *Shinar* in Zusammenhang steht und ursprünglich auf zwei Städte oder auf *zwei Flüsse* verwies, was unseres Erachtens die wahrscheinlichste Bedeutung ist. Weiter wurde die Übersetzung »Land der zivilisierten Herren« vorgeschlagen. Das Rätselraten hält bis heute an.

Schon etwa ab 4000/3000 v. Chr. verfügten die Sumerer jedenfalls über bedeutende, gut organisierte Städte, über Bewässerungssysteme, intelligente Verwaltungen, domestizierte Tiere, den Pflug, den Karren und damit das Rad, über ausgebaute Wege und Nutzpflanzen. Es gab in diesem Sumer bereits Bäcker und Bierbrauer, Töpfer und Tischler, Köche und Korbmacher, Baumeister und Bildhauer, Schiffbauer und Schneider, Bürgermeister und Botschafter, Wagenmacher und Verwalter ... und sogar schon Schreiber und Schriftkundige.

In regelrechten Schulen wurde diese Schrift gelehrt. Der junge Sumerer aus der Oberschicht lernte rechnen, zeichnen und schreiben. Die Sumerer unterschieden bereits zwischen Aufsätzen, Tiergeschichten, Weisheitslehren, religiösen Hymnen, »wissenschaftlichen« Texten und Erzählungen. Das Alter dieser Kultur beträgt ebenfalls rund 6000 Jahre.

Handelte es sich hierbei um unsere älteste Zivilisation?

Aufsehenerregende Entdeckungen im alten Indien

Lassen wir unseren Blick weiter wandern und betrachten wir übergangslos das alte Indien. Die frühe indische Kultur war den meisten anderen Kulturen ihrer Zeit weit überlegen. Einige Historiker gehen davon aus, dass Indien oder Teile Indiens bereits früh von einem hochkultivierten Volk bewohnt wurde, denn die *Veden*, die heiligen Schriften der Inder, sind viele Tausend Jahre alt. Die Veden wurden über zahllose Generationen hinweg zunächst mündlich weitergegeben, sie wurden penibel auswendig gelernt, was ein sagenhaftes Gedächtnis voraussetzt.

Veda bedeutet *Wissen*. Der Begriff *Wissen* aber allein verrät uns, dass es schon früh intelligente Zeitgenossen gab, die »wussten«, dass nur Informationen, »Wissen« oder Know-how einen Quantensprung der Zivilisation einleiten können.

Über das Alter der Veden herrscht jedoch kaum Übereinstimmung unter den Gelehrten.

Die Vorgeschichte Indiens ist im Dunkel der Zeit verschwunden. Ausgrabungen heute beweisen uns immerhin, dass alte und älteste Kulturen existierten, die zumindest ebenfalls 6000 Jahre alt sind. Am bekanntesten, wenn auch nicht am ältesten, ist *Mohenjo-Daro*, womit die Reste einer Hochkultur vor rund 4500 Jahren bezeichnet werden, die am westlichen Ufer des unteren Indus gelegen war, im heutigen Pakistan also.

Der Fluss *Indus* stellte den Namen für das gesamte Land zur Verfügung, das heute *Indien* heißt. Das Wort *Hindu* ist auf ihn zurückzuführen, was wörtlich so viel bedeutet wie *Bewohner an den Rändern des Flusses Indus*. Heute weist man mit dem Begriff *Hindu* auf eine religiöse Weltanschauung.

Die indische Frühkultur *Mohenjo-Daro* (der Begriff bedeutet wörtlich: *Hügel der Toten*) kannte bereits Haushaltsgegenstände und Toiletten, Würfel und Schachfiguren, Münzen, zweirädrige Wagen, feinpolierten Schmuck, Ziegel, Abwasserkanäle, die Schrift und eine erstaunlich hoch entwickelte Kunst. Die Schrift, immer herausragendes Zeichen einer Hochkultur, ist bis heute nicht entziffert.

Weiter wissen wir mit unumstößlicher Gewissheit, dass bereits vor 5000 Jahren zwischen Ägypten und Indien ein reger Warenaustausch herrschte, wie Funde in Ägypten ohne Wenn und Aber belegen.

Und schließlich wurden in der Nähe der Stadt *Maisur* (eine in Südindien gelegene Stadt mit rund 900 000 Einwohnern, der Name bedeutet wörtlich »Stadt des Büffels«) sechs Schichten mit Geräten, Figuren und Tonwaren verschiedener Kulturen entdeckt, die mit Sicherheit 6000 Jahre alt sind.[7]

Aber was ist mit China?

Rätselhaftes China

Wieder andere Forscher deuten stolz auf China, wenn es um die Frage nach der ältesten Zivilisation oder Hochkultur geht. Verschiedene Gelehrte einigten sich darauf, dass die früheste chinesische Zivilisation die sogenannte *Hemudu*-Kultur ist – das Wort leitet sich von dem Namen eines chinesischen Dorfes ab.

Diese Kultur existierte bereits 7000 v. Chr.

Offenbar gab es schon zu diesen Zeiten erstaunliche Gebäude. Man betrieb den Anbau von Reis und die Seidenraupenzucht und gewann und verarbeitete Lack. Wasserbüffel wurden als Haustiere gehalten. Es gab bereits Bambusflöten, verzierte Keramiken, lackierte Schüsseln und feine Elfenbeinschnitzereien.

Häuser am Wasser wurden auf Pfählen errichtet und Brunnen mit Holz ausgekleidet. Es existierten Lehmschiffe, der Ackerbau wurde professionell betrieben, wobei man ein verhältnismäßig hohes technisches Niveau erreichte. Der Handel blühte, und die Dörfer und Siedlungen verfügten über ihre eigenen Organisationen und Verwaltungen.

Mit der chinesischen Hemudu-Kultur landen wir bei 7000 plus 2000 = 9000 Jahren vor der Jetztzeit.

Atlantis als die älteste Zivilisation

Und so erkennen wir sehr rasch, dass Atlantis selbst diese vier Hochkulturen aussticht und ihnen den Rang abläuft, denn wir sprechen hier von einer Zivilisation von vor 10 000 bis 12 000 Jahren.

Viele »Establishment-Historiker« ließen Atlantis deshalb zunächst nicht gelten, zumal das Reich der Atlantiker angeblich bereits viele Zehntausende von Jahren alt war, bevor es unterging. Mit solchen Zahlen wollte und konnte niemand jonglieren. Fatal war zudem, dass das sagenhafte Atlantis alle bislang bekannten und akzeptierten historischen Lehrgebäude zu einer Seifenblase degradiert hätte.

Einige Historiker hielten den Atem an und beteten, dass es sich bei Atlantis nur um einen Schwindel handelte.

Trotzdem kroch der Zweifel in ihnen hoch. War es vielleicht doch möglich, dass man mit der althergebrachten Einteilung falsch lag, die so sorgfältig zwischen Hochkulturen/Hochzivilisationen auf der einen Seite und »barbarischen Zeiten« auf der anderen Seite unterschied?

Musste man alle Lehrbücher umschreiben? Wie schon angedeutet, ein ganzes *Weltbild* stand auf dem Spiel.

Die Hierarchie, sprich die Pyramide des Alters verschiedener Hochkulturen, las sich im Falle eines Falles so:

- Atlantis (Untergang): vor 11 000 bis 12 000 Jahren
- Atlantis (Beginn): viele Jahrzehntausende früher, vielleicht sogar Jahrhunderttausende vor Christi Geburt
- China: 9000 Jahre
- Indien: 6000 Jahre
- Sumer: 6000 Jahre
- Ägypten: 6000 Jahre

Beim heiligen Sebastian! Handelte es sich bei Atlantis um eine Art Urzivilisation, die man bislang übersehen hatte? Verschiedene Establishment-Historiker schliefen eine Zeit lang sehr schlecht.

Bei all diesen Zahlen über die alten Hochkulturen darf man nie vergessen, dass es sich nur um die Zahlenangaben einiger Mainstream-Gelehrter der Geschichtswissenschaft handelt.

Es gibt Stimmen, die behaupten, die Zivilisationen Indiens, Chinas, Ägyptens und Sumers seien weitaus älter, geschweige denn die Kultur der Aborigines in Australien. Ignorieren wir dieses Problem im Augenblick.

Jedenfalls erkannte der Establishment-Historiker mit einem Schlag, dass die Existenz eines hoch entwickelten Inselstaates namens Atlantis vieles, wenn nicht alles verändern würde, was man bisher für *wahr* gehalten hatte.

Atlantis stellte mithin eine enorme intellektuelle Herausforderung dar. Eine Revolution zeichnete sich am Horizont ab.

Entweder befand man sich hier auf der heißesten Spur, die man sich vorstellen konnte, oder aber alles war Humbug und Aberglauben.

Wer, fragen wir uns, hatte recht?

Zur Zuverlässigkeit von Platons Überlieferung

Stellen wir uns zunächst die folgende Frage: Wie gelangte Platon eigentlich zu seinen Behauptungen?

Die Überlieferung ist erstaunlich genau. Wir erfahren in einem der Bücher Platons, dass ein gewisser *Kritias* diese Geschichte von seinem Großvater gehört hat. Bei Kritias (460–403 v. Chr.) handelte es sich um einen Onkel Platons.

Der Großvater des Kritias habe die Atlantis-Geschichte seinerseits von seinem Vater *Dropides* erfahren. Jener war ein zeitweiliger Gefährte *Solons* des Weisen, des bekannten athenischen Staatenlenkers. Solon lebte von ca. 640–560 v. Chr. Solon wiederum habe die Kunde über Atlantis in Ägypten gehört und zwar von einem Priester in *Sais*, der ihm die Geschichte aus jahrtausendealten Schriften übersetzt und vermittelt habe.

Sais ist eine Stadt, gut bezeugt in der Neuzeit und auch im Altertum, die im Nildelta gelegen ist.

Wiederholen wir: Die chronologische Reihenfolge der Überlieferung nimmt sich wie folgt aus:

- Jahrtausendealte ägyptische Aufzeichnungen in einer Stadt am Nil sprechen von Atlantis.
- Diese Aufzeichnungen werden dem Staatenlenker Solon, der nach seiner politischen Tätigkeit in Athen nach Ägypten reiste (was gut bezeugt ist in der Literatur), übersetzt und vorgelesen.
- Ein Weggefährte des Solons, Dropides, erfährt die Geschichte von Solon.
- Dropides gibt sie an seinen Enkel Kritias weiter.
- Kritias, ein Onkel Platons, berichtet sie Platon.

Wie zuverlässig sind solche Behauptungen?

Nun, bei Platon handelte es sich um einen Philosophen, der höchste Ansprüche an sich selbst stellte und den die Wahrheit mehr als alles andere interessierte. Platon war geradezu ein Musterbeispiel für Integrität und Ehrlichkeit. Er betonte ausdrücklich, dass die Sage von Atlantis *nicht* erfunden sei, sondern auf Tatsachen beruhe. Platon war kein Schwätzer, kein

Geschichtenerzähler und kein Fabulierer. Platon war kein possenverliebter Komödiendichter und kein Romanautor. Platon, so viel steht fest, ist über jeden Zweifel erhaben, er ist geradezu der Prototyp für Wahrhaftigkeit.

Weitere Argumente für die Wahrhaftigkeit des Berichts

Viele Schriftsteller der Antike glaubten ebenfalls, dass Platon die Geschichte über Atlantis nicht erfunden habe, wie etwa Kraton, Poseidonios oder Strabon.

Und die Argumente können sich wirklich sehen lassen: Überdeutlich beschreibt Platon dieses sagenhafte Atlantis, minutiös und im Detail, was auf eine wirkliche frühere Quelle schließen lässt, denn Platon war wie gesagt kein Fabulierer und Geschichtenerfinder. Selbst in technische Details verliert sich Platon, der ansonsten für dieses Gebiet kaum etwas übrighatte. Weiter tauchen Details der Atlantis-Erzählung auch in anderen platonischen Texten auf, die auf eine historische Tatsächlichkeit hindeuten.

Selbst die »streng wissenschaftliche Literatur« ist wie gesagt gespalten, was die Existenz der Atlantis-Insel angeht. Einige Wissenschaftler lehnen die Kunde ab, andere halten sie für wahr.

Darüber hinaus gibt es eine weitere Quelle, die der seriöse Historiker jedoch scheinbar nicht anzapfen darf; wir haben eingangs bereits auf sie hingewiesen. Wir nähern uns des Pudels Kern, der Parahistorie.

Erst jetzt wird es richtig aufregend.

FANTASTISCHE MENSCHHEITSERINNERUNGEN

Tatsächlich gibt es zahlreiche »Erinnerungen« an Atlantis. Sie alle stammen von Zeitgenossen, die der Idee der Reinkarnation anhängen. Sie behaupten, sich an das sagenhafte Atlantis unmittelbar und direkt erinnern zu können.

Wir wollen darüber im Moment noch nicht urteilen und nur so viel festhalten: Nur weil gängige Wissenschaft eine Meinung nicht gestattet, ist das kein Grund, ebenfalls in das gleiche Horn zu blasen. »Wissenschaft« irrte und irrt ständig. Wer befiehlt uns eigentlich, den Hohepriestern der »Wissenschaft«, die gerade »modern« ist, immer alles nachbeten zu müssen?

Tatsächlich ist die Vorstellung der Reinkarnation oder Wiedergeburt auf dem gesamten Planeten Erde unvorstellbar weitverbreitet: Wir begegnen ihr auf Schritt und Tritt – bei fast allen Urvölkern, die an ein seelenähnliches Prinzip glaubten, sowie in vielen Hochkulturen. Wir begegnen ihr bei den alten Indern, Ägyptern, Griechen, Römern und Germanen. Wir stoßen auf die Lehre der Wiedergeburt in den Geheimzirkeln der großen Religionen, selbst im Christentum, im Judentum und im Islam. Aber wir begegnen ihr auch im Taoismus, im Buddhismus und selbstverständlich im Hinduismus.

Oh, packen wir einmal wirklich aus, und erlauben wir uns einen zweiten Exkurs.

Exkurs: Die Wiedergeburtsidee

Vielleicht gibt es keine verführerischere Idee als die Vorstellung, nicht nur einmal zu leben, sondern viele hundert, ja tausend Male.

Die Vorstellung der Wiedergeburt wird in der Literatur mit zahlreichen Vokabeln umschrieben. Begriffe wie *Reinkarnation* (was wörtlich so viel wie »Wieder-Fleischwerdung« bedeutet), *Seelenwanderung*, *Wiederverkörperung*, *Metamorphose* (griech. für »Gestaltwandel«), *Wiederkehr*, *Transmigratio* (lat. für »Übersiedlung« in einen anderen Körper) und *Palingenesie* (griech. für »Wieder-Entstehung«) bedeuten alle in letzter Konsequenz das Gleiche: nämlich, dass man nach dem Tod in einem frischen, neuen Körper wiedergeboren wird und also nicht nur einmal lebt.

Die zahlreichen Wortgebilde allein beweisen schon, wie erstaunlich weitverbreitet diese Vorstellung in der Literatur ist, in den heiligen Büchern und in dem Denken der Völker.

Tatsächlich existieren die vielfältigsten Ausformungen der Wiedergeburtsidee. Einige Urvölker glaubten, die Seele fliege nach dem Tode zuerst zum Mond, bevor sie zurückkehre und in einem neuen Leib wiedergeboren werden würde. Andere Völker, wie die Ägypter, nahmen zu bestimmten Zeiten an, dass man in bestimmten Tieren reinkarnieren würde. Bei den alten Germanen ging man davon aus, dass der Großvater, so er starb, wieder in dem Enkel wiedergeboren würde, also als Sohn des eigenen Sohnes.

Höchst bemerkenswert ist, dass die Idee der Wiedergeburt praktisch auf allen Kontinenten auftritt. Wir finden diese Vorstellung besonders häufig im südasiatischen Raum und hier speziell in Indien. In einem der heiligen Bücher der Inder heißt es: »Wie eine Schlangenhaut abgestorben und abgestreift auf dem Ameisenhügel liegt, ebenso liegt der Körper nach dem Tode. Aber dieses knochenlose, körperlose, aus Einsicht bestehende Selbst nimmt sich in der Folge einen neuen Wohnsitz ...«[8]

Während es eine verhältnismäßig bekannte Tatsache ist, dass im indischen Raum die Idee der Reinkarnation die religiösen Vorstellungen bestimmt, ist das Faktum der Verbreitung des Wiedergeburtsgedankens in anderen Kulturen weniger publik. Aber man höre und staune: Nahezu bei jedem Naturvolk ist der Glaube an eine Seele beziehungsweise an ein seelenähnliches, geistiges Prinzip festzustellen. Manchmal wird die Seele als eine *dünne, körperlose Substanz* beschrieben, manchmal wird sie verglichen mit einem *Häutchen* oder dem *Schatten*. Zum Vergleich wird auch der *Atem*, der *Morgennebel* und *feiner Sprühregen* herangezogen. Solche Bilder sollen gewöhnlich der Nichtstofflichkeit der Seelenvorstellung gerecht werden.

Bedeutsam ist der mit der Wiederverkörperung verbundene Aufstieg oder Abstieg. Auf Madagaskar werden die Häuptlinge in Schlangen und Krokodile verwandelt, während die einfachen Stammesmitglieder sich mit einem Leben als Aal zufriedengeben müssen. Sehr häufig findet man auch die Vorstellung, dass Seelen, die eines ungewöhnlichen Todes oder zu früh sterben, noch eine Weile umgehen müssen. Bei den Danaks auf Borneo zum Beispiel glaubt man, dass die Seelen aller Gefallenen eine Zeit lang als Gespenster ihr Unwesen treiben. Die Seelen der Frauen, die im Wochenbett gestorben sind, werden angeblich zu unruhvollen Dämonen. Und zu früh verstorbene oder ungeborene Kinder kommen als Vampire wieder ...

Wie man auch immer über diese Spielarten der Reinkarnations-Idee urteilen mag, fest steht, dass der Wiedergeburtsgedanke in mannigfaltigen Variationen bei den Urvölkern Amerikas, Afrikas, Asiens und Australiens vorzufinden ist.

Doch wie verhält es sich mit den verschiedenen Hochkulturen?

Seelenwanderung bei den alten Griechen

Auch in den antiken Hochkulturen begegnet uns diese Vorstellung an allen Ecken und Enden. Der Erste, der auf die Seelenwanderungslehre bei den Ägyptern aufmerksam machte, war der Grieche Herodot, der Begründer der kritischen Geschichtsschreibung. Er behauptete, dass die Griechen von den Ägyptern diese Lehre übernommen hätten.

Der griechische Philosoph Pythagoras (um 571–497 v. Chr.) lehrte, dass die Seele sich nach einer festen Regel in Landtieren, Vögeln und Wassertieren inkarnieren müsse, bis sie wieder in einem menschlichen Körper Wohnsitz nehmen könne. Pythagoras behauptete von sich, dass er sich an mehrere seiner eigenen früheren Verkörperungen erinnern könne.

Pindar (um 518–446 v. Chr.), ein griechischer Lyriker, nahm an, dass es mindestens eines dreimaligen Erdenwandels ohne Fehl bedürfe, bevor die Seele vom Zwang der Wiedergeburt befreit werden könne.

Empedokles (492–430 v. Chr.), der griechische Staatsmann und Philosoph, vermutete, dass sich die Seele zwischen den einzelnen Einkörperungen in der Unterwelt aufhalten müsse. Er glaubte, dass er bereits einmal Knabe, Mädchen, Pflanze und flutentauchender, stummer Fisch gewesen sei.

Auch Platon (427–347 v. Chr.), der größte aller griechischen Philosophen, unser Kronzeuge für Atlantis, glaubte an die Wiederverkörperungsfähigkeit der Seele.

Kallimachos (um 310– um 240 v. Chr.), ein Gelehrter und Dichter in Alexandria am Hofe der Ptolemäer, verwendete den Reinkarnations-Gedanken zumindest als literarischen Kniff.

Selbst Plutarch (46–120 n. Chr.), der sympathische griechische Schriftsteller, der bei den Römern zu hohen Ehren kam, favorisierte diese Idee.

Den griechischen Philosophen des ausgehenden 2. Jahrhunderts n. Chr. – Albino, Numenios, Kronios, Kelsos, Harpokration und anderen mehr – war der Seelenwanderungsgedanke fast eine Selbstverständlichkeit.

Die Idee der Reinkarnation entwickelte sich im Laufe der Zeit jedoch zunehmend zum Glaubensbesitz der Gebildeten. Sie alle standen mehr oder weniger unter dem Einfluss Platons, wie zum Beispiel auch Plotin (203–296 n. Chr.), der Hauptvertreter des Neuplatonismus oder dessen Schüler Porphyrios (um 233–300 n. Chr.).[9]

Wiedergeburt in der deutschen Literatur

Halten wir ein, damit uns der rote Faden nicht verloren geht.

Selbst bei den alten Römern ist die Seelenwanderungslehre zu finden, auch bei den Kelten und im jüdischen und christlichen Raum.

Darüber hinaus gibt es auch erstaunlich viele Beispiele von deutschen Schriftstellern, die den Glauben der Wiedergeburt in ihr literarisches und weltanschauliches Schaffen einbrachten. So ist etwa Lessings Haltung gegenüber dem Wiedergeburtsgedanken positiv. In seinem Essay »Die Erziehung des Menschengeschlechts« reflektiert er über eben diese Vorstellung.

Lessings Bruder, Karl Lessing, bezeugt, dass die Idee der Wiedergeburt in den letzten Lebensjahren die Lieblingsidee des Dichters war, die ihm erstmalig durch den Schweizer Naturforscher Charles de Bonnet vermittelt wurde.

Weiter dachte Goethe über die Wiedergeburt sehr ernsthaft nach. Zahlreiche dichterische Äußerungen in seinen Tagebucheintragungen sowie briefliche Mitteilungen verraten uns, dass sich Goethe oft und gründlich mit diesem Gedanken beschäftigt hat. Mit Charlotte von Stein, Eckermann, Lavater und dem Schauspieler J. A. Christ diskutierte Goethe über die Reinkarnation und äußerte anlässlich des Begräbnisses Wielands am 25. Januar 1813, dass er gewiss schon tausend Mal gelebt habe und gewiss auch noch tausend Mal wiederkommen werde.[10]

Auch bei Busch, Claudius, Dauthendey, Döblin, Ernst, Geibel, George, Grillparzer, Hasenclever, Hebel, Heine, Hesse, Lagerlöf, Lasker-Schüler, Mauthner, Meyer, Much, Rilke, Rückert, Schnitzler, Seidel, Werfel und Zweig treffen wir auf die Vorstellung der Reinkarnation; sie alle liebäugelten mit dieser Idee.

Nicht immer glaubten sie jedoch im wörtlichen Sinne daran. Oft verwendeten sie sie nur als literarischen Kniff, wie etwa Hermann Hesse.

UNENDLICHE FASZINATION

Zunächst muss man festhalten, dass sich die Vorstellung der Wiedergeburt unvorstellbar oft auf allen Kontinenten und zu allen Zeiten findet. Völlig unabhängig voneinander reflektierten die unterschiedlichsten Völker und Denker darüber, ja, sie erhoben diese Idee oft in den Rang der verbindlichen Tatsachen. Die Anzahl der Beweise ist überwältigend. Am eindrucksvollsten in unseren Breiten geriet indes ein konkreter Fall, der die Gemüter bis unter die Haarspitzen erregte.

DER FALL BRIDEY MURPHY

Bis heute unvergessen ist der Fall Bridey Murphy, der weltweit für Aufsehen sorgte. Worum handelte es sich hierbei? Nun, in der Mitte des letzten Jahrhunderts beschäftigte sich ein US-Geschäftsmann namens Morey Bernstein immer intensiver mit hypnotischen Techniken. Und also führte er eines Tages acht Hypnose-Sitzungen an der Hausfrau Virginia Tighe durch. Die Dame führte ihre Abstammung auf einen Indianerstamm zurück, aber sie war längst in den »American way of life« integriert. Auf einmal geschah dies: »In der dritten bis achten Sitzung (vom 29. November 1952 bis zum 1. Oktober 1953) beschrieb Tighe ein Vorleben [= früheres Leben] als Bridey Murphy.«[11] Mit anderen Worten: Eine einfache Hausfrau konnte sich überraschenderweise an eine frühere Existenz erinnern, mit allen Details.

Sie war ins 18. Jahrhundert zurückgetrudelt, konkret auf die irische grüne Insel. Sie kannte den Namen der Mutter und des Vaters der Bridey Murphy. Sie erinnerte sich unter Hypnose an ihre vergangene Heirat. Ihr »Gedächtnis« verriet ihr exakt, wie die Umgebung ehemals ausgesehen hatte. Und sie erinnerte sich, durch einen Treppensturz ums Leben gekommen zu sein. Weiter gab Virginia Tighe zahlreiche Details aus diesem ihren früheren Leben preis.

Hinzu kam der Umstand, dass Virgina Tighe während der Hypnose-Sitzungen auf einmal anfing, mit irischem Akzent zu sprechen. Dabei war sie zuvor nie in Kontakt mit der irischen Kultur gekommen. Sie erinnerte sich weiter an ihre vormalige Schule und den Beruf des Schwiegervaters. Sogar Speisen und die Musik aus jener Zeit, sprich des 18. Jahrhunderts, kamen an die Oberfläche ihres Bewusstseins.

Ihr Hypnotiseur war sprachlos. Selbst an den Namen des Lebensmittelhändlers zu dieser Zeit erinnerte sich die wiedergeborene Virginia Tighe alias Bridey Murphy. Ihr gesamtes Vokabular änderte sich während der Sitzung.

Den Hypnotiseur, Morey Bernstein, erfasste fieberhafte Aufregung. Sofort prüfte er verschiedene Details nach oder ließ sie von anderen untersuchen. Ein Detail nach dem anderen konnte verifiziert werden. Dabei hatte

Virginia Tighe nie in diesem ihrem jetzigen Leben in Irland gelebt und konnte unmöglich um bestimmte Einzelheiten wissen.

Der Fall wurde immer interessanter. Ein Verlag versicherte sich rasch der Rechte und publizierte ein Buch mit dem Titel *The Search for Bridey Murphy*.

Das Ergebnis war eine Sensation. Die Welt stand Kopf, als sie von diesen Sitzungen erfuhr. Ein Super-Bestseller war geboren. Sofort machten sich Scharen von Wissenschaftlern und Kritikern auf, eigenständig die Behauptungen nachzuprüfen. Ein Detail nach dem anderen wurde um- und umgewendet und bestätigt. Einige Kritiker rauften sich die Haare. Das durfte nicht wahr sein! Wurde damit nicht ihr gesamtes Weltbild umgestoßen? Und trotzdem fanden sich so viele Details eins zu eins in der »realen Welt« wieder, dass es sich unmöglich um einen Zufall handeln konnte. Ferner war Virginia Tighe alles andere als eine »ausgekochte« oder applaussüchtige Person. Sie war im Gegenteil eine biedere Hausfrau, der nichts ferner lag, als Aufsehen zu erregen.

Die geschicktesten Detektive untersuchten den Fall. Ein William J. Barker erforschte die Einzelheiten in Irland noch genauer. Weltweit diskutierte man plötzlich über den Fall Bridey Murphy. Unversehens rückte die Reinkarnation in den Mittelpunkt des Interesses. Die Boulevardpresse berichtete, und Klatschjournalisten zerrissen sich die Mäuler. Allenthalben überschlug man sich. Das Buch Bernsteins aber verkaufte sich wie rasend, der Verleger wurde reich. Übersetzungen in zahlreichen Sprachen erschienen, das Buch geriet zu einem Welterfolg.

Schließlich aber flaute die Erregung ab. Erst nach vielen Jahren legte man erschöpft den Fall zu den Akten unter dem Buchstaben U, der für »unerklärlich« stand.

Aber was war die Wahrheit?

ERINNERUNGEN AN FRÜHERE LEBEN

Tatsächlich gibt es bis heute Hunderte, ja Tausende von Fällen, in denen sich Menschen an ein früheres Leben erinnern können.[12] In Indien sind Wiedergeburtsberichte fast an der Tagesordnung, sie erscheinen selbst in Tageszeitungen. Sie werden nicht einmal als ungewöhnlich empfunden. Wenn ein sechsjähriges Kind sich beispielsweise an seine frühere Familie erinnert, in der es ehemals die Mutter war, so nimmt man das gelassen hin. Selbst wenn die erstaunlichsten Details preisgegeben, nachrecherchiert und für stimmig befunden werden, regt sich niemand darüber auf.

Wiedergeburt? Pah! Das ist doch eine Selbstverständlichkeit! Die Mythen und heiligen Bücher Indiens sind voll davon.

Tatsächlich sind die Beweise erschlagend. Aber in Europa werden entsprechende Geschichten regelmäßig unter den Teppich gekehrt.

Warum? Nun, zum einen löckt man damit wider den Stachel und bewegt sich außerhalb der gängigen Weltanschauungen; man betritt »verbotenes« Terrain.

Zum anderen hat man längst festgestellt, dass Hypnose nicht ungefährlich ist. Mehr und mehr Experten raten ausdrücklich von Hypnose-Experimenten ab. Geistige Schäden können auftreten.

Auch wir können nur anraten: Finger weg von der Hypnose!

Wir persönlich kennen jedoch nicht weniger als sieben weitere Methoden, die genau beschreiben, wie man sich an die eigenen früheren Leben bei vollem Bewusstsein erinnern kann. Aber nur eine Methode davon ist absolut »sicher«. Sie funktioniert darüber hinaus mit der Präzision eines Schweizer Uhrwerks. Und sie zieht keinerlei Schäden nach sich, im Gegenteil. Wer daran interessiert ist, sich näher zu informieren, kann den Autor direkt anschreiben.

Aber an dieser Stelle geht es uns nicht darum, die Trommel für eine bestimmte Technik oder Methode zu rühren. Uns ist nur daran gelegen, darauf aufmerksam zu machen, dass die Beweise für die Existenz »früherer Leben« überwältigend sind – in der weltweiten Literatur, auf allen Kontinenten und sogar in der Presse verschiedener asiatischer Länder.

Gerade der Historiker sollte die Reinkarnation also nicht völlig verwerfen: Er begegnet ihr zu oft, wenn er Religionsgeschichte studiert. Eine wirklich »wissenschaftliche« Haltung besteht darin, alle Möglichkeiten zunächst einmal zuzulassen.

Begeben wir uns mit diesem Wissen im Hinterkopf wieder zurück zu unserem ursprünglichen Thema: Atlantis. Welche Schlüsse lassen sich aus all diesen Fakten ziehen? Jetzt endlich können wir Ernte halten und einige brisante Ergebnisse präsentieren.

Wir empfehlen, sich fest anzuschnallen!

Eine aufregende Theorie

Offenbar existierten *vor* den uns bekannten sogenannten »Hochkulturen« bereits Zivilisationen, die über ein höheres Niveau verfügten als sie eben im alten Ägypten, Indien, China, Persien und so weiter anzutreffen waren.

Es ist nicht auszuschließen, dass »Zivilisation« eben nicht erst vor 6000 oder 9000 Jahren begann, sondern vielleicht schon vor 12 000 Jahren oder sogar 30 000 oder 40 000 Jahren – wenn nicht gar früher. Das aber würde bedeuten, dass wir unsere Ansichten über Geschichte völlig verändern müssten. Es würde bedeuten, dass die Evolutionstheorie, der gemäß sich alles systematisch und geradezu gradlinig nach »oben« entwickelte, falsch ist. Es würde weiter bedeuten, dass wir Heutigen etwas bescheidener sein sollten, was die »barbarische« und »primitive« Vergangenheit unserer Vorfahren angeht. Es würde endlich bedeuten, dass wir vollständig umdenken müssten und uns mit dem Gedanken anfreunden sollten, dass wir *heute* vielleicht in einem barbarischen Zeitalter leben, auf das andere, frühere Zeitalter nur mit Verachtung oder Mitleid herabgeblickt hätten.

Es würde uns auf angenehme Weise relativieren und unserer Arroganz einen verdienten Dämpfer versetzen, mit der wir bereits schon einmal gescheitert sind – als wir nämlich die Erde in den Mittelpunkt des Sonnensystems, ja des Weltalls stellen wollten. (Und damit uns selbst!)

Wenn es also das sagenhafte Atlantis gab – und wir halten dafür, dass man diese Theorie ernst nehmen und zumindest als Möglichkeit zulassen sollte –, dann würde das unser Verständnis der Frühgeschichte völlig auf den Kopf stellen.

Damit würde eine neue Geschichtstheorie Fuß fassen, die unseres Erachtens sehr viel intelligenter ist als die gegenwärtige, nämlich eine Geschichtstheorie, die viele alte Kulturen zulässt, auch lange vor den uns bekannten Hochkulturen – in Ägypten, Sumer, Indien und China.

Das würde natürlich bedeuten, dass die Vergangenheit sehr viel brisanter und interessanter ist, als wir bislang angenommen haben, und es würde weiter bedeuten, dass wir endlich anfangen könnten, unsere Zeit und unseren Gesichtspunkt zu relativieren und uns nicht als den Nabel der Welt und das Ziel aller Entwicklung zu sehen.

Wie unendlich töricht und egozentrisch ist doch die Ansicht, die darin besteht, zu glauben, alles Frühere hätte nur existiert, damit es gradlinig auf die Gegenwart zulaufe?

ATLANTIS AUS PARAHISTORISCHER PERSPEKTIVE

Wenn wir auch nur im Ansatz das Fach »Paranormale Geschichtsschreibung« zulassen, kurz »Parahisto« genannt, sehen wir uns mit einem Mal völlig neuen Methoden der Wahrheitsfindung gegenüber.

Plötzlich werden die Aussagen spirituell erleuchteter Menschen wichtig. Seher, Hellseher, Esoteriker und medial begabte Menschen werden nicht von vorneherein abgebügelt.

Alte Sagen und Legenden, uralte Überlieferungen und heilige Bücher erhalten unversehens einen ungleich größeren Stellenwert.

Aber eine Person, die sich auf dieses Experiment einlässt, und jeder, der in esoterischen Zirkeln wildert, wird früh mit mittlerem Entsetzen feststellen, dass die Aufgabe nicht so leicht ist, wie sie sich auf den ersten Blick darstellt: Die Aussagen vieler »Erleuchteter« sind teilweise so widersprüchlich, dass sie unmöglich alle »wahr« sein können. Es gibt in den Kreisen der »Esoteriker« nicht eben wenige selbsternannte Gurus, betrunken von ihrer eigenen Bedeutung, die die unglaubhaftesten Geschichten zusammenfantasieren. Es gibt zahlreiche Schulen, die sich bis aufs Messer bekämpfen. Viele »Erleuchtete« behaupten, die alleinigen Besitzer der Wahrheit zu sein. Einige versuchen, durch Mummenschanz und Tricksereien die Menschheit zu beeindrucken. Auch im esoterischen Lager darf man seinen Verstand nicht ausschalten. Mitunter begegnet man hier Wirrköpfen, lupenreinen Spinnern, konfusionierten Geistern und sogar schamlosen Betrügern.

Die einzige Möglichkeit, eine Lichtung in diesem esoterischen Dschungel zu finden, besteht daran, Aussagen *systematisch zu vergleichen.* Nur jenen Behauptungen, die *immer wieder* auftauchen, kann man Glauben schenken.

Weiter muss man das *Ethikniveau* einer Person überprüfen. Ein Krimineller, der sich in das Lager der Esoteriker verirrt, wird immer lügen. Ein nach Aufmerksamkeit hungernder Zeitgenosse, dessen wahre Motivation darin besteht, »berühmt« zu werden oder sich den Geldbeutel zu füllen, ist ebenfalls mit Vorsicht zu genießen.

Wenn man jedoch systematisch Vergleiche anstellt und das Ethikniveau einer Person nicht außer Acht lässt, kommen auf einmal die erstaunlichsten Tatsachen ans Licht. Dann erkennt man nach einer Weile überrascht, dass sich viele Aussagen der Parahistoriker in erstaunlicher Weise ähneln und auf einen gemeinsamen Nenner zu bringen sind.

Zu eben diesem Ergebnis gelangt man auch, wenn man die Schriftzeugnisse medial begabter Autoren vergleicht, die sich mit dem Thema *Atlantis* beschäftigten.

Im Falle des fabelhaften Inselreiches hieben zahlreiche »Seher« stets in dieselbe Kerbe. *Sprich, sie behaupteten alle das Gleiche oder trafen ähnliche Aussagen.* Wir schätzen, dass rund 80 Prozent aller Personen, die behaupteten, sich an Atlantis »erinnern« zu können, im Kern identische Behauptungen aufstellten.

Das ist in sich selbst ein bemerkenswertes Ergebnis.

Und schon erhält Atlantis schärfere Konturen. Unter eben diesen Bedingungen können wir unsere schöne neue Wissenschaft, die Parahistorie, mit gutem Gewissen benutzen. Wieder wird Atlantis lebendig und erhebt sich aus dem Meeresgrund. Die alten Atlantis-Priester und -Priesterinnen fangen an zu reden, in einer längst vergangenen Sprache, sie gestikulieren mit den Armen, deuten auf die hoch aufschäumenden Wogen und verraten uns ihre Geheimnisse.

Erstaunliche Gemeinsamkeiten der Atlantis-Erinnerungen

Wie schon erwähnt: Es gibt erstaunliche Übereinstimmungen unter den seherisch begabten Zeitgenossen, was die versunkene Insel Atlantis angeht. Was also sind die *Gemeinsamkeiten* vieler bekannter Atlantis-Autoren, die es wert sind, untersucht zu werden?

1. Zahlreiche Autoren (Adamski, Bergler, Charroux, Gudjieff, Lesli, Oahspe, Pauweis, Peryt Shou, Pelly und Shaver etwa) sprechen davon, dass es sich bei den Atlantiden um **Besucher aus dem Weltall** handelte. Angeblich gab es verschiedene Ursprungsrassen auf der Erde, bevor sich die Atlantiden mit Abkömmlingen dieser Rassen paarten und deshalb in Menschenkörper einließen. Nicht eben wenige Quellen sprechen davon, dass die Atlantiden ursprünglich ohne Körper operieren konnten und

»reine« Seele oder »reiner« Geist waren; das behaupten etwa Autoren wie Steiner, Bailey oder Williamson.[13] Dem Bericht, dass sich Engel, Götter oder Außerirdische mit Menschen einließen, begegnen wir zuhauf in der esoterischen Literatur, aber auch in vielen religiösen Überlieferungen. Selbst in der Bibel gibt es Berichte, die in diese Richtung deuten. Auf jeden Fall finden wir sie bei den alten Griechen – Zeus etwa konnte kaum an einer hübschen Menschenfrau vorübergehen, ohne sie zu begatten, während er selbst in vielerlei Gestalten auftrat. Auch in der indischen Literatur begegnen wir solchen Geschichten zuhauf.

2. Die Atlantiden waren esoterischen Einsichten zufolge spirituell hochbegabt. Sie verfügten über zahlreiche **geistige oder mediale Kräfte**. Das behaupten jedenfalls die Autoren Brown, Charroux, Doreal, Forbes, Fortune, erneut Gurjieff, Lewis, Michell, Randall-Stevens, wieder Steiner, Vigers, Willigut und Wirth, eine überwältigende Menge von Federkielen also.[14] Zu den spirituellen Kräften zählten die Levitation, die Telepathie, die Kunst, aus dem Körper herauszutreten, die Fähigkeit, mit Tieren umgehen und sprechen zu können sowie die Methode, ein außergewöhnliches, persönliches Verhältnis mit Pflanzen zu pflegen. Bäume, Sträucher und Gewächse bildeten ihnen zufolge ein Paradies. Löwen wurden als Haustiere gehalten. Viele medial begabte Autoren behaupten weiterhin, dass die Musik eine besondere Rolle auf der Insel spielte. Mit Musik konnte man angeblich heilen und alle möglichen Kunststücke anstellen. Klang überhaupt konnte als Energiequelle benutzt werden. Durch bestimmte Töne allein vermochte man dem Vernehmen nach sogar mächtige Steine in die Höhe zu wuchten. Instrumente wurden nicht per Hand bewegt, sondern durch einen elektrischen Mechanismus. Wir fühlen uns an die Posaunen von Jericho erinnert oder überhaupt an Erzählungen, da durch Geräusche und Töne allein gewaltige Mauern zum Einsturz gebracht werden können.
3. Viele Autoren/Seher unterscheiden zwischen Sonnenpriestern und Seepriestern/Seepriesterinnen – bei einer Meeresreligion durchaus denkbar. Von einer **Seemacht** spricht schon Platon, weiter von verschiedenen Kanälen, die die Insel durchzogen. Offenbar gab es zahlreiche Bootstypen, Werften, Docks und eine ganze Schifffahrtskultur. Einige Esoterik-Autoren gehen sehr ins Detail und sprechen von Reinigungs-

zeremonien in den entsprechenden Tempeln (Donelly), sie berichten von weißen Priesterroben und verweisen immer wieder darauf, dass Poseidon als der höchste Gott verehrt wurde – worauf schon Platon aufmerksam machte. Esoteriker und alte Göttersagen legen die Weltsicht nahe, dass es einst (über-)mächtige geistige Wesen gab, die über Naturgewalten gebieten konnten.

4. Die **technische Versiertheit** der Atlantiden wird ebenfalls immer wieder von zahlreichen Sehern und Reinkarnations-Anhängern beschworen. Die esoterische Literatur spricht von Flugzeugen und sogar Raumschiffen. Dafür können erneut zahlreiche Autoren in den Zeugenstand gerufen werden, in puncto Flugzeugen etwa wieder Steiner, weiter Adamski, Ballard, Bernard, Colville, Cayce, Doreal, Lewis, Oahspe, Phylos, Raleigh, Ramtha oder Williamson. Von einer unbekannten, höheren Technikstufe sprechen Charroux, Churchward, List, Gorsleben, Fortune, Mandasoran, Michell, Neate und Seth unter anderen.[15] Gewaltige Lasten konnten diesen Autoren zufolge mühelos gehoben werden. Die Atlantiker waren angeblich Herren über ungeheure Energiegewalten, ob es sich um die Elektrizität und die Elektronik handelte oder die Gravitation und die Erdwärme. Elektrizität ließ sich vorgeblich aus der Atmosphäre abziehen, was uns an die »Raumenergie« erinnert, die heute in aller Munde ist.[16] Weiter spielten offenbar Kristalle eine besondere Rolle. Wieder andere Autoren sprechen von riesigen Magneten, Luftschiffen, U-Booten, Energiespeichergeräten, psychomagnetischer Energie und Sonnenenergie, aber immer im Rahmen einer hochtechnologischen Kultur, was unter anderem der weltberühmte Seher Edgar Cayce behauptet.[171] Dass man in Steinen Energie oder sogar Flüche »aufbewahren« konnte, ist gemäß wieder anderen Esoterik-Autoren ebenfalls eine uralte atlantische Fähigkeit. Die Reinkarnations-Schriftsteller sprechen ferner von Regenregulatoren und antigravitationalen Einrichtungen. Einig sind sich die esoterisch orientierten Autoren auch darin, dass Atlantis unterging, weil die Technik missbraucht wurde. Die Spiritualität geriet ins Hintertreffen.

Lässt man also die Parahistorie zu, so gelangt man zu einer Vielzahl neuer Details, die mit Sicherheit hochinteressant und vielleicht sogar wahr sind.

Wenn von einer Hochzivilisation gesprochen wird mit Gerichtshöfen und Richtern, Bergbauminen, Gießereien und Handwerksbetrieben, so kann das der »normale Historiker« noch einigermaßen akzeptieren, auch etwa die Existenz von Aquädukten und Pyramiden oder siebeneckigen Kristallsäulen, aber wenn übermächtige, körperlose Wesen, eine ganze Raumfahrtkultur sowie göttergleiche Fähigkeiten ins Spiel kommen, muss er passen.

Aber was ist mit den Stimmen, die etwas völlig anderes behaupten?

Widerlegen sie nicht durch ihre schiere Existenz all die Reinkarnations-Enthusiasten?

Unterschiedliche Atlantis-Schilderungen

Bis heute gibt es wie schon angedeutet Seefahrer, Taucher, Abenteurer und Archäologen zuhauf, die behaupten, zu wissen, wo Atlantis einst lag und wo es unterging – oder die zumindest auf der Suche nach dem sagenhaften Inselreich sind. Immer wieder wurden Expeditionen unternommen, weil man angeblich erneut eine »heiße Spur« entdeckt hatte.

Kaum ein Ort auf Planet Erde wurde ausgelassen, was diese verschiedenen Behauptungen angeht. Der Universalgelehrte Athanasius Kircher (1602–1680) veröffentlichte als Erster eine Karte über Atlantis. Er siedelte die Insel in der Mitte des Atlantischen Ozeans an.

Doch schon bald fühlten sich zahlreiche weitere Forscher berufen, auf andere Örtlichkeiten aufmerksam zu machen. So gerieten die Arktis und die Antarktis ins Visier der Atlantis-Forscher, weiter Britannien, Bolivien, Deutschland, Italien, die Karibik, Kreta, Malta, Mittelamerika generell, Nordafrika, die Sahara, Schweden, Sizilien, Spanien, die Türkei und Venezuela – unter anderem.

Was also ist die »Wahrheit«?

Das Rätsel ließe sich unseres Erachtens leicht lösen, wenn man davon ausgeht, dass Atlantis offenbar viele »Außenposten« besaß. Wenn die Atlantiden tatsächlich so mächtig waren, wie es Platon behauptete, so verfügten sie mit Sicherheit über zahlreiche Stützpunkte. Vielleicht also haben mehr Autoren recht, als man bisher annahm.

Auch über die Zeit, wann Atlantis existierte, gibt es unterschiedliche Meinungen.

So stellen sich Atlantis-Enthusiasten das am Meeresgrund versunkene Atlantis vor.

Dieses Rätsel ließe sich ebenfalls leicht lösen, wenn man annimmt, dass sich die Herrschaft der Atlantiden über eine Periode von mehreren zehntausend Jahren erstreckte.

Das würde, nebenbei bemerkt, auch die unterschiedlichen »Erinnerungen« erklären, denn schon eine Zivilisation, die »nur« 3000 Jahre lang Bestand hat, ist beträchtlichen Änderungen unterworfen. Die Griechen der Antike, die 3000 Jahre vor der Jetztzeit lebten, hätten Griechenland schon im Jahre 500 n. Chr. nicht mehr wiedererkannt. Deutschland existierte vor 3000 Jahren nicht einmal. Und die USA sind gerade einmal ein paar schlappe Jahrhunderte alt – Nordamerika sah vor nur 3000 Jahren *vollständig* anders aus.

Und so könnte man selbst widersprüchliche Aussagen unter einen Hut bringen, wenn uns daran gelegen wäre, die Esoteriker zu verteidigen.

Aber das ist nicht einmal notwendig, denn jedem von uns ist es erlaubt, die wildesten und abenteuerlichsten Theorien über Atlantis aufzustellen.

Allen »Erinnerungen« jedoch gemeinsam sind der Schmerz und die Trauer, dass Atlantis einst unterging. Alle Autoren behaupten ausnahmslos, dass es sich um eine wohlhabende, mächtige, hochstehende Insel-Zivilisation gehandelt hat, ja geradezu um ein Paradies.

Und so ist die ewige Wehmut und Sehnsucht der Menschheit, die ständig auf der Suche nach einem verlorenen Paradies ist, auf einmal leicht zu verstehen. Denn vielleicht, vielleicht gab es dieses Paradies wirklich vor langen Zeiten, und vielleicht, vielleicht trug es tatsächlich den Namen … *Atlantis.*

FAZIT

Der Zeitgenosse, der alle paranormalen Informationen über Atlantis gelten lässt, gelangt zu völlig neuen, überraschenden Ergebnissen, die letztlich die gesamte Geschichtsschreibung herausfordert und auf den Kopf stellt.

Denn was bedeuten diese »Erinnerungen« in letzter Konsequenz?

Wenn wir tatsächlich die zweite Route nehmen und es uns erlauben, der paranormalen Geschichtsschreibung Existenzberechtigung zuzugestehen – oder auch nur Platon –, sind die intellektuellen Schlussfolgerungen beträchtlich:

1. Falls Atlantis tatsächlich existierte, würde es sich um die früheste uns momentan bekannte Hochzivilisation handeln. *Geschichte* müsste tatsächlich vollständig neu geschrieben werden. Man müsste den Einfluss der Atlantiker auf die alten Ägypter und alten Griechen neu überdenken.
2. Weiter könnten wir nicht mehr davon ausgehen, dass Geschichte automatisch einer ständigen »Höherentwicklung« unterliegt. Im Gegenteil. Wir müssten annehmen, dass Historie einer *Abwärtsentwicklung* ausgesetzt ist. Wir müssten ferner die Möglichkeit einräumen, dass Menschen vormals mit unglaublichen Fähigkeiten begabt waren, welche inzwischen verloren gegangen sind. Wir müssten darüber hinaus zähneknirschend eingestehen, dass unsere heutige »Hochtechnologie« armselig ist im Verhältnis zu den Möglichkeiten der Atlantiden. Eine weitere Konsequenz bestünde darin, zuzugestehen, dass sich die Menschheit inzwischen sowohl in spiritueller als auch energetischer Hinsicht auf einem niedrigeren Niveau befindet als vor 12 000 Jahren, geschweige denn im Vergleich zu noch früheren Zeiten.

3. Die Abstammung des Menschen vom Affen könnten wir völlig zu den Akten legen. Das Weltbild Darwins wäre erschüttert und widerlegt. Jeder materialistischen Weltsicht würde das Lebenslicht ausgeblasen werden. Die armen Marxisten und Kommunisten könnten nach Hause gehen und sich selbst begraben.

Die Annahme, dass Materie dem Geist oder der Seele grundsätzlich überlegen ist, müsste revidiert werden angesichts der unglaublichen spirituellen Talente der Atlantiden. Auch über verschiedene »Theologien« und »Geschichtsphilosophien« könnte man den Stab brechen.

Das alles wäre das Ergebnis einer »paranormalen« Geschichtsschreibung. Kein Stein bliebe auf dem anderen. Wir müssten einen Purzelbaum schlagen und völlig von vorn beginnen.

Dabei wäre all das erst der bescheidene Anfang einer alternativen Geschichtsschreibung. Wenn man tatsächlich paranormale Wahrnehmungen zulässt und ihnen eine Existenzberechtigung einräumt, wenn man den Geist über der Materie ansiedelt, ändert sich auch unser gesamtes kosmologisches Weltbild. Selbst den Mond würden wir auf einmal auf eine ganz andere Art betrachten.

Mit dieser Bemerkung aber befinden wir uns bereits mit einem Fuß im nächsten Kapitel, in dem wir mit noch größeren Ungeheuerlichkeiten konfrontiert werden.

DIE ENTSTEHUNG DES MONDES UND DESCARTES' DENKFEHLER

TEIL 1

Der erste Mensch, der sich über die Entstehung des Mondes Gedanken machte, war niemand geringerer als der große Meisterdenker *René Descartes* (1596–1650), dessen Einfluss auf die Philosophie wahrscheinlich größer war als das jedes anderen Geistesriesen vor Immanuel Kant. Er bewirkte eine Revolution in der Philosophie, nicht zuletzt weil er den erstaunlichen Versuch unternahm, die mathematische Methode auf die Philosophie anzuwenden, das heißt, Genauigkeit in seine Schlussfolgerungen einzubringen und ein in sich logisches, philosophisches Gedankengebäude zu erstellen, was in völligem Gegensatz zu der mittelalterlichen Vorgehensweise stand.

Descartes war ohne Zweifel ein Genie. Dabei war er als Säugling so schwächlich, dass niemand glaubte, er würde überleben. Ausgebildet wurde er von den Jesuiten, bei denen er nicht nur die Mathematik, sondern auch den Zweifel lernte, und die also dafür verantwortlich gemacht werden können, dass er sich in das Denken verliebte.

Mit 17 Jahren machte er sich auf nach Paris, wo er um Geld zu spielen begann, weil er, wie viele Mathematiker, glaubte, er könne dem Gott Zufall auf die Schliche kommen.

Schließlich ließ er sich in Holland nieder – er verfügte über ein hübsches väterliches Erbe –, lebte bequem in einem kleinen Schloss, hielt sich zahlreiche Dienstboten und eine Geliebte und begann, über die größten Probleme des Denkens und Seins nachzusinnen.

RENÉ DESCARTES' UNSTERBLICHE LEHRSÄTZE

In gewissem Sinne bewies Descartes als Erster logisch die Existenz der Seele. Hören wir ihm selbst zu, es ist zu interessant. Zunächst formulierte er seinen berühmtesten Satz:

> *Je pense, donc je suis.* Auf Latein: *Cogito ergo sum.* Auf Deutsch: *Ich denke, also bin ich.*[18]

Descartes weiter:

> »Ich sehe deutlich, dass es nichts gibt, was ich leichter kennen kann als mein eigenes Selbst.«[19]

Das Verhältnis zu Materie formulierte er so:

> »Den Stoff können wir nur durch den Geist erkennen.«[20]

Descartes schlussfolgerte:

> »Dieses Ich, das heißt: die Seele, durch die ich das bin, was ich bin, ist wesentlich verschieden vom Körper und kann leichter begriffen werden als der letztere.«[21]

Weiter vermutete er:

> »Der unstoffliche Geist oder die Seele wird den Körper überleben.«[22]

Descartes gab also mit anderen Worten der unsterblichen Seele den Vorrang vor der Materie. Trotz dieses faszinierenden Ausgangspunktes, der das philosophische Denken für immer verändern sollte, beging Descartes jedoch einen entscheidenden Denkfehler. Er beging ihn, als er anfing, sich für die Naturwissenschaften zu interessieren.

Descartes beschäftigte sich mit erstaunlich vielen Forschungsgebieten. Er machte Entdeckungen nicht nur in den Disziplinen der Erkenntnislehre, der Ethik und der Theologie, sondern auch in der Mathematik, Physik, Astronomie, Anatomie, Physiologie und Psychologie. Er verwandelte seine Gemächer in Laboratorien, unternahm zahlreiche Experimente, sezierte Tiere und maß alles, was zu messen war.

Sein Ehrgeiz bestand darin, die mittelalterliche Wissenschaft auf ein höheres Niveau zu heben und Sachverhalte auf genau definierte, qualitative und quantitative Mengen und präzise Zahlen festzulegen.

Das Ergebnis konnte sich wirklich sehen lassen: Descartes entdeckte einige Gesetze der Geometrie und gab Hinweise auf die Infinitesimalrechnung. Er beschäftigte sich mit der Dreiteilung des Winkels und führte den Gebrauch der ersten Buchstaben des Alphabets als bekannte und dessen letzte als unbekannte Größen ein. Er untersuchte die Phänomene des Flaschenzugs, des Keils, des Hebels, der Schraube und des Rades. Er formulierte die Gesetze der Trägheit und beschäftigte sich mit der Bewegungslehre. Die Augenlinse faszinierte ihn ebenso wie wirkliche Linsen, die dazu beitrugen, genauer zu beobachten. Er arbeitete über die Verdauung und die Atmung und sezierte Föten. Und er kümmerte sich um die Sonne, die Planeten und die Sterne.

Und so geschah es, dass er der erste Mensch war, der sich die Frage stellte, wie einst der Mond entstanden war.

THEORIEN ÜBER DIE ENTSTEHUNG DES MONDES

Über die Entstehung des Mondes wird bis heute philosophiert, die Herren Wissenschaftler sind sich durchaus nicht einig. Der Erste, der sich über dieses Thema wie gesagt Gedanken machte, war *René Descartes*.

Er formulierte die sogenannte »**Einfangtheorie**«, die besagt, dass einst die Erde den Mond »eingefangen« habe, aufgrund ihrer größeren Gravitation. Der Mond hätte bereits unabhängig von der Erde existiert, bis diese ihn gewissermaßen in ihren Bann geschlagen habe, sodass er sich von dieser Zeit an für immer um sie habe drehen müssen.

Der Nächste, der sich mit der Entstehung des Mondes auseinandersetzte, war niemand geringerer als *Immanuel Kant*, der deutsche Philosoph, der 1755 die nächste Theorie aus der Taufe hob. Er verfocht die »**Schwesternplanet-Theorie**«, die besagt, dass Erde und Mond gleichzeitig entstanden wären und zufällig nahe beieinander und nebeneinander existiert hätten. Erde und Mond hätten sich zu Urzeiten verdichtet, und aus einem Urnebel wäre ein Doppelplanet entstanden. Die Hauptmasse wäre zur »Erde« geflossen, aus der verbliebenen Staubhülle hätte sich der Mond gebildet.

Die nächste Theorie wurde von *George Darwin*, Charles Darwins Sohn, entwickelt. Im Jahre 1878 formulierte er die sogenannte »**Abspaltungstheorie**«. Diese beinhaltet, dass der Mond sich angeblich von einer heißen, zähflüssigen Masse der Erde in einer Frühphase abgespalten habe. Es hätte sich gewissermaßen ein planetarischer Tropfen gebildet, der später zum Mond mutiert wäre. Doch auch die Darwin'sche Theorie veraltete schon bald, zumal sie durch keine physikalischen Erkenntnisse gestützt werden konnte.

Und also erblickte die »**Öpik-Theorie**« das Licht der Welt, benannt nach *Ernst Öpik*, der 1955 die Theorie vorschlug, dass ehemals von der Erde eine große Menge Materie abgedampft sei. Während die Sonnenwinde die leichteren Elemente davongeblasen hätten, hätten sich die schwereren kondensiert und wären zum Mond geworden.

Die »**Viele-Monde-Theorie**« schließlich wurde 1962 von *Thomas Gold* aufgestellt. Gold ging von sechs bis zehn kleinen Monden aus, die ursprünglich existiert hätten und die in der Folge von der Erde eingefangen worden wären. Im Laufe von Milliarden von Jahren hätten sie sich zusammengeschlossen oder wären zusammengestoßen und hätten den Mond gebildet.

Am populärsten schließlich wurde die »**Kollisions-Theorie**«, die 1975 von *William K. Hartmann* und *Donald R. Davis* entwickelt wurde. Hiernach wäre die Erde einstmals mit einem gewaltigen Himmelskörper kollidiert; aus der weggeschleuderten Materie habe sich dann der Mond gebildet.

Scharfsinnige Überlegungen

Nun leben wir in einem Zeitalter, da wir sehr viel mehr über die Zusammensetzung des Mondes wissen als in früheren Zeiten. Wir kennen seine Dichte, die deutlich geringer ist als die der Erde, und wir kennen seine Elemente, die sich ebenfalls von der Erde in wichtigen Punkten unterscheiden. Damit scheiden alle Theorien logischerweise aus, die eine simple gemeinsame Herkunft annehmen. Auf der anderen Seite sind die Erdkruste und die Mondoberfläche nahezu identisch, was die Isotope angeht, was man vom Rest unseres Sonnensystems nicht behaupten kann: eine Ähnlichkeit also.

Das deutet darauf hin, dass der Mond und die Erde offenbar gewisse *Gemeinsamkeiten* hinsichtlich ihrer Entstehung haben, ohne dass wir wissen können, worin diese Gemeinsamkeiten genau bestehen. Aber auch *Unterschiede* sind offensichtlich, es kann sich also um kein Ereignis gehandelt haben, das auf eine einzige simple Ursache Rückschlüsse erlaubt. Weiter kennen wir einige astrophysikalische Daten, wie den Drehimpuls und den Drehsinn, die uns ebenfalls helfen, für oder gegen eine der genannten Theorien Stellung zu nehmen.

All dieses Wissen lässt jedoch einen Umstand außer Acht, der bislang nicht einmal ansatzweise von den Philosophen oder den Herren Wissenschaftlern diskutiert worden ist.

Kurz gesagt wurde es, was den Mond angeht, bislang versäumt, einen *astropolitischen* Gesichtspunkt einzunehmen. Sprich, wenn wir davon ausgehen, dass wir nicht allein in dieser Galaxis und in diesem Universum existieren, so muss man sich die Frage stellen, wozu Monde, aus machtpolitischen und militärischen Gesichtspunkten, generell taugen mögen.

Will man das Geheimnis, wie unser Mond entstand, wirklich lösen, muss man also in galaktischen Dimensionen denken können, ansonsten wird man scheitern. Unserer Ansicht nach waren Monde oft **Beobachtungsposten**. Ein Planet wie die Erde kann (von einer kontrollierenden Weltraumrasse) hervorragend von einem Mond aus beobachtet und kontrolliert werden. Ein Mond bietet unschätzbare militärische Vorteile.

Weiter könnten Monde sehr gut als **Raumhäfen** benutzt worden sein, um beim Start und der Landung von Raumschiffen weniger Energie zu vergeuden, denn die Gravitation auf einem Mond ist geringer als auf einem Planeten. Wahrscheinlich dienten Monde darüber hinaus 101 anderen Zwecken mehr, wie etwa bestimmten biologischen **Experimenten**, die man weit abseits des Heimatplaneten durchführen wollte, oder sie dienten **technischen Zwecken**. Wir müssen also nach der *Funktion* und dem *Zweck* fragen, wenn wir dem Geheimnis unseres Mondes – und Monden generell – auf die Spur kommen wollen.

Sucht man nach Gründen, die – was die Entstehung von Monden angeht – nur die Aspekte von Materie und Energie einbeziehen, geht man nolens volens davon aus, dass keine andere Weltraumrassen existieren, was hybride ist und unwissenschaftlich. Allein in unserer Galaxis gibt es Milliarden von Sternen und Planeten. Darüber hinaus gibt es Milliarden von anderen Galaxien.

Warum sucht man also nicht nach »politischen« Gründen für Monde, nach militärischen, biologischen, energetischen Gründen und so weiter?

Das wäre angesichts der Unzahl der existierenden Galaxien und Planeten sehr viel logischer und sinnvoller.

Auf einer rein »materiellen« Ebene betrachtet können Monde auf vielerlei Weise entstehen. **Man kann aus einem Planeten eine angemessene Portion Materie entnehmen, sie zu einer Riesenkugel oder einem Mond formen** und dann in eine Umlaufbahn um eben den gleichen Planeten bringen; Gravitation zusammen mit der Fliehkraft besorgen dann den Rest. Der springende Punkt ist: *Wesen* organisieren dies, nicht irgendein anonymes, unpersönliches, physikalisches Gesetz.

Theoretisch kann man auch **»Weltraumgeröll« einsammeln und zu einem »Mond« zusammenballen**; riesige, elektromagnetische Achsen, die sich drehen, ebenfalls künstlich geschaffen, können den weiteren Job erledigen. Darüber hinaus und wieder theoretisch kann man einen **»Mond« auch aus der Ferne herbeischaffen**, aus einem anderen Sonnensystem zum Beispiel.

Das allein wären drei weitere Theorien, von den vier »Funktionstheorien« abgesehen, die den Zweck beschreiben, für die ein Mond taugen und herhalten könnte.

Da unser Mond in puncto Elementen und Zusammensetzungen anders beschaffen ist als die Erde, so legt das die Vermutung nahe, dass zumindest zu einem gewissen Grad künstlich nachgeholfen wurde. Vielleicht wurden bestimmte Elemente von anderen Planeten herbeigeschafft, und wahrscheinlich hatten diese neuen Elemente gewisse chemisch-physikalische Eigenschaften, die für verschiedene genau definierte Funktionen wichtig waren.

Alternative Vorstellungen zur Entstehung des Mondes

Wenn wir den Mond heute anblicken, so schauen wir möglicherweise auf ein Überbleibsel eines alten galaktischen, politischen Systems.

Vielleicht ist das der Grund, warum der Mond bis heute eine solche Faszination auf das Menschengeschlecht ausübt.

Natürlich ist auch diese letzte Theorie reine Spekulation, aber sie eröffnet auf jeden Fall eine neue Denkdimension: Man darf die Entstehung von Planeten nicht rein mechanisch und mechanistisch betrachten, sondern muss auch astropolitische und machtpolitische Kategorien einbeziehen. In diesem Sinne ist die physikalische Entstehung eine relativ nebensächliche Frage, obwohl sie intellektuell faszinierend ist. Aber man gelangt tatsächlich zu gänzlich anderen Schlussfolgerungen, wenn man das Pferd nicht am Schwanz aufzäumt und zunächst nach der *Funktion* des Mondes fragt. Zumindest sollte man diese neue (astropolitische) Betrachtungsweise ernsthaft in Erwägung ziehen.

FAZIT: DESCARTES' DENKFEHLER

In diesem Sinne ist es völlig müßig, darüber zu spekulieren, wie der Mond in physikalischer-mechanischer Hinsicht entstanden sein mag.

Wie wir bereits wissen, bewies Descartes als erster Philosoph allein mit Logik gewissermaßen die Existenz der menschlichen Seele.

Hätte Descartes also seine eigenen Schlussfolgerungen konsequent weitergeführt, so wäre ihm wahrscheinlich nicht der Denkfehler unterlaufen, nur allein nach **physikalischen** Erklärungen für die Entstehung des Mondes zu suchen.

Warum denn sollte dieses »geistige Prinzip«, wie wir es vorsichtig nennen wollen, nicht auch auf anderen Planeten existieren? Und warum sollte es nicht imstande gewesen sein, einen Mond zu erschaffen mit technischen Möglichkeiten, die den unseren weit überlegen waren?

Trotzdem verdanken wir dem größten Philosophen des 17. Jahrhunderts viel, denn er wies als Erster auf ein Aspekt-Problem hin, das zuvor nicht einmal wahrgenommen worden war.

Es steht uns also wohl an, Descartes Respekt zu bezeugen, auch aus dem Grunde, weil man aus Fehlern anderer lernen kann. Sie fordern uns zum Widerspruch auf und reizen uns an, eigenständig zu denken.

Monsieur Descartes, wir verneigen uns vor Ihrem Scharfsinn, und wir bedanken uns für Ihre Fragen und Ihre Fehler.

TEIL 2

Die Parahistorie geht von ganz anderen Voraussetzungen aus als die Physik oder die Chemie. Sie stellt nicht etwa die Materie oder die Energie in den Mittelpunkt ihrer Betrachtungen, sondern den Geist. Nicht riesige elektromagnetische Felder oder die Anziehungskraft der Massen sind von Bedeutung, sondern nur die unglaublichen Fähigkeiten des Geistes.

Wir gelangen innerhalb der Parahistorie also interessanterweise wieder zurück an den Ausgangspunkt aller philosophischen Überlegungen: Was existierte zu Beginn? Die Materie oder der Geist?

Die Parahistorie übergibt die Siegespalme immer dem Geist – und gelangt auf diese Art zu gänzlich anderen Ideen, Vorstellungen und Schlussfolgerungen.

Ja, sie bedient sich anderer »Fächer«, wie der Politik, der Astronomie, der Physik, der Establishment-Historie, der Archäologie und sogar militärstrategischer Überlegungen – aber all diese Wissensgebiete betrachtet sie nur als »Hilfswissenschaften«. Sie lässt sie nicht als Ausgangspunkt gelten.

Grundsätzlich wird die Überlegenheit des Geistes postuliert.

»PLANETENBASTLER«

Aufgrund dieses andersartigen Ausgangspunktes entstehen gänzlich neue Perspektiven, die nichts weniger als atemberaubend sind.

Nur ein Beispiel: Schon heute, im 21. Jahrhundert, sind wir in der Lage, Satelliten in den »Himmel« zu schießen, die in der Folge den Planeten Erde umkreisen.

Der nächste Schritt wird darin bestehen, völlig autarke Raumstationen zu schaffen, die sich ebenfalls um die Erde bewegen.

Sobald das möglich sein wird, werden sich Forscher, Ingenieure, Tüftler und Erfinder fragen, warum man nicht größere, umfänglichere Raumstationen in eine Umlaufbahn um die Erde bringen kann. Weiter wird man sich fragen, wie eine solche gewaltige Raumstation idealerweise aussehen sollte. Man wird auf unser Sonnensystem und andere Sternensysteme schauen und erkennen, dass die intelligenteste Art darin besteht, eine *Kugel* um einen Planeten kreisen zu lassen. In der Folge wird man sorgfältig alle dazu benötigten Kräfte berechnen, wie die Erdanziehungskraft, die Fliehkraft, die Methode, einer solchen Kugel zu einer eigenen Gravitation zu verhelfen und einiges mehr. Dann wird man die ersten Experimente in dieser Richtung lancieren. Überrascht wird man erkennen, dass das Problem längst im Weltraum gelöst wurde.

Der Schritt von einer gewaltigen, kugelförmigen Raumstation, die um die Erde kreist, wird später die Frage aufwerfen, was eigentlich dagegen spricht, einen künstlichen Mond zu schaffen? Einen zweiten Mond?

Einige Planeten in diesem unserem Sonnensystem verfügen längst über mehrere Monde, wie etwa Jupiter. Warum also sollte nicht auch Planet Erde viele Monde besitzen?

Und also wird man einen ersten, kleinen, künstlichen Mond aus der Taufe heben.

Von dieser Stufe aus ist der Schritt zu einem größeren Mond nicht mehr weit.

Ist man aber erst einmal auf dieser Stufe angelangt, werden sich geniale Ingenieure und Menschen, die in größeren Dimensionen denken können, am Kopf kratzen und die Frage aufwerfen, warum man nicht einen ganzen *Planeten* kreieren sollte? Einen künstlichen Planeten?

Spätestens an dieser Stelle wird sich die hochintelligente Frage erheben, wer eigentlich all die existierenden Planeten erschaffen hat?

Die alte, abgetakelte Antwort, die da lautet »Gott«, wird man nicht mehr gelten lassen, wenn auch das Menschengeschlecht (so unsere Hoffnung) insofern klüger geworden ist und nun jeden nach seiner Fasson selig werden lässt.

Man wird jedoch erkennen, dass auch Menschen »Planeten« entwerfen können, es wird Planetenerfinder geben oder Planetenbastler/Planeteningenieure.

Natürlich werden genaueste Berechnungen notwendig sein, um das »Gleichgewicht« innerhalb eines Sonnensystems nicht zu stören. Ein paar geniale Mathematiker, Physiker, Astronomen sowie einige moderne Newtons werden notwendig sein, um das Projekt Realität werden zu lassen.

Und so wird man es eines Tages wagen, den ersten Planeten schier aus dem Nichts zu schaffen, was im Grunde genommen »nur« ein technisches Problem ist. Anfänglich wird es sich um eine ungeheure Herausforderung handeln. Aber im Laufe der Jahrtausende und Jahrzehntausende wird es eine eigene Wissenschaft geben, die sich mit nichts anderem beschäftigt als mit der Frage: Wie kreiere ich einen Planeten und schaffe ihn sicher in eine vernünftige Umlaufbahn um eine Sonne?

Schon heute verfügt man über die Technologie, künstliche Inseln aus dem Meer aufsteigen zu lassen – Chinesen und Araber sind hier die Vorreiter. Alles ist also nur eine Frage, wie »groß« man denken kann.

Man wird sich mit anderen Worten Stück für Stück an die Idee herantasten, dass der Geist der Materie überlegen ist.

Schon jetzt beweist die Technikgeschichte, dass wir ständig über uns hinauswachsen. Wir erobern mehr und mehr Terrain; zunehmend erheben wir uns *über* die Materie.

Und also wird man schließlich den grundlegenden philosophischen Irrtum einsehen: Er besteht darin, der Materie ein größeres Gewicht beizumessen als dem Geist.

Genau umgekehrt wird ein Schuh daraus: Der Geist ist Materie *immer* überlegen, er ist mit einem unendlichen Potenzial ausgestattet.

Hierbei handelt es sich um eines der wichtigsten Ergebnisse der *Parahistorie*. Sie eröffnet tatsächlich völlig neue Horizonte. Sie macht den Menschen »groß«, während der Materialismus den Menschen »klein« macht.

Materialismus degradiert, Spiritualität zeigt neue Horizonte auf. Die Entscheidung, auf welcher Seite wir stehen wollen, bleibt uns überlassen. Eigentlich sollte die Wahl leichtfallen.

DER GRÖSSTE WISSENSCHAFTSSKANDAL ALLER ZEITEN

Die Aufregung war ungeheuer.

Ein Missing Link war entdeckt worden, ein Zwischenglied zwischen Mensch und Affe, ein fehlendes Bindeglied. Genauer gesagt hatte man einige Knochen einer Kreatur entdeckt, die offenbar halb Affe und halb Mensch gewesen war.

Die Theorie, aufgestellt von Charles Darwin (1809–1882), der zufolge der Mensch vom Affen abstammte und sich höher und höher entwickelt hatte, war endlich, endlich bewiesen!

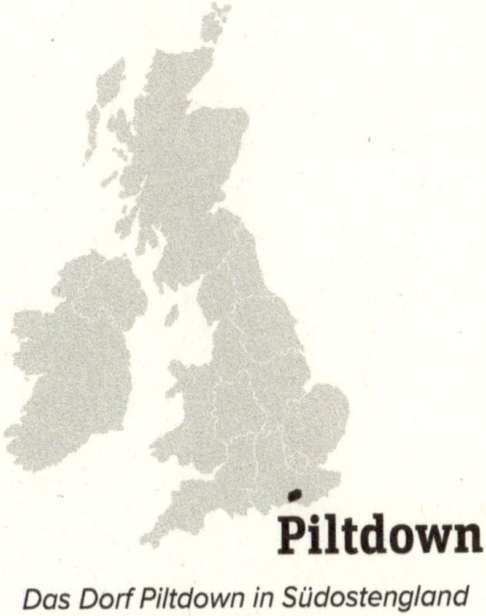

Das Dorf Piltdown in Südostengland

Es gab also tatsächlich Skelette und Knochen, die man weder zu 100 Prozent einem Affen noch zu 100 Prozent einem Menschen zuweisen konnte. Das berühmte Missing Link, das fehlende Zwischenglied, war in Piltdown ausgebuddelt worden.

Piltdown? Hierbei handelte es sich um ein lächerlich kleines Dorf in Südostengland, völlig unbedeutend, das aber plötzlich Weltgeschichte schrieb.

Die Augen aller Archäologen, Anthropologen und Geologen richteten sich mit einem Mal auf Piltdown.

In Piltdown grub man jedenfalls in fliegender Eile den sogenannten Piltdown-Menschen aus, wie er schon bald genannt wurde – eben jenes Zwischenglied zwischen Affe und Mensch.

THE PILTDOWN MAN

Das Jahr? 1912. Die Welt befand sich kurz vor dem Ersten Weltkrieg, der später in den Jahren 1914–1918 toben sollte, in fast allen Ländern der Erde.

Doch 1912 erschütterte zunächst der Fund des Affenmenschen die Welt, er kam einer intellektuellen Revolution gleich. Darwins Behauptung, dass der Mensch in Wahrheit vom Affen abstammte und nicht von Gott geschaffen worden war, rief sofort kämpferische Geister auf den Plan. Speziell die christlichen Priester tobten.

Wie bitte? Der Mensch war keine Kreation Gottes, sondern er war auf ein Tier, auf einen Affen, zurückzuführen?

Mit Zähnen und Klauen verteidigten die Herren Priester ihre bisherige Theorie, der zufolge niemand anderes als Gott die Menschen erschaffen hatte. Gott hatte den Menschen aus Lehm geformt – wie jedes Kind wusste – das stand schließlich in der Bibel. Aber da gab es diesen dahergelaufen Darwin, zugegeben ein bekannter britischer Naturforscher, der aber frech behauptete, die Bibel stimme nicht, der Vorfahre des Menschen sei ein Affe. In seinem Buch *On the Origin of Specis*, auf gut Deutsch *Über die Entstehung der Arten*, das schon bald zu einem Weltbestseller geriet, warf Darwin mit Vokabeln wie »Evolution« um sich und sprach von »natürlicher Selektion« statt von Gott. Ein Aufstand bahnte sich an.

Und jetzt, zum Teufel auch!, hatte man tatsächlich in Piltdown dieses Zwischenglied gefunden, von dem Darwin schon immer fantasiert und gefaselt hatte.

Die Herren Wissenschaftler ließen sich davon nicht irritieren. Wie wild buddelten und wühlten sie weiter in der Erde, im Dreck, bewaffnet mit Spaten und Pinsel, mit dem alte, verstaubte Knochen sorgfältig gesäubert wurden. Sie fanden in der Nähe des Dörfchens Piltdown konkret einen Schädel und einen Unterkieferknochen – Überreste eines Vorfahren des Menschen. Der glückliche Entdecker, dem Ehre und Ruhm winkten, war Charles Dawson (1864–1916) ein britischer Rechtsanwalt und Amateurarchäologe.

Die Darwinisten jubelten. Endlich konnten die einzelnen Schritte in Richtung Mensch anhand von konkreten Knochen bewiesen und nachvollzogen werden. Den Skeptikern Darwins wurde damit der Todesstoß versetzt. Die christlichen Priester befanden sich im Unrecht, die modernen Wissenschaftler im Recht.

Die Darwinisten tanzten vor Freude auf den Tischen.

Die Herren Wissenschaftler/Darwinisten schätzten den Piltdown-Menschen auf ein Alter von rund 500 000 Jahren. Der Unterkiefer war primitiv und erinnerte an einen Affen. Der Schädel dagegen war umfangreicher und gehörte fraglos einem Menschen.

Affe + Mensch = Menschenaffe oder Affenmensch =
Vorfahre des Menschen.

So lautete die neue Gleichung. Ja, schon Darwin hatte vermutet, dass es ihn geben müsse. Jetzt endlich war es bewiesen!

Der Held des Tages war wie gesagt Charles Dawson, der Entdecker des Piltdown-Menschen. Die Funde übergab er A. S. Woodward, der in der Abteilung Geologie im renommierten British Museum arbeitete. Das Britische Museum genoss einen tadellosen Ruf, seine Wissenschaftler hielten sich für die Elite, jedenfalls waren sie die Autoritäten schlechthin. Nur die Besten der Besten durften hier forschen und arbeiten. A. S. Woodward war wie elektrisiert, als er von dem Fund hörte. Gemeinsam gruben Dawson und Woodward wie besessen weiter in der Kiesgrube.

Die Welt wurde hellhörig, als die ersten Nachrichten durchsickerten.

Sogar der renommierte Pierre Teilhard de Chardin (1881–1955) beteiligte sich an den Grabungen. Teilhard de Chardin? Bei ihm handelte es sich ebenfalls um einen Anthropologen mit bestem Ruf, er war ferner Jesuit, Paläontologe, Theologe und Philosoph, alles in einem.

Der halbe gelehrte Kosmos war fasziniert. Aber was war die Folge?

In der Folge bekämpften die Darwinisten/Wissenschaftler die Priester bis aufs Messer. Immerhin ging es um die Vorherrschaft über die Gedanken und Seelen. Die Kanonen wurden aus dem Unterstand geholt. Und dann begann ein Tintenkrieg, der im Grunde genommen bis heute anhält. Selbst im 21. Jahrhundert wurde speziell in den USA der Kampf zwischen Darwinisten und *Kreationisten* erbittert geführt. *Kreationisten* (nach dem lateinischen Wort creatio = Schöpfung) nennt man radikal-gläubige Christen, Juden und Mohammedaner, die davon ausgehen, dass das gesamte Universum, alles Leben und der Mensch von Gott geschaffen (kreiert) worden waren – wie es wortwörtlich in der Bibel steht. Die Vertreter aller drei abrahamistischen Religionen schossen aus allen Rohren. Die Evolutionstheorie Darwins … nein! Das war Unfug, Unsinn, ja Gotteslästerung!

Bis heute schlägt man aufeinander ein, bis dass die Fetzen fliegen.

Doch hatte nicht die Existenz des Piltdown-Menschen längst die Streitfrage gelöst? Weit gefehlt!

Die Darwinisten/Wissenschaftler setzten umgekehrt alles daran, dass die Lehrbücher entsprechend umgeschrieben wurden. Angeblich gab es ja nicht nur den Piltdown-Menschen, der endgültig bewies, dass eine Höherentwicklung vom Affen zum Menschen stattgefunden hatte. Auch aus Fernost trudelten auf einmal entsprechende Nachrichten ein.

Haufenweise zeichnete man hübsche Illustrationen, die nach Meinung der Darwinisten endgültig zeigten, wie sich der Mensch entwickelt hatte … vom Affen zum Affenmenschen, zum immer aufrechter gehenden Menschen, zum ständig klügeren Menschen bis hin zum Homo sapiens.

Den verschiedenen »Stufen« der Menschwerdung verpasste man eilig ein paar beeindruckende lateinische Namen, denn das trug dazu bei, die Darwin-Theorie »wissenschaftlich« erscheinen zu lassen.

Und so findet man noch heute weltweit in allen möglichen Lehrbüchern Zeichnungen, welche die angebliche »Menschwerdung« optisch leicht verständlich darstellen.

Dawson und A. S. Woordward sowie die Darwinisten sprachen jedenfalls von einem epochemachenden Fund. Sie überschlugen sich. Hurra! Der *Missing Link* zwischen Menschenaffe und Mensch war endlich gefunden worden. Man stritt sich nur noch um einige läppische Details. Vielleicht war der *Missing Link* auch nur 200 000 Jahre alt? Aber wen scherten schon solche Unwichtigkeiten? Ein paar Hunderttausende Jahre mehr oder weniger – pah! Nur Kleingeister konnten sich daran stören.

Die vorgebliche Entwicklung vom Affen bis zum Homo sapiens

Die gesamte Welt sprach von einer Sensation. Über 500 wissenschaftliche und publizistische Veröffentlichungen folgten auf dem Fuß. Bis heute lassen sich die Publikationen fast nicht mehr zählen.

Ja, ja, ja. Der aufrechte Gang, der Gebrauch von Werkzeugen, die Entwicklung von Sprache und Kultur – all das kennzeichnete den Menschen. Er war nicht geschaffen worden, sondern war im Laufe der Jahrhunderttausende und Jahrmillionen entstanden. Vorher war der Mensch nur ein Affe gewesen.

Die Kneipe des Dörfchen Piltdown wurde rasch umbenannt. Sie hieß jetzt *The Piltdown Man.* Die Bevölkerung Piltdowns platzte fast vor Stolz.

Doch eines Tages fiel so etwas wie eine Bombe auf das Dörfchen.

Spätestens 1959, lange nach den Schlächtereien des Zweiten Weltkriegs, wurde der Piltdown-Mensch genauer untersucht. Inzwischen gab es neue, raffinierte und weitaus ausgefeiltere Methoden, mit deren Hilfe man Knochen präziser und besser datieren konnte.

Wissenschaftler fielen plötzlich aus allen Wolken. Sie stellten fest, dass sowohl der Unterkiefer als auch der Schädel nur einige wenige hundert Jahre alt waren. Kurz gesagt handelte es sich bei dem Piltdown-Menschen um eine Fälschung.

Jemand hatte einen mittelalterlichen Schädel eines Menschen zusammen mit dem Unterkiefer eines Orang-Utan in der Erde verbuddelt und den Eindruck erweckt, die beiden Teile gehörten zusammen und wären Teile eines Affenmenschen – alles in täuschender Absicht. Der Orang-

Utan-Unterkiefer war ebenfalls rund 500 Jahre alt. Und die fossilen Zähne? Sie stammten von einem Schimpansen!

Wiederholen wir: Der *Piltdown Mensch* bestand in Wahrheit aus 1. einem Menschenschädel, 2. einem Orang-Utan-Unterkiefer und 3. aus Schimpansenzähnen.

Oh happy day!

Das angeblich hohe Alter des *Piltdown-Menschen* (200 000 bis 500 000 Jahre) war eine glatte, unverschämte Lüge. Alles zerplatzte wie eine Seifenblase. Weiter entdeckte man, dass die Knochen des Piltdown-Menschen eingefärbt worden waren, um ein hohes Alter vorzutäuschen. Selbst die (Schimpansen-)Zähne waren zurechtgefeilt worden. Mit Mikroskopen entdeckte man die Spuren verschiedener Werkzeuge. Die Schleifspuren an den Zähnen bewiesen ohne Wenn und Aber, dass die Zähne »bearbeitet« worden waren.

Röntgenaufnahmen wurden hastig anberaumt. Zusätzlich entdeckte man, dass sich innerhalb der Zähne und der Knochen Kieselsteinchen befanden, um ein höheres Gewicht vorzutäuschen.

Damit stand unzweifelhaft fest: Es handelte sich tatsächlich um nichts anderes als um eine Fälschung! Die ganze Welt war an der Nase herumgeführt worden. Es war ein Betrug von gigantischen Ausmaßen.

Ein Aufschrei ging durch alle Lager. Die christlichen Priester, aber auch die ultrarechten Fraktionen der Juden und Mohammedaner brachen in ein infernalisches Gelächter aus.

Die Darwinisten/Wissenschaftler duckten sich weg, so gut sie es vermochten.

Gleichzeitig fragten sie sich, erbost und verdattert zugleich: Wer, WER, hatte es gewagt, sie so zum Narren zu halten? Die gesamte ehrwürdige Kaste der »Wissenschaftler« war plötzlich dem Gespött preisgegeben.

Die Darwinisten zogen Kopf und Schwanz ein. Man war einer Theorie aufgesessen und nachgelaufen wie ein dummer Schulbub, der Theorie eines Forschers aus dem 19. Jahrhundert. Nach einer Weile der Demütigung tobte man vor Zorn. Erneut stellten sich die blamierten Darwinisten die Frage, *wer* dieses Schurkenstück in Szene gesetzt hatte? Rachegefühle machten sich breit.

Die Suche nach dem Schuldigen, dem Täter, setzte ein. Ein regelrechter Krimi nahm seinen Anfang.

WER hatte es gewagt, die angeblich hehre Wissenschaft bis auf die Knochen zu blamieren?

VON FÄLSCHERN UND SCHWINDLERN

A. S. Woodward, der Geologe und Gelehrte aus dem hochrenommierten Britischen Museum, geriet zuerst ins Visier der aufgebrachten Wissenschaftler. Verflixt, war nicht *er* es gewesen, der den Fund der Weltöffentlichkeit präsentiert und gewissermaßen zum Fraß vorgeworfen hatte? War *er* nicht der eigentliche Beelzebub? Konnte man ihn nicht zum Sündenbock machen?

Gleichzeitig gerieten einige andere »berühmte« Wissenschaftler in das Zielvisier der Fahnder: Zoologen und Anatomen, die sich ebenfalls für den *Piltdown-Menschen* stark gemacht hatten.

Schließlich verdächtigte man sogar den berühmten Teilhard de Chardin, der doch in Wahrheit nur versucht hatte, Theologie und Wissenschaft miteinander auszusöhnen. Doch alle Beweise waren unzureichend.

Letztendlich geriet sogar Arthur Conan Doyle ins Kreuzfeuer.

A. C. Doyle? Jeder kennt ihn, es handelt sich bei ihm um den Erfinder des Sherlock Holmes, des scharfsinnigsten Detektivs der Welt. Doyle wohnte nur 15 Kilometer von der Fundstelle entfernt, in der Nähe des Dörfchen Piltdowns also. Man unterstellte ihm, dass er den Schwindel oder die Posse deshalb inszeniert hatte, um Rache zu nehmen an den »Materialisten«, denn Doyle selbst neigte der Meinung zu, dass es eine spirituelle Welt und also Geister gebe. Hatte Doyle, der Erfinder des Sherlock Holmes, nur versucht, den Darwinisten eins auszuwischen?

Doch die Teile des Puzzles passten nicht zusammen, die Beweislage war erbärmlich.

Die erbosten Darwinisten ermittelten wie gehetzt weiter. Schließlich dämmerte es selbst dem Dümmsten, dass man vielleicht den wahren Urheber des Streichs unter die Lupe nehmen musste: Charles Dawson, der schließlich am meisten von dem Rummel profitiert hatte. Das Renommee des Amateurarchäologen war ungeheuerlich gestiegen, als das Märchen vom *Piltdown-Menschen* um die Welt ging.

Und richtig! Nachforschungen bestätigten schließlich und endlich, dass Dawson schon immer förmlich vom Wunsch besessen gewesen war, in den Kreis der honorigen Wissenschaftler aufgenommen zu werden. Ein *Motiv* kristallisierte sich heraus.

Heute vertritt man im Allgemeinen die Ansicht, dass tatsächlich Charles Dawson der Schurke in dem Schmierenstück war.

Im Nachhinein stellte sich heraus, dass Dawson eine ganze Reihe von »archäologischen Funden« präsentiert hatte, die sich als klare Fälschungen herausstellten. Die Indizien waren mithin eindeutig: Dawson war der Fälscher, niemand anders. Der glühende Wunsch, einem hoch renommierten, wissenschaftlichen Club anzugehören, hatte ihn zu der Tat veranlasst.

Aber auch in Bezug auf den Täter gab es einen Twist: Da Dawson bei seinen Fälschungen mit verschiedenen Giften reichlich sorglos umgegangen war, hatte er schließlich seinen eigenen frühzeitigen Tod herbeigeführt.

Gerechte Welt!

Der Fälscher, Dawson, konnte nicht mehr zur Rechenschaft gezogen werden. Er hatte sich durch seine eigenen Taten unwissentlich und unwillentlich selbst aus dem Verkehr gezogen.

Es wäre besser gewesen, die Aufmerksamkeit nicht auf den Fälscher zu legen, sondern auf die verrückte Suche nach dem *Missing Link* – die von vorneherein eine Schnapsidee war. Denn die Wahrheit und nichts als die Wahrheit war, dass es *zahlreiche* Fälscher gab, die alle versuchten, die spleenige Idee Darwins zu untermauern. Es ging ihnen nur darum, »wissenschaftliche Reputation« zu ergattern, indem sie fieberhaft nach »Übergangsformen« fahndeten, Übergangsformen zwischen dem Affen und dem Menschen.

Aber ach! Sie existierten einfach nicht.

Zahlreiche Darwinisten wurden später ebenfalls der Fälschung überführt.

Die »renommiertesten« Wissenschaftler verschiedener Universitäten machten sich der Fälschung schuldig – Professoren, Forscher, Anthropologen, Anatomen ... Immer ging es nur darum, »berühmt« zu werden und Fördergelder abzugreifen.

Ja, man fand zahlreiche Skelette. Aber fast immer waren sie entweder dem Affen zuzuordnen – oder dem Menschen. Man vergesse nie: In grauer Vorzeit gab es einst über 6000 Affenarten.

Und also fälschten einige »Autoritäten«, was das Zeug hielt.

E. H. P. A. Haeckel (1834–1919), ein deutscher Zoologe und Anatom, machte die Arbeiten Darwins in Deutschland populär – und wurde später ebenfalls der Fälschung überführt. Die Nobelpreisträgerin Christiane Nüsslein-Volhard urteilte: »Ernst Haeckel hat gefälscht. Viele seiner Bilder von Organismen sind schlicht erfunden ...«[23]

In den 80er- und 90er-Jahren des letzten Jahrhunderts fälschte Shinichi Fujimura, ein in ganz Japan berühmter Amateurarchäologe, bekannt für seine »göttlichen Hände«, Werkzeuge aus der Steinzeit, die angeblich 700 000 Jahre alt waren. »Fujimura wurde gefeiert wie ein Held. Keine Tageszeitung und kein Fernsehkanal verzichtete darauf, den Entdecker wieder und wieder zu preisen, dessen 'göttliche Hände' offenbar nur in den Boden zu greifen brauchten – und schon wurden sie fündig. Da geschah es: Eines Tages schoss ein Fotograf ein Bild, wie der Wissenschaftler Steinwerkzeuge in zuvor ausgehobenen Löchern vergrub. Der Skandal beschäftigte ganz Japan monatelang. Fujimura entschuldigt sich schließlich wort- und tränenreich vor vielen TV-Kameras, gab seine Schuld zu und gestand, 168 Fundstellen künstlich hergerichtet und die ganze Nation zum Besten gehalten zu haben.«[24]

Wir wiederholen: 168 Fundstellen!

Im Nachhinein mussten zahlreiche japanische Lehrbücher umgeschrieben werden. Abenteuerlich!

Einen anderen Wissenschaftsskandal löste ein selbstverliebter, geldgieriger und von Ruhmessucht zerfressener Gelehrter in Frankfurt aus – in den Jahren 2001 bis 2004. Bei dem Fälscher handelte es sich um Rainer Protsch, Professor am Institut für Anthropologie und Humangenetik, der sogar seinen Namen frisiert und in Protsch von Zieten umgeändert hatte. Ständig entdeckte Protsch uralte Menschenschädel, wo er ging und stand. Affenmenschen, Menschenaffen, Vorfahren des Menschen ... er stolperte förmlich über sie. Die Wahrheit? Klammheimlich fälschte er sie und verhökerte die Schädel an potente Zahler. Schließlich kamen ihm einige Kollegen auf die Spur. Protsch hatte »uralte Schädel« unbekümmert vor- und rückdatiert und über das wahre Alter der Schädel gelogen, dass sich die Balken bogen, auch etwa über Neandertalerschädel.[25]

Bis heute kursieren Hunderte von gefälschten Schädeln in verschiedenen »hoch renommierten« Instituten.

Auch sie dienten dazu, den angeblichen Stammbaum des Menschen weiter festzuklopfen.

David Pilbeam (Universität Harvard) urteilte über die gesamte Evolutionstheorie vernichtend: »Wenn Sie einen gescheiten Wissenschaftler einer anderen Disziplin herbringen und ihm die magere Beweislage [bezüglich der Evolution] zeigen …, würde er ganz sicher sagen: Vergessen Sie's , das ist nicht genug.«[26]

Die Wahrheit noch einmal: Es gibt kaum »Übergangsformen« vom Affen zum Menschen, obwohl es theoretisch doch Abertausende von Skeletten geben müsste! Dies ist aber nicht der Fall. Man verfügt bis heute, nachdem Tausende von Wissenschaftlern auf allen Kontinenten wieder und wieder die Erde umgebuddelt haben, bestenfalls über einige lausige Knochenfragmente, die man mit Mühe und Not Übergangsformen zuordnen *könnte*.

Dabei korrigieren sich die Herren Wissenschaftler/Darwinisten ständig. Heute sprechen sie von »Vorformen« des Menschen, ein paar Jahrzehnte später werden die gleichen Funde wieder herabgestuft zu einem Affen.

Nicht selten artet die hehre Wissenschaft zu einer Komödie aus. Bei einer »triumphalen Entdeckung« passierte dies: »Die Schädeldecke eines Menschen erwies sich wenig später als Kniescheibe eines Elefanten.«[27]

Soll man lachen oder weinen?

Immer wieder begegnen wir im Namen der »unbestechlichen, objektiven, neutralen Wissenschaft« wüsten Betrugsszenarien. In den berühmtesten Universitäten und in den nobelsten Institutionen, wo man mit Professoren- und Doktortiteln nur so um sich wirft, wird gefälscht, dass die Schwarte kracht.

Einige Wissenschaftler leugnen inzwischen rundweg ab, dass tatsächlich konkrete Zwischenstufen zwischen Affen und Menschen existierten. Ihre Zahl nimmt ständig zu. Manchmal dient ein einziger Zahn, ausgegraben in einer bestimmten Region, dazu, vorschnell weitreichende Schlüsse zu ziehen und die ungeheuerlichsten Thesen aufzustellen.

Noch einmal: Die *Menge* des Beweismaterials ist dürftig. Und die »Beweise«, die existieren, sind oft mehr als fragwürdig, speziell wenn es sich um nachträglich zusammengebastelte Modelle handelt.

Wo, so könnte man in aller Naivität fragen, sind die Knochen all der zahlreichen »Affenmenschen«? Müssten sie nicht zuhauf zu finden sein, tatsächlich zehntausendfach?

Nein, man findet sie eben nicht. Man findet jedoch zuhauf Menschen- *oder* Affenskelette.

Weiter korrigieren sich die Herren Wissenschaftler ständig, es handelt sich erneut um ein Lustspiel. Unaufhörlich ändern sie den Stammbaum des Menschen, weil wieder einmal ein Affenmensch als Fälschung entlarvt oder weil angeblich ein noch älterer Mensch entdeckt wurde.

Die Interpretationen von Knochenfunden sind vollständig willkürlich.

Wann, so darf man fragen, findet der Spaß endlich ein Ende und man gibt zu, dass die Evolutionstheorie, so wie sie uns bislang serviert wurde, beträchtliche Lücken aufweist und so löchrig ist wie ein Schweizer Käse?

DIE EVOLUTIONSTHEORIE AUF DEM PRÜFSTAND

Müssen wir endgültig Abschied nehmen von der alten Evolutionslehre?

Handelt es sich hierbei nur um eine flotte, wachsweiche Theorie, die man längst nicht mehr unbesehen nachbeten kann?

Zahlreiche Forscher wiesen inzwischen auf bedenkliche »Lücken« innerhalb der Evolutionstheorie hin.

Erstens: Wo, bittschön, ist das Experiment, das beweist, dass aus ein paar zusammengewürfelten Molekülen Leben entstehen kann – per Zufall? Noch immer hängen wir der reichlich unlogischen Theorie an, dass aus einer »Ursuppe« oder aus einem »Ammoniaksee« plötzlich »Leben« hervorgeht. Ansonsten achtet man stets peinlich darauf, dass man Behauptungen/Thesen/Theorien durch Experimente erhärtet. Wo sind diese Experimente? Sich hinter dem Ausdruck »Natur« zu verstecken, die das angeblich alles in Szene setzte oder ein paar »Jahrmillionen« oder »Jahrmilliarden« in den Zeugenstand zu rufen, innerhalb deren Zeit dies alles »automatisch« bewerkstelligt wurde, klingt nach einer faulen, billigen Ausrede. *Beweisen* und nachprüfen lässt sich eben diese Theorie nicht.

Zweitens: Wo befinden sich all die zahlreichen Übergangsformen von unbelebter Materie zu zahlreichen Pflanzenarten, von diesen wiederum zum Tier, zum Affen und zum Menschen? Wo ist die lückenlose Kette, die zu 100 Prozent beweist, dass aus denkbar primitiver, dumpfer, stumpfer Materie plötzlich Leben entstehen kann – bis hin zu dem hoch komplizierten Organismus, den wir *Mensch* nennen? Das alles soll »von selbst« passieren, arrangiert durch eine unpersönliche Natur?

Nur ein Narr kann annehmen, dass hier keine konkreten Kräfte am Werk waren. Die Behauptungen Darwins, der auf zufällige genetische Veränderungen reflektierte und auf die »natürliche Auslese«, sind einfach unzureichend. »Wir alle haben gelernt, dass sich die Fische zu Amphibien [= Lurchen] verwandelten, die Amphibien zu Reptilien wurden, die Reptilien sich dann zu Vögeln weiterentwickelten und die Vögel dann zu den Säugetieren führten ... [Aber] ... der Darwinismus ist die einzige weltweit gelehrte wissenschaftliche Theorie, die bis jetzt nach den rigiden Standards der Wissenschaft noch nicht bewiesen wurde.« Dies stellte der Forscher Michael Brehe fest.[28]

Drittens: Unter anderem machten der Autor Will Hart und erneut Brehe darauf aufmerksam, dass »Übergangsformen« oder »Bindeglieder« schon nur zu Blütenpflanzen einfach nicht zu finden sind. Sie sprachen von »Löchern« in der Evolutionstheorie.[29] Und es kommt noch dicker: Scheinbar simple Biomechanismen wie die Blutgerinnung, das menschliche Immunsystem oder der Transport von Substanzen innerhalb einer einzigen Zelle sind ebenfalls nicht durch die »Evolution« zu erklären. Sie sind von einer »nicht reduzierbaren Komplexität«, wie Brehe dies ausdrückte. »Ihre Entstehung im Rahmen einer graduellen, schrittweisen Entwicklung im Sinne Darwins [ist] unmöglich.«[30]

Viertens: Erneut muss man wiederholen: An allen Ecken und Enden fehlen »Zwischenglieder« und »Missing Links«. Der Harvard Biologe Stephen Jay Gould konstatierte: »Alle Paläontologen wissen, dass die fossilen Fundstücke herzlich wenig in Bezug auf Zwischenglieder hergeben: Übergänge zwischen größeren Gruppen fehlen bezeichnenderweise.«[31] Himmel! Was soll man von einer solchen »Wissenschaft« halten? Bislang wurde kein einziger hieb- und stichfester Beweis geliefert, kein einziges Übergangsfossil, das den Affen und den Menschen mit Gewissheit miteinander verbindet. Dabei wurden buchstäblich Millionen von Fossilien ausgegraben. Wir wiederholen: *Millionen* von Fossilien. Wo aber sollen sich all die »Übergangsformen« und »Missing Links« befinden?

Fünftens: Selbst das Leben innerhalb einer einzigen Zelle ist viel zu komplex, als dass sie das Ergebnis einer »zufälligen Mutation« sein könnte. Man bedenke auch, dass Darwin um bestimmte zellulare Zusammenhänge im 19. Jahrhundert noch nicht wusste – nicht wissen konnte. Speziell Molekularbiologen tragen Darwin deshalb inzwischen zu Grabe und läuten für ihn die Sterbeglocke. Und so könnte man fortfahren und fortfahren und einen Einwand nach dem anderen vorbringen.

Was bedeutet das nun alles in letzter Konsequenz?

DIE GRENZEN DES DARWINISMUS

Zunächst sollten wird grundsätzlich jeden Respekt verlieren – vor beeindruckenden Titeln und »hochrenommierten« Instituten. Selbst Doktor- und Professorentitel besagen zunächst einmal – gar nichts. In einigen Ländern kann man sie für ein Butterbrot käuflich erwerben. Uns wird suggeriert, dass es sich bei ihren Trägern um absolute, unantastbare »Autoritäten« handelt. Wir werden geblendet. Untersucht man jedoch einige dieser »Autoritäten« genauer, erkennt man sehr schnell, dass manche von ihnen herrschsüchtig sind, rechthaberisch und betrunken von sich selbst. Sie suchen die Welt mit Theater und Titeln und durch ein paar aufgeblasene Fremdwörter und Fachausdrücke zu beeindrucken. Daraufhin verbeugen sich die Gläubigen bis zum Boden. Sie hören auf, selbstständig zu denken und verzichten darauf, sich eine eigene Meinung zu bilden. Sie geben ihren Verstand an der Eingangspforte dieser »hochrenommierten Institute« ab.

Kurz gesagt sollten wir allen diesen »Autoritäten« mit Vorsicht begegnen und ihnen nicht mehr einfach alles so abkaufen. Wir dürfen die Herren »Wissenschaftler« nicht zu Hohepriestern küren, die ein Abonnement auf *Wahrheit* besitzen.

Realisieren wir in aller Schärfe: Kein Wort wurde und wird häufiger missbraucht als das Wort »Wissenschaft«. Dabei wissen wir inzwischen mit absoluter Gewissheit, dass eben im Namen dieser hehren »Wissenschaft«

gefälscht wurde, dass sich die Kirchtürm' von Köln möcht' biegen, wie man das früher so schön ausdrückte.

Nicht einmal weiter ausgeführt haben wir den Umstand, dass auch *nationalistisches* Denken zu dem Piltdown-Menschen führte, denn die Briten wollten im Jahre 1912 unbedingt beweisen, wie »fortschrittlich« und »einzigartig« ihr Land war – im Verhältnis zu den Deutschen etwa, gegen die sie zwei Jahre später in den Krieg eintraten.

Das wirft erneut ein unschönes Licht auf die »Wissenschaftler«, die offenbar alles tun, um sich bei den Politikern lieb Kind zu machen, selbst wenn sie dafür Ergebnisse fälschen müssen. Im Gegenzug fallen sie die Karriereleiter hinauf.

Noch einmal: Misstrauen wir einfach all diesen zweifelhaften »Autoritäten«, die uns ihr Weltbild verkaufen und aufzwingen wollen. Erlauben wir ihnen nicht mehr, den unfehlbaren Papst zu spielen.

Die wichtigste Einsicht besteht darin, dass mit dem Piltdown-Menschen eine »Philosophie« oder eine Weltsicht des 19. Jahrhunderts – eben der Darwinismus – in die Köpfe gehämmert wurde. Das makabre Spiel findet noch immer statt, selbst heute, nach rund 150 Jahren, in zahlreichen Ländern der Erde. Darwins Theorie wurde »gekauft« und in allen Schulen verbreitet. Betrüger und Fälscher unterfütterten diese Weltsicht mit getürkten Fakten, denn es fehlen sehr einfach Missing Links.

Es ist also unseres Erachtens an der Zeit, den Darwinismus zu Grabe zu tragen. Es handelt sich um nichts anderes als um eine interessante Theorie, die zugegebenermaßen einige Phänomene innerhalb der Tierwelt erklärt. Das Gesamtmodell jedoch, die *Evolution*, steht auf arg wackligen Beinen. Dass sie tatsächlich stattfand, wurde nie bewiesen.

Bei Darwin handelte es sich um einen Wissenschaftler aus dem 19. Jahrhundert, der zu kühn und zu vorschnell urteilte. Heute, im 21. Jahrhundert, hat er ausgedient. Wir sollten zugeben, dass er sich irrte, und wir sollten ihn nicht auf ein so hohes Podest stellen. Darwin muss von der Theaterbühne der Wissenschaft abtreten. Er sollte einer jüngeren Forschergeneration Platz machen, die neue Theorien aufstellt. Es muss erlaubt sein, völlig andersartige Ansätze zu suchen, was die Entstehung des Menschen angeht. Läuten wir die Totenglocke für Charles Darwin.

Die *Parahistorie*, die auch die Paläontologie umfasst, ja selbst die Geologie und die extraterrestrische Biologie stellen völlig neue Antworten zur Verfügung. Eine davon lautet, dass es den Menschen bereits sehr viel früher in anderen Sonnensystemen gab – und er möglicherweise auf unseren blauen Planeten »einwanderte«.

In diesem Sinne darf es auch nicht verboten sein zu theoretisieren, dass vielleicht 50 000 Bioingenieure und 10 000 Künstler diesen Organismus zusammenbastelten, der sich *Mensch* nennt, vor Jahrbillionen oder Jahrtrillionen.

Warum sollte man nicht philosophieren dürfen? Wer sollte es uns verbieten?

Schon heute können Forscher bestimmte Teile des Menschen »nachbauen« und ersetzen. Dazu gehören Hände, Arme, Beine und Ohren zum Beispiel. Biologen und Ingenieure erschaffen inzwischen humane »Ersatzteile«. Wir sollten also nicht eine Theorie des 19. Jahrhundert wieder und wieder aufkochen und autoritätsgläubig nachbeten. Wir müssen nicht zwanghaft auf Darwin reflektieren – dessen Reputation nur durch eine ganze *Fälscher-Bagage* aufrechterhalten werden konnte.

Wir sollten die Frage neu stellen, wie der Mensch entstanden sein könnte, abseits aller Theologie und jeder veralteten »Wissenschaftstheorie«.

Schaufeln wir Darwin und seinen Orang-Utans und Schimpansen also ein tiefes, tiefes Grab. Und blicken wir voller Neugierde in die Zukunft.

DIE GUT GEHÜTETEN GEHEIMNISSE DER ALTEN SUMERER

Wir haben bereits über den Ursprung des Wortes »Sumerer« räsoniert. Wiederholen wir: Er bedeutet vielleicht »Getreidefresser« oder »die Bewohner zwischen zwei Flüssen«.

Erinnern wir uns: Das Land lag zwischen dem Euphrat und dem Tigris, im heutigen Irak, zeitweise war die Ausdehnung jedoch auch weitaus größer. Später sprach man von den Babyloniern in der gleichen Region, noch später bemächtigten sich die Perser dieses Fleckchens Erde, dessen Grenzen sich dabei jedoch ständig veränderten.[32]

Wenn wir uns den alten Sumerern erneut nähern, so geschieht es aus zwei Gründen: Zum einen ist die Hochzivilisation der Sumerer aller Wahrscheinlichkeit nach sehr viel älter, als es uns einige Gelehrte heute glauben machen wollen.

Zum anderen bringt die Existenz der Sumerer eine Lüge zum Verschwinden, die so groß ist wie der Eiffelturm in Paris. Was nie mit vollständiger Deutlichkeit gesagt wurde: Ohne die alten Sumerer sind einige Geschichten der Bibel, speziell innerhalb des Alten Testaments, undenkbar. Diese Tatsache wird im Allgemeinen sorgfältig unter den Tisch gekehrt, obwohl sie religionsgeschichtlich von größter Bedeutung ist.

Es gilt also, zwei Rätsel zu lösen, es erwarten uns wenigstens zwei Überraschungen.

Bevor wir hierauf zu sprechen kommen, sollten wir jedoch zunächst noch einmal eine der ungeheuerlichsten Leistungen der alten Sumerer ins Visier nehmen: die

Erfindung der Schrift. Bei Licht betrachtet handelte es sich um einen regelrechten Zivilisationskrimi.

ÜBER DIE INTELLIGENZ DER SUMERER

Bis heute streiten sich die Gelehrten, ob die alten Ägypter zuerst die **Schriftsprache** erfanden oder die Sumerer.[33] Fest steht: Auch die Sumerer entwickelten einst eine Schriftsprache, die jedoch gänzlich anders aussah als die der Ägypter.

Der Anfang der sumerischen Schriftsprache nimmt sich recht bescheiden aus, sie begann mit einer Bilderschrift.

Stellte man einen Hammer, einen Pfeiler oder einen Fuß dar, optisch-grafisch, so bedeuteten diese Zeichnungen genau das: einen Hammer, einen Pfeiler oder einen Fuß. Drei Berggipfel bezeichneten ein Gebirge. Aber schon bald entstand offenbar das Bedürfnis, auch schwierigere Sachverhalte auszudrücken. Und so fasste man eines Tages zwei *Piktogramme* (= zwei Bilder) einfach zusammen: »Weinen« drückte man aus, indem man ein *Auge* und *Wasser* darstellte, und »Fürstin« wurde durch die Kombination von *Frau* und *Schmuck* »geschrieben«. Zeichnete man ein *Gebirge* und eine *Frau*, so hieß das auf den ersten Blick »Bergweib«, in Wahrheit jedoch »Sklavin« – weil sich die alten Sumerer von den umliegenden Bergvölkern durch Überfälle Sklavinnen besorgten.

Aber da man – nicht anders als in Ägypten – immer komplexere Inhalte zum Ausdruck bringen wollte, benutzte man zunehmend auch bereits bestehende Piktogramme und schob ihnen ohne große Gewissensbisse eine ganz andere Bedeutung unter.

Ein Beispiel: Das Piktogramm eines Flusses (= zwei gewellte Linien) bezeichnete im Sumerischen »Wasser«. Phonetisch, das heißt, was die Sprachlaute anging, wurde »Wasser« im alten Sumerischen mit dem Vokal »a« ausgedrückt. »Ich muss a holen gehen«, sagte vielleicht die eine oder andere

Sklavin, das eine oder andere »Bergweib«. Aber »a« bedeutete in der gesprochenen Sprache, wenn man also den Mund benutzte, den Kehlkopf und so fort, gleichzeitig auch »in«. »Ich bin a einem Haus«, wäre astreines Sumerisch, wenn wir erneut die Todsünde begehen, diese alte Sprache mit der unsrigen auf ungehörige Weise zu vermischen. Also verwendete man eines Tages in der Schriftsprache die Darstellung eines Flusses, die wie gesagt aus zwei gewellten Linien bestand, auch dazu, das Wörtchen »in« auszudrücken. Noch einmal: Sowohl das »Wasser« als auch das Wörtchen »in« wurden mit dem gleichen Bild bezeichnet.[34]

Eine interessante Wechselbeziehung zwischen der Bildsprache und der gesprochenen Sprache fand also statt; man könnte von einer wechselseitigen Befruchtung sprechen.

Jedenfalls steht fest, dass das Sprachbedürfnis immer kompliziertere Formen bei der Schriftsprache einforderte. Die gesprochene Sprache (und also Laute) befruchteten die Schriftsprache und umgekehrt.

Trotzdem nahm sich der Anfang noch recht unspektakulär aus, doch eines Tages tat es gewissermaßen einen Donnerschlag.

VOM GESPROCHENEN ZUM SCHRIFT-WORT

Es ist nicht auszuschließen, dass einfach das Bedürfnis, Vereinbarungen festzuhalten, schriftlich festzuhalten, der Wunsch nach »Verträgen« also, zunächst dazu führte, dass man sich auf ein System der Schriftsprache einigte, aber auch die Religion mag verantwortlich gewesen sein, denn Schrift-Worte waren ursprünglich etwas Wertvolles, sie besaßen »Magie«.

Nun nahm aber das Kommunikationsbedürfnis stetig zu, auch das schriftliche Kommunikationsbedürfnis. Die Bilderschrift beinhaltete jedoch nur eine sehr begrenzte Möglichkeit, sich auszudrücken.

Und also gaben die Sumerer zunehmend *Logogrammen* den Vorzug.

In dem Begriff *Logogramm* stecken die beiden griechischen Ausdrücke *lógos = Wort* und *gráphein = schreiben*. Sprich, der »Laut«, der Klang eines Wortes ist in diesem Fall nicht von Bedeutung. Man erfindet einfach für ein existierendes gesprochenes Wort ein beliebiges Zeichen und einigt sich in der Folge darauf, dass genau dieses Zeichen das gesprochene Wort schriftlich repräsentiert und zum Ausdruck bringt.

Tatsächlich gab es Logogramme auch bei den alten Ägyptern. Doch die Sumerer waren weitaus erfindungswütiger, was diese Logoramme anging. Plötzlich entwickelte sich jedenfalls diese Keilschrift, diese geometrisch so präzise ausgefeilte Methode, ganze Wörter in Logogrammen festzuhalten. Sie schien aus dem Gehirn eines Mathematikers oder Baumeisters entsprungen zu sein und ging weit, weit über die Bildschrift hinaus.

Das heißt, der Anfang der sumerischen Schrift nahm sich nicht viel anders aus als die Logogramme im alten Ägypten, wenn auch die »Bilder« selbstredend unterschiedlich waren, denn jedes Volk verfügt über eine eigene »Gruppendynamik«, über ausgesprochene oder unausgesprochene Übereinstimmungen, über ein ganz bestimmtes Environment, über eine spezifische Tradition und Religion.

Die Bilderschrift ist also die einfachste Form der »schriftlichen« Kommunikation.

Aber mehr und mehr entschied man sich in Sumer wie gesagt dazu, für ein einzelnes gesprochenes Wort ein einzelnes konkretes Zeichen zu entwickeln.

Ganze Wörter wurden also 1 : 1 übersetzt. Ein sumerisches Schrift-Wort bestand jetzt also aus einem genau identifizierbaren, typischen Logogramm, das sich aus mehreren Dreiecken oder Keilen zusammensetzte, die in verschiedene Richtungen zeigten und durch Linien miteinander verbunden waren.

Im Laufe der Zeit schuf man einfach viele solcher »Wörter« - und schon verfügte man über die schönste Schriftsprache, die man sich vorstellen kann.

Ein Logogramm bezeichnete jetzt dieses Wort, und ein anderes Logogramm jenes Wort. Die Willkür spielte eine gewisse Rolle.

Jedenfalls handelte es sich um eine richtiggehende Erfindung.

Theoretisch hätte man auch mit Kreisen operieren können oder mit Vierecken – die freilich komplizierter zu zeichnen sind.

Dreiecke, kleine und große Dreiecke oder Keile, waren einfacher und boten offenbar schier zahllose Möglichkeiten, sie mit Linien auf verschiedenste Arten und Weisen anzuordnen, sie boten bereits eine ausreichende

Chance zu *differenzieren.* Jedenfalls konnte man nun recht bequem zwischen unterschiedlichen Schrift-Wörtern *unterscheiden.*

Theoretisch hätte man außerdem all diese Dreiecke und Linien auch in ganz andere Richtungen anordnen können – was erneut die Willkür oder das Zufallsprinzip zu beweisen scheint, aber hin und wieder stand eben doch ein Piktogramm Pate bei einigen dieser »Dreiecks-Wörtern«. Das heißt, die Anordnung all dieser Keile/Dreiecke/Linien mag unter Umständen durchaus eine gewisse »Logik« beinhaltet haben, die wir heute freilich kaum mehr in jedem Fall nachvollziehen können.

Fest steht jedenfalls, dass am Ende durch *Übereinkunft* die Schriftsprache geschaffen wurde. Am Anfang standen vielleicht ein oder mehrere Sprachgenies, möglicherweise Baumeister, Mathematiker, Priester oder Händler, aber am Schluss wurden diese »Spracherfindung« in Schulen gelehrt. Man hatte sich nun mittels der Keilschrift schriftlich auszudrücken, eine kulturelle Vereinbarung war getroffen worden.

Doch viele Wörter waren trotz allem nicht genau zu verstehen.

Und also entwickelten die Sumerer später zusätzlich *phonetische* Zeichen, Zeichen mithin, die auf dem Klang eines Wortes abhoben. Diese phonetischen Zeichen wurden den Logogrammen hinzugefügt, sodass Verwechslungen ausgeschlossen werden konnten. Zu Gunsten der *Verdeutlichung,* zu Gunsten der Klarheit und Verständlichkeit, differenzierte sich die sumerische Schriftsprache weiter und weiter aus.

Die sumerische Schriftsprache entwickelte sich also in verschiedenen Stufen.

Nach und nach fügten Sprachgenies den alten Überlieferungen eine brillante weitere Idee hinzu. Sprache wuchs und entfaltete sich.

Und so lernen wir dies: Menschen versuchen mittels der Sprache, auch der Schriftsprache, ständig noch besser, schneller und intelligenter zu kommunizieren, sie suchen unaufhörlich nach neuen Ausdrucksformen und nach Verdeutlichung, sie suchen nach Abkürzungswegen und Schnellstraßen.

Nun müssen wir der Wahrheit halber zugestehen, dass wir hier mit flotter Feder lediglich eine grobe Idee des *Sumerischen* vermittelt haben. In Wirklichkeit entwickelte und veränderte sich diese Sprache *ständig.*

Suchen wir einen Überblick zu gewinnen: Ab etwa 2900 v. Chr. gingen die Piktogramme mehr und mehr ihrer ehemaligen Bedeutung verlustig.

Wie wir in einem Beispiel hingewiesen haben (a = Wasser, aber »a« ist auch gleich »in«), konnten sie nun je nach Kontext verschiedene Bedeutungen haben.

Etwa 2700 v. Chr. entwickelten sich aus ursprünglich rund 1500 Piktogrammen etwa 600 Zeichen – unsere Dreiecke oder Pfeile oder Keile. (Welche Bezeichnung man auch immer vorzieht, wir sollten etwas tolerant sein mit privaten Ausdrucksweisen, gerade angesichts des Worte-Salats, mit dem wir uns hier herumschlagen.)

Aber diese Entwicklung vollzog sich nicht abrupt, nicht von einem Tag auf den anderen.

Ein Haus, das als Piktogramm wie ein stehendes Rechteck dargestellt wurde, durchzogen von drei horizontalen Linien in der oberen Hälfte und zwei vertikalen Linien …

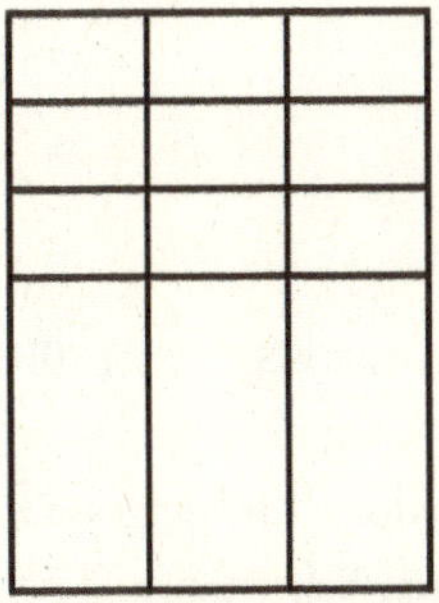

Das Wort »Haus« als sumerisches Piktogramm

… besaß – in »Keilschrift« geschrieben – anfänglich vielleicht noch eine gewisse Ähnlichkeit mit dem ursprünglichen Piktogramm, schlussendlich jedoch kaum mehr. Genauso verhielt es sich mit dem Wort »Stern« – das in der frühen Periode der Keilschrift durchaus eine hohe Ähnlichkeit mit dem ursprünglichen Bild, mit dem Piktogramm, aufwies – wovon am Ende jedoch nichts mehr übrig blieb.

Mit dem Wort »Fuß« verhielt es sich genauso.

Würde ein Fußdoktor heute das sumerische Zeichen für *Fuß* – in der Keilschrift, in ihrem Endstadium – als Werbeschild benutzen, könnte er seine Praxis schließen. Sprich, das ursprüngliche Bild war zu guter Letzt nicht mehr identifizierbar, es war nicht mehr wiederzuerkennen.

Die »Keilschrift« durchlief also verschiedene Entwicklungsstadien.

Die einzelnen Zeichen dieser Keilschrift wurden im Laufe der Zeit mehr und mehr mit Tönen in Verbindung gebracht, mit Lauten, wie schon dargestellt. Es fand also eine stufenweise Phonetisierung der Schriftzeichen statt. Damit eine eindeutige Leseweise absolut sichergestellt werden konnte, benutzte man zunehmend einige weitere Zeichen.

Grundsätzlich muss man festhalten, dass es »die« Keilschrift nicht gibt, genauso wenig wie »die« Hieroglyphen. Während vieler Jahrhunderte änderte sich die Keilschrift ständig, ganz davon abgesehen, dass andere Völkerschaften von ihr befruchtet wurden und sie sich am Schluss mit anderen Schriftsprachen vermischte.

Alles ist im Fluss.

ZWISCHENFAZIT

Die sumerische Keilschrift war bis etwa 1800 v. Chr. die intelligenteste Schrift in Mesopotamien.

Eines Tages wurde sie jedoch hinweggespült aus der Geschichte – von anderen Völkern und anderen Schriften.

Heute ist die sumerische Sprache fast vergessen, und nur ein kleiner Kreis von Gelehrten erfreut sich an all den Dreiecken und Keilen und rutscht auf ihnen rauf und runter.

So weit, so gut! Kommen wir nun zu unserem ersten »Geheimnis«, das in einigen Kreisen als absolute Verschlusssache behandelt wird.

DIE SUMERER, DAS CHRISTENTUM UND DER JUDAISMUS

Fallen wir gleich mit der Tür ins Haus. Tatsächlich sind weder das Christentum noch die jüdische Religion originär. Bis heute gibt es Quellen für diese beiden Religionen, auf die jedoch im Allgemeinen in unseren Breiten selten oder nie aufmerksam gemacht wird.

Der Grund liegt auf der Hand: Priester sind immer versucht, auf die »Einzigartigkeit« der eigenen Religion zu verweisen. Wird bekannt, dass sie auf anderen, früheren Religionen beruht, so erschüttert das zu einem gewissen Grad ihre Reputation. Die »Einzigartigkeit« und die Glaubwürdigkeit bleiben auf der Strecke.

Tatsache ist jedoch, dass die alten Sumerer sowohl den Judaismus wie auch das Christentum befruchteten. Einige Historiker bezichtigen die Rabbis und die christlichen Priester sogar unumwunden des Diebstahls.

Nichts ist für einen »Glauben« fataler, als zuzugeben, dass er auf früheren Vorbildern beruht, ja, dass er aus früheren Religionen zusammengesetzt ist. Deshalb werden entsprechende Quellen schnell unter den Tisch gekehrt. Wenn ein Mensch, der seinen eigenen Verstand gebraucht, erkennt, dass bestimmte Berichte einfach aus früheren Kulturen abgekupfert wurden, so kommt er nicht umhin, sich so seine Gedanken zu machen. Er wird sich unmittelbar fragen, ob die eigene Religion eben doch keine »Offenbarungsreligion« ist, die von Gott selbst auf die Menschen niederkam und ihnen »plötzlich geschenkt« wurde.

Die Zweifel werden in ihm hochkriechen. Alle gegenteiligen Beteuerungen werden ihn unversehens nicht mehr davon abhalten können, nachzudenken. Er wird misstrauisch und hellwach werden, wie ein Jagdhund.

Wenn er einmal die Fährte aufgenommen hat, die historische Fährte, wird er unbedingt »mehr« wissen wollen. Er wird sich nicht mehr abspeisen lassen von dem frommen Gerede und den seltsamen »Logiken«, lies Rechtfertigungsversuchen der Herren Priester. Er wird die Angstmache nicht mehr kaufen, dass er stracks in die Hölle fährt, wenn er nicht »glaubt«.

Früher, noch vor ein paar Jahrhunderten, wurde ein »Ketzer« sofort exkommuniziert und aus der Gemeinschaft ausgestoßen. Wenn er »zweifelte«, führte er von einem Moment auf den anderen ein Außenseiterdasein. Oftmals wurde er ohne langes Federlesen auf dem Scheiterhaufen verbrannt. So vermochte man alle kritischen Gedanken fernzuhalten.

Das ist heute nicht mehr möglich. Menschen *dürsten* nach Aufklärung. Sie wollen »Hintergründe« erfahren und über geschichtliche Tatsachen in Kenntnis gesetzt werden. Sie lassen sich nicht mehr von der Höllenfurcht kontrollieren. Sie lassen sich auch nicht mehr von den vagen Versprechungen eines künftigen Paradieses ködern. Sie durchschauen inzwischen die Tricks der Priester.

Doch warum, so könnte man in aller Naivität fragen, sträubt man sich auch heute noch – selbst in »hochzivilisierten« Ländern und sogar in nichtpriesterlichen Kreisen – mit Händen und Füßen gegen die Wahrheit?

Die Antwort liegt auf der Hand: In Deutschland zum Beispiel bekennen sich noch immer rund zwei Drittel der Bevölkerung zum Christentum, wenn auch die Tendenz stark fallend ist und immer mehr Menschen aus den christlichen Kirchen austreten. Der »harte Kern« ist längst zusammengeschrumpft. Trotzdem wird noch immer die Wahrheit unterdrückt, selbst historische Fakten lässt man nur ungern durchsickern, denn es besteht die Gefahr, dass in der Folge die Schäfchen scharenweise von der Weide laufen.

Alle Berichte, die darauf hinauslaufen, Christen weiszumachen, dass ihre Religion »von oben«, von einem Gott also, direkt und unmittelbar auf die Menschen niedergekommen sei, kann man jedoch leicht als Lügenmärchen enttarnen, sobald man konkrete historische Quellen zitiert. Deshalb sind bestimmte Bücher so »gefährlich«. Hinter den Kulissen werden daher noch immer die Strippen gezogen. Im Erziehungswesen, in politischen Zirkeln und in den übermächtigen Fernsehanstalten sitzen nach wie vor ... Vertreter des Christentums. Sie wachen mit Argusaugen darüber, dass nichts Negatives über ihre Religion gesagt wird – selbst wenn es sich um die Wahrheit handelt.

Aber unserer Meinung nach ist es an der Zeit, dass das Faktum über die Fiktion gestellt wird und die Wahrheit über die Lüge.

Enthüllen wir deshalb ein Faktum, das zu selten der breiten Öffentlichkeit präsentiert wurde: Das Christentum und der Judaismus beruhen unter anderem auf der Religion der alten Sumerer.

Was zu beweisen wäre.

DIE SCHRIFTSPRACHE DER SUMERER

Forscher staunen noch heute, wenn sie die sumerische Schrift in Augenschein nehmen. Sie sah so aus, betrachten Sie sie einmal sehr genau!

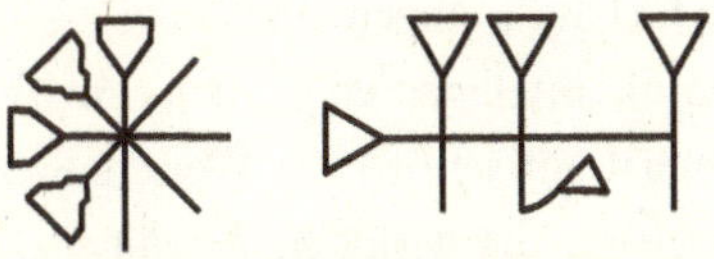

Beispiel für die Schriftsprache der Sumerer

Dieses Wort bedeutete »Inana« – nichts als ein Name, so wie Claudia, Erika oder Maria –, dessen tiefere Bedeutung und Herkunft wir nicht kennen, wir wissen nur, es handelte sich bei dieser Inana um eine weibliche Herrscherin, ehemals sogar um eine Göttin.

Wenn wir diese Schrift noch einmal betrachten, so erkennen wir sehr schnell, dass sie aus geraden Linien und zahlreichen Dreiecken besteht, die sehr exakt angeordnet sind.

Es gibt genaue Abstände und höchst präzise Richtungen, weiter sind die Dreiecke unterschiedlich groß. Betrachten Sie das Wort noch einmal!

Erneut können wir nur den Erfindungsreichtum des Menschengeschlechts bewundern. Einige helle sumerische Köpfe, einige »Bewohner in der Nähe der zwei Flüsse« entschieden sich also offenbar eines Tages für das Dreieck, das mittels verbindenden Strichen und genauen Abständen auf schier zahllose Arten angeordnet werden konnte, um eine Botschaft zu übermitteln, eine Kommunikation. Die Schrift verrät eine Vorliebe für geometrische Formen, tatsächlich war die Mathematik im alten Sumer bereits hoch entwickelt.

Die Sumerer bezeichneten ihre Sprache nicht als »Sumerisch«, sondern als *Eme-gir* (in unser Alphabet übersetzt), was so viel wie »einheimische Sprache« bedeutete.

Später gab man ihr in unseren Breiten den Namen sumerische »Keilschrift«.

Aus diesen »Keilen« oder diesen Dreiecken, wie man vielleicht besser hätte sagen sollen, wurden wie schon angedeutet nun alle möglichen optischen Kombinationen geschaffen.

Man benutzte zum Schreiben einen kantigen Griffel, der an der Spitze über das genannte Dreieck verfügte, und drückte ihn in der Folge in weichen Ton, welcher anschließend getrocknet oder gebrannt wurde. Und so entstanden recht früh bereits einige Tontafeln, die man etwas großzügig als Vorläufer von Büchern bezeichnen könnte, aber die »Keilschrift« wurde auch in Statuen und Gebäude eingemeißelt.

Doch wie kamen die intelligenten Sumerer überhaupt darauf, gesprochene Worte auf einmal auf schriftliche Weise auszudrücken? Worin bestand der Zwischenschritt, die wirkliche Intelligenz, die absolut brillante Leistung, der geniale Einfall?

DAS *GILGAMESCH*-EPOS

Als die Keilschrift entziffert wurde, kamen viele Gelehrte fast nicht aus dem Staunen heraus: Die Sumerer sprachen ohne Wenn und Aber bereits von einem *Paradies* und einer *Hölle* – jedoch lange, lange vor dem Christentum. Christliche Priester standen auf einmal Kopf, denn das konnte, nein, das durfte nicht wahr sein! Das war doch das Privileg des Christentums! Außerdem verrieten die Aufzeichnungen der Sumerer vieles über ihre früheren Herrscher. Und dann schlug gewissermaßen der Blitz ein: Das sogenannte *Gilgamesch-Epos* wurde entdeckt und entziffert.

Gilgamesch? Hierbei handelte es sich um den Namen des Helden dieses Epos' und um eine der eindrucksvollsten Erzählungen, die die Literatur bis heute kennt. Einige Forscher sprechen von der ältesten Geschichte der Welt. Sie ist tausend Jahre älter als die Ilias von Homer oder die Bibel. Der Inhalt ist rasch erzählt: Der gewaltige, starke Held Gilgamesch, ein König, regiert eine Stadt in Mesopotamien. Er kämpft gegen Ungeheuer, bewältigt aufregende Reisen und besteht verschiedene Gefahren. Grundsätzlich versucht er zu erkennen, wie man dem Tode entkommen kann.

Wie war es überhaupt zu dieser Entdeckung gekommen?

Im Jahr 1853 wurden die ersten Bruchstücke dieser Erzählung zwischen einigen Ruinen im Irak entdeckt. Ein junger englischer Reisender (Henry Layard) stieß voller Staunen auf verschiedene Gemäuer, auf deren Wände schreckliche Dämonen eingemeißelt worden waren. Ferner hatten Künstler hier Götter, Schlachtenszenen und Zeremonien dargestellt. Die Türeingänge wurden von gewaltigen geflügelten Stieren und Löwen bewacht. Weiter entdeckte er Zehntausende von Tontafeln, die alle mit der mysteriösen Keilschrift beschrieben waren. 25 000 dieser Tafeln wurden eilig nach London ins Britische Museum geschafft, noch bevor die Iraker Regierung dem Engländer einen Strich durch die Rechnung machen konnte. Es handelte sich um die Entdeckung des Jahrhunderts.

1857 wurde die Keilschrift endlich entziffert, das Gilgamesch-Epos konnte gelesen werden. Eine ganze Welt tat sich auf.

Staunend und fiebernd vor Erwartung entdeckten die ersten Leser, dass innerhalb dieser Erzählung auch die Geschichte eines Menschen erzählt wurde, der die große Flut, die Sintflut, überlebt hatte. Von einer Arche war die Rede, auf die er viele Tiere geladen hatte, um die schreckliche Flut zu überstehen. Am Schluss hatte er eine Taube ausgesandt, um festzustellen, ob die Wasser zurückgegangen waren.

Viele christliche Priester gerieten ins Zittern. Im Vatikan schlief man eine Zeit lang sehr schlecht. Der Dümmste erkannte auf einmal, dass die Story von der Arche Noah und der Sintflut … nur gestohlen worden war. Sie war nicht einmal jüdischen Ursprungs.

Das Aufsehen war ungeheuer, aber eben nur in Fachkreisen, denn im Allgemeinen wird das Gilgamesch-Epos bis heute totgeschwiegen und findet sich kaum auf einem Stundenplan. Dabei könnte die Gilgamesch-Erzählung jeder lesen, es gibt inzwischen 73 Fragmente mit rund 2000 Verszeilen des Urtextes, die gut übersetzt sind. Später fand man sogar noch Vorlagen zu dem Epos … die Figur reicht bis in die früheste sumerische Zeit zurück. Der Held Gilgamesch war angeblich zu zwei Dritteln göttlich, und zu einem Drittel Mensch und hatte das sagenhafte Alter von 126 Jahren erreicht. Noch früher diente eine Gilgamesch-Figur sogar als Unterweltsgott. Doch am aufregendsten war natürlich der Umstand, dass die Bibelautoren offenbar von dieser sumerischen Erzählung … abgeschrieben hatten. Lauschen wir also einmal dem (übersetzten) Gilgamesch im Original, es ist hochspannend:

»Ich will dir ein Geheimnis verraten, ein Geheimnis der Götter. Du kennst … jene uralte Stadt am Euphrat. Dort lebte ich einstmals. Ich war einst ihr König, vor langer Zeit, als die großen Götter die Sintflut zu schicken beschlossen …

›Rasch, rasch, reiß dein Haus ab und baue ein großes Schiff … dann sammle Exemplare von jeder lebenden Kreatur und bring sie an Bord des Schiffes …‹

[Das rät ein Gott dem Ich-Erzähler]

Ich entwarf den Bau, ich machte Planskizzen. Beim ersten Morgendämmerschein kamen alle zusammen – Zimmerleute brachten ihre Sägen und Äxte, … Seiler brachten ihr Seile, und Kinder schleppten den Teer. … Manche schleppten Planken, manche hämmerten Nägel, manche schnitten Holz. Am Ende des fünften Tages war der Schiffsrumpf erstellt. Die Decks waren sechsunddreißig Ar hoch, [1 Ar = 100 m^2], die Seiten zweihundert Fuß hoch. Ich baute sechs Decks, sodass die Schiffshöhe siebenfach unterteilt wurde. Ich teilte jedes Deck in neun Bereiche auf … Ich belud es mit allem Kostbaren, das mir gehörte: all meinem Silber und Gold, meiner ganzen Familie … Tieren von jederlei Art, wilden und zahmen …

Den ganzen Tag, unablässig, wehten die Sturmwinde, fiel der Regen, dann brach die Flut hervor und überwältigte die Menschen wie ein Krieg …

Sechs Tage und sieben Nächte zerstörte das Unwetter die Erde. Am siebten Tag hörte der Regenguss auf. Der Ozean beruhigte sich. Kein Land war zu sehen, nur Wasser ringsumher, so flach wie ein Dach. Keine Spur Leben war da …

Am siebenten Tag brachte ich eine Taube heraus und ließ sie frei. Die Taube flog davon, dann flog sie zum Schiff zurück, weil es keine Stelle zum Landen gab.«[35]

Wie gesagt: Die christlichen Priester standen Kopf, als sie diesen Text lasen. Ein Aufschrei erhob sich in ihrem Lager. Außerdem wurde im *Gilgamesch-Epos* von einer Hölle gesprochen, einer »*Unterwelt, dem Haus der Finsternis, der Heimstatt der Toten … Die dort Wohnenden hocken in der Finsternis, Schmutz ist ihre Speise, ihr Trank ist Lehm. Sie tragen gefiederte Kleidung wie Vögel, sie sehen nie das Licht, und auf Tür und Riegel liegt dick der Staub*«.[36]

Zugegeben, das war eine ganz andere Art Unterwelt als die christliche Hölle, aber immerhin eine Art Vorläufer. Weiter war von Hohepriestern die Rede, von Altardienern, von Exorzisten gar und von Propheten.

Die Parallelen waren – bei allen Unterschieden – augenfällig. Besonders die Parallelen zur Sintflut waren nicht wegzudiskutieren.

Mehr und mehr Schriften der Sumerer wurden entziffert. Tontafelaufzeichnungen berichteten über aufklärerische Reformatoren, die gegen die Ausbeutung durch die Priester mobilmachten.[37]

Sogar eine Art sumerischer Moses wurde entdeckt, ein legendärer Führer der Bewohner des Zweistromlandes, der ursprünglich in einem Körbchen aus Binsen ausgesetzt worden war. Später stieg der sumerische Moses ebenfalls in der Gunst des Königs, bevor er sich gegen ihn erhob, nicht anders als der biblische Moses wider den Pharao.

In anderen Texten wurden Tafeln gefunden, in denen von einem *Lamm* die Rede war, das sein Leben gab.[38] Teufel auch, waren die Parallelen verdächtig! Und immer wieder und wieder prangerten einige Texte die Gier der Geistlichkeit an, die zu hohe Abgaben forderten. Außerdem machten sie auf die »Sünden« der Menschen aufmerksam, die dafür von den Göttern bestraft wurden.

Sogar von einem Menschen, der die Gunst der Götter verwirkte, weil er die Frucht eines verbotenen Baumes aß, ist die Rede. Und von einem Menschen, der aus Lehm geformt wurde …

Adam lässt grüßen!

Und so fällt es uns auf einmal wie Schuppen von den Augen, was es wirklich mit dem Alten Testament auf sich hat, das auch im Christentum Eingang fand. Langsam fangen wir an zu begreifen, wer die wirklichen Autoren der Bibel waren.

Kurz gesagt wurde abgeschrieben, kopiert und gestohlen auf Teufel komm raus.

Zunächst bemächtigten sich die Juden all dieser Erzählungen und Behauptungen.

Der Historiker weiß, dass die Juden nicht nur in Ägypten jahrhundertelang Sklavendienste leisten mussten, sondern einst auch in die sogenannte »Babylonische Gefangenschaft« gerieten. Babylon (auf sumerisch *Ka-Dingir-Ra* genannt, auf babylonisch *Bab-ilim*, auf Hebräisch *Babel*) war die Hauptstadt Babyloniens, das über einige Zwischenstationen gewissermaßen das Erbe der Sumerer angetreten hatte und das sich ebenfalls in dem Zweistromland befand. Die Blütezeit Babyloniens lag zwischen 1800 vor und 100 n. Chr..

Als *Babylonische Gefangenschaft* bezeichnet man eine Epoche der jüdischen Geschichte, die vor rund 600 v. Chr. begann und etwa 60 Jahre später endete.

Die Juden waren kurz gesagt von den Babyloniern besiegt worden. Vor allem Angehörige der jüdischen Adels- oder Führungsschicht hatte man daraufhin nach Babylon verfrachtet und dort angesiedelt; es ging darum, ihren Widerstand endgültig zu brechen.

Natürlich kamen die Juden auf diese Weise mit den religiösen Überlieferungen der Sumerer in Kontakt, die von den Babyloniern übernommen worden waren. Und so gehört nicht viel Gehirnschmalz dazu, sich vorzustellen, wie die Lehren der Sumerer/Babylonier sich in die »Bibel« der Juden einschlichen, gewissermaßen durch die Hintertür. Tatsächlich assimilierten sich die Juden in Babylon rasch, einige machten sogar Karriere in dem fremden Land, obwohl sie sich im Exil befanden. Verschiedene Gelehrte stellten fest, dass Teile der jüdischen Bibel erst in der babylonischen Gefangenschaft ihren letzten Schliff erhielten. Deutlicher gesagt: Die Juden wurden von den Sumerern/Babyloniern befruchtet.

Die Juden »lernten« also von ihren Herren. Von den Ägyptern übernahmen sie die Zehn Gebote – oder zumindest Vorläufer dieser Gebote –, ferner die Vorstellung genau definierter »Sünden«, die Wiederauferstehung von den Toten und einiges mehr. Und von den Sumerern/Babyloniern adaptierten sie die Erzählungen rund um die Sündflut und die Arche Noah sowie die Vorstellungen einer Hölle, eines Paradieses, die Idee, einen Menschen aus Lehm zu erschaffen, einen Teil der Moses-Legende und so fort. Und so sehen wir auf einmal sehr rasch, dass auch der Judaismus der Originalität entbehrt.

Von den Juden wiederum fanden alle diese Geschichten Eingang in das Christentum. Natürlich wurden die ursprünglichen Erzählungen um- und umgewendet, sie wurden abgeändert, wie das nicht anders vorstellbar ist, betrachtet man einen Zeitraum von vielen Hunderten oder gar Tausenden von Jahren. Es ist im Gegenteil erstaunlich, wie viel eins zu eins erhalten blieb.

Weiter beeinflussten die alten Sumerer auch die Ägypter. Man weiß heute mit Sicherheit, dass es zwischen Sumer und Altägypten bereits intensive Handelsbeziehungen gab. In beiden Kulturen wurden *identische* Piktogramme und die *gleichen* Steinmesser gefunden.[39]

Die Handelsbeziehungen innerhalb der alten Welt werden generell bis heute unterschätzt. Man erhält ein besseres Bild dieser Beziehungen, wenn man sich vor Augen hält, dass es schon in der Antike Läufer/Boten gab, die weiteste Strecken rasch zurücklegen konnten, von Pferden, anderen Reittieren und Schiffen ganz zu schweigen.

Jedenfalls wurden die Juden gewissermaßen von zwei Seiten in die Zange genommen, was ihre Religion anging. Auf der einen Seite standen die Ägypter und auf der anderen Seite die Babylonier. Noch einmal: Der Judaismus sog zahlreiche religiöse Legenden einfach in sich auf, wie ein Schwamm. Die Christen wiederum übernahmen von den Juden eben diese Legenden. Und so beginnen wir langsam zu verstehen, wie sich das Christentum heranbildete.

Nichts verrät uns mehr über die Gegenwart als die Geschichte, und nichts ist befriedigender und aufklärerischer, als in alten Legenden und Kulturen herumzustöbern.

FAZIT

Dass der Judaismus und das Christentum von den alten Sumerern verschiedene Geschichten übernahmen, ist nicht einmal ein Ergebnis der Parahistorie. Jeder beliebige »normale« Geschichtswissenschaftler kann diesen Umstand verifizieren.

Aber das zweite Thema ist strittiger. Es hat mit dem *wahren* Alter der sumerischen Hochzivilisation zu tun. Nun betreten wir erneut den heißen, brenzligen Boden der Parahistorie.

Zunächst einmal sprechen die alten Schriften der Sumerer selbst davon, dass ihre Kultur genau 432 000 Jahre alt ist.[40] Das ist ein kleiner Unterschied zu den 6 000 Jahren, die ihnen von den Gelehrten der Establishment-Historie zugestanden werden.

Die Autoren, die von 432 000 Jahren ausgehen, waren Priester. Sie erstellten akribisch genaue Listen, in denen die alten Könige aufgeführt sind, ferner berichteten sie von paradiesähnlichen Zuständen und verschiedenen Blüteperioden.

Sie sprachen über einen ganzen Götterhimmel.

Die sumerischen Priester und Schreiberlinge, die diese Behauptungen aufstellten, waren stolz auf ihre Kultur. Sie genossen bereits die Segnungen eines Kanalisationssystems, verfügten über feinste Werkzeuge und kannten Wasserwege und Geschäftsverbindungen, die bis nach Indien und Ägypten reichten. Und so viel ist korrekt: Die Gefäße, die Waffen, all der Zierrat sowie die Existenz der sumerischen Wissenschaftler, Ärzte und Juristen 6000 Jahre vor unserer Jetztzeit sind beeindruckend.

Wir müssen auf jeden Fall die Sichtweise korrigieren, dass die alten Sumerer eine primitive Gesellschaft waren.

Die Gräber der alten Sumerer verraten uns, dass man an ein Leben nach dem Tod glaubte, denn sie gaben ihren Toten Nahrungsmittel sowie verschiedene Werkzeuge mit auf den Weg ins Jenseits.

Die Priester berichteten weiter von einem »Gott der Weisheit«, der für verschiedene Wissenschaften zuständig war, die er offenbar aus der Taufe gehoben hatte. Weiter sprachen sie von der Möglichkeit des »ewigen Lebens«.

Sumerische Priester, Mathematiker und Gelehrte konnten Kubikwurzeln ziehen, schwierige Probleme der Geometrie lösen, und sie verfügten über gewaltige Bibliotheken, in denen verschiedene Chroniken aufbewahrt wurden.[41] Die Säule, das Gewölbe, der Bogen, die Schulen und die Paläste lassen zumindest für die Oberschicht ein verfeinertes Leben vor unseren Augen auferstehen.

Wir müssen beginnen, unser Konzept der Vergangenheit zu verändern.

Unseres Erachtens ist es darüber hinaus nicht auszuschließen, dass die Hochzivilisation der Sumerer tatsächlich viel weiter zurückreicht, als das gemeinhin zugestanden wird. Wir sollten ihre uralten Aufzeichnungen nicht hochmütig als »Legenden« abtun.

Weiter ist es unwissenschaftlich, all die verschiedenen »Götter« von vorneherein als Hirngespinste zu verwerfen. Offenbar gab es »Wesenheiten«, wie wir das vorsichtig nennen wollen, die über weitaus größere Fähigkeiten verfügten als der Normalmensch.

Gilgamesch selbst war eine Art Halbgott, vielleicht vergleichbar mit Herkules, dem Sohn des Zeus in der griechischen Sage.

Nammu (Namma) war eine der höchsten und ursprünglichsten Gottheiten der alten Sumerer – sie wird als Göttin der Schöpfung apostrophiert. Sie verfügte und gebot über sieben niedrigere Göttinnen, was uns verrät, dass selbst im Reich der Unsterblichen Hierarchien existieren.

Der Götterhimmel der alten Sumerer umfasste ganze Genealogien, nicht anders als das griechische Pantheon. Wir kennen heute wenigstens 50 sumerische Götter, einer beeindruckender als der andere.

Die Parahistorie lehnt solche Überlieferungen nicht von vornherein ab.

Die alten Sumerer erzählten die Geschichte der Menschheit wie folgt: Nammu gebar einen Sohn namens Enki. Sie und Enki erschufen den Menschen, der zum Gehilfen der Götter geriet. Nammu formte den Menschen aus Lehm, den sie zum Leben erweckte.

Wieder fühlen wir uns an das Alte Testament erinnert. Gott wurde lediglich durch eine Göttin ersetzt.

Schier besessen waren die Sumerer von dem Geheimnis der Unsterblichkeit. Vielleicht neideten die Menschen den Göttern dieses Talent. Aber die Menschen konnten offenbar nur vermuten, was das Geheimnis ausmachte – selbst Gilgamesch wusste es nicht, aber er war fasziniert von der Idee und suchte dieses Geheimnis unablässig zu ergründen.

An diesem uralten Menschheitstraum hat sich bis heute nichts geändert, wenn es auch heute bei uns Genforscher und Ärzte sind, welche dieses Ziel verfolgen.

Im Übrigen gibt es inzwischen auch im Irak Ausgrabungen, die suggerieren, dass die Kultur der alten Sumerer viel weiter zurückreicht als bisher angenommen wurde.

Einige Funde verweisen auf das 6. Jahrtausend v. Chr., womit man ihnen »halboffiziell« inzwischen ein Alter von rund 8000 Jahren zugesteht. Aber immer ältere Funde werden von Forschern visioniert und von Archäologen ins Auge gefasst. Längst unterscheidet man zwischen dem altsumerischen und dem neusumerischen Reich. Verifiziert sind inzwischen eine hoch entwickelte Mathematik, Monumentalbauten und erstaunliche Astronomie-Kenntnisse – die alten Sumerer kannten unter anderem bereits den Planeten Merkur.

Selbst eine Vorstufe zu dem Gilgamesch-Epos wird inzwischen angenommen.[42]

Persönlich glauben wir, dass längst noch nicht das letzte Wort gesprochen worden ist, was das Alter der sumerischen Kultur angeht.

Immerhin können wir in aller Vorsicht zwei neue Thesen wagen, zwei neue Konzepte, die wir zumindest überdenken sollten.

Erstens: Es gab aller Wahrscheinlichkeit nach *sehr* viele ältere Kulturen, als es die gängige Geschichtswissenschaft momentan zugesteht. Das Musterbeispiel: Sumer. Da Archäologen ständig neue Entdeckungen machen, wie schon im ersten Kapitel dieses Buches festgestellt, sollten wir uns darauf gefasst machen, dass wir erst am Anfang zahlreicher Funde stehen, was frühe und früheste Hochzivilisationen angeht. Vergessen wir nie, dass die Archäologie eine relativ junge Wissenschaft ist.

Im Zuge dieser neuen Entdeckungen müssen wir sicherlich auch unser Zeitkonzept korrigieren. Wir dürfen nicht von vorneherein ausschließen, dass es nicht auch schon vor Zehntausenden und Hunderttausenden von Jahren hochstehende Zivilisationen gab, die vielleicht weiter fortgeschritten waren als die unseren.

Zweitens: Es ist denkbar, dass der Mensch nicht die Krone der Schöpfung ist, sondern eine verhältnismäßig niedrige Daseinsform darstellt. Dies schmerzt, und es streichelt nicht unser Ego. Aber diese These bietet umgekehrt auch eine völlig neue Perspektive: Offenbar ist eine Höherentwicklung des Homo sapiens möglich, der vielleicht einfach vieler seiner ursprünglichen spirituellen Fähigkeiten einst verlustig gegangen ist. Das aber würde erneut bedeuten, dass eine Entwicklung nach »unten« stattfand, die wir jedoch vielleicht wieder umkehren können.

Möglicherweise sah und sieht die wahre Hierarchie so aus:

1. An der Spitze stehen Götter oder »Wesen« mit erstaunlichen Fähigkeiten, sowohl in spiritueller als auch materieller Hinsicht.
2. Darunter sind Götter zweiten Grades angesiedelt.
3. Wieder darunter stehen Halbgötter, halb Mensch, halb Gott, aber gefangen in einem Menschenkörper.
4. Menschen mit bedeutenden spirituellen Fähigkeiten würden die vierte Stufe bilden.
5. Darunter tummeln sich Menschen mit geringen spirituellen Fähigkeiten,
6. gefolgt von Tieren und
7. Pflanzen.
8. Am untersten Ende dieser Skala stünden Steine, Felsen, Gebirge und überhaupt materielle Dinge.

Es wäre eine hübsche Umkehrung der Theorie, dass der Mensch vom Affen abstammt. Auch die Theorie, dass sich Affen aus niedrigeren Tieren und letztlich aus einem Urschlamm oder einem See aus Ammoniak entwickelten, wäre passé. Unsere gesamte Anthropologie, die im Homo sapiens das Nonplusultra aller Entwicklung sieht, würde durch das neue

Konzept umgeworfen und gewissermaßen vom Kopf auf die Füße gestellt.

Vielleicht sollten wir diese beiden neuen Thesen zumindest überdenken.

Und möglicherweise geben sie zu den größten Hoffnungen Anlass, was das gesamte Menschengeschlecht angeht – denn vielleicht, vielleicht können wir eines Tages wieder zu neuen, höheren Stufen hinaufsteigen.

GÖTTER IM ALTEN ÄGYPTEN

ODER DOCH AUSSERIRDISCHE AUF DEM PLANET ERDE?

Die Parahistorie macht auch vor den umstrittensten Themen nicht Halt.

Sie sucht völlig neue Ansätze und stellt Thesen auf, die nicht weiter von der »normalen« Geschichtsschreibung entfernt sein könnten; sie lösen im Lager der Herren »Wissenschaftler« heftige Proteste aus, einige von ihnen gehen auf die Barrikaden.

Eine dieser Thesen lautet, dass die Erde vor Jahrtausenden, Jahrzehntausenden und Jahrmillionen wahrscheinlich von außerirdischen Rassen besucht wurde, die bereits die Raumfahrt beherrschten.

Warum sträuben sich eigentlich Wissenschaftler mit Händen und Füßen dagegen? Wieso sollte man die grundsätzliche Möglichkeit nicht in Erwägung ziehen – zumindest als These?

Kein Thema könnte spannender und aufregender sein. Es eröffnet völlig neue Dimensionen, Gedankenspiele und Perspektiven. Immer mehr Menschen, Seher und Erleuchtete behaupten, sich glasklar und in völliger Deutlichkeit an frühere Leben erinnern zu können, und sie sprechen wieder und wieder von Besuchern aus dem Weltall.

Innerhalb der Frühzivilisationen konnten diese »Besucher« von primitiven Völkerschaften freilich nicht als »Raumfahrer« identifiziert werden, deshalb sprachen sie von »Göttern« – behaupten die Parahistoriker. Offenbar gab es Wesen, die auf einem so hohen technologischen und/oder spirituellen Niveau standen, dass sie als »Überirdische« angesehen wurden.

Nach Ansicht der Parahistoriker lehrten sie die Menschen die Schrift und viele andere Wissenschaften. Aber wie haben wir solche Vorstellungen einzuordnen und zu verstehen?

Untersuchen wir in diesem Sinne einmal das geheimnisvolle alte Ägypten, dessen Existenz nach Meinung der Parahistoriker sehr viel weiter zurückreicht, als es der »normale Wissenschaftler« zugesteht, und das ehemals angeblich von außerirdischen Rassen besucht wurde.

ÜBER DIE ERSTAUNLICHEN ERRUNGENSCHAFTEN ÄGYPTENS

Bis heute ist es für den »normalen« Historiker völlig unverständlich, wie Ägypten auf einmal geradezu aus dem Nichts zu einer solchen Höhe aufsteigen konnte.

Einige Gelehrte machen die unendliche Fruchtbarkeit des Nils dafür verantwortlich, aber diese Analyse ist schlicht und ergreifend falsch. Es gab und gibt in anderen Weltgegenden ebenfalls gewaltige Ströme mit lebensspendendem Wasser, die garantierten, dass das Korn gedieh und Nahrung im Überfluss vorhanden war – ohne dass eine solch erstaunliche Kultur die Folge war.

Wenn man versucht, auch nur ansatzweise die Errungenschaften der alten Ägypter zu beschreiben, ist man zum Scheitern verurteilt, denn es existieren zu viele Erfindungen, Neuerungen und Quantensprünge des Wissens in dieser aufregenden Zeit und Region. Allein die Architektur erreichte ein Niveau, das im Grunde nie wieder übertroffen worden ist, wenn man von der jüngsten Jetztzeit absieht. Es wurde eine unvorstellbare Organisation auf die Beine gestellt, wie sie die Historie vorher nie gesehen hatte. Hunderttausende von Sklaven bauten mit einem Mal Pyramiden, deren Pracht und Majestät uns noch heute begeistern.

Der Bau der Pyramiden war eine architektonische Meisterleistung, die ein beträchtliches Know-how erforderte, das in gewissem Sinne nicht in diese Zeit passt.

Die alten Ägypter verfügten zudem über die reichsten Städte in jener Periode, mit Bauten und Tempeln, die uns noch immer sprachlos machen. Es wurde mit weißem Marmor, Granit, Diorit, Alabaster und anderen

Materialien gebaut, die bis heute unvergänglich sind. Raffinierte Säulen entstanden in reicher Zahl, aber auch Flachreliefs, Sphinxe und Statuen – in der Nähe des ägyptischen Dorfes *Karnak* allein gibt es 86 000 Statuen. Feinste Zeichnungen und Bildhauerarbeiten finden sich überall, Festhallen und Obelisken in einer überbordenden Fülle.

Ganze Städte wurden aus dem Nichts gestampft, die Architektur der alten Ägypter ist bis heute ein Phänomen.

Wer aber organisierte das alles, *wer* zeichnete dafür verantwortlich?

Noch heute bemühen sich unsere erfahrensten Ingenieure, den Bautechniken der alten Ägypter auf die Spur zu kommen, und dies durchaus nicht immer mit Erfolg.

Die zahlreichen Kanäle und Bewässerungsanlagen waren ebenfalls ein schieres Wunder der Ingenieurskunst, die es gestattete, dass der Ackerbau auf ein vollständig neues Niveau gehoben wurde. Bereits während der frühesten Dynastien lernten die Ägypter außerdem, Kupfer und Zinn zu schmelzen und Bronze herzustellen. Die Metallurgie erreichte eine neue Höhe. Plötzlich gab es Räder, Walzen, Hebel, Flaschenzüge, Keile, Drehbänke, Schrauben, Bohrer, Sägen und hundert Arten von Handwerkern, wie die Bauhandwerker, die Glasbläser, die Holzschnitzer, die Lackierer, die Emaillierer oder die Weber. Handwebstühle und anderes technisches Inventar wurde entwickelt, das bis zur Erfindung der Dampfmaschine in unserer vielgepriesenen Neuzeit nicht übertroffen wurde.

Wer war für diese Explosion von Wissen verantwortlich?

Auch die Erziehung erreichte ein neues Niveau. Regierungsschulen entstanden, Papier und Tinte standen plötzlich zur Verfügung, und die Schrift entwickelte sich – vielleicht die wichtigste Erfindung der gesamten Geschichte. Unversehens konnten abstrakte Ideen dargestellt werden. Künstlerakademien, Musikhochschulen und Technische Hochschulen wuchsen aus dem Boden. Eine eigene Literatur bildete sich heraus, in einer Vielfalt, die uns staunen lässt. Es gab bereits die Reisebeschreibung, den Roman, die Liebesdichtung und selbstredend die religiöse Hymne, ja sogar verschiedene literarische Revolutionen, in denen neue Schriftsteller sich gegen alte auflehnten, nicht anders als heute.

Weiter machten andere Wissenschaften Quantensprünge. Die Mathematik wurde geboren, die Astronomie und ein Kalender entstanden. Die Anatomie und die Physiologie, die Chirurgie und die Pflanzenheilkunde erblickten das Licht der Welt. Die Ägypter waren weit über ihre Grenzen hinaus bekannt für ihre Heilkunst. Es gab bereits Gynäkologen, Augenärzte, Ärzte, die nur auf Darmleiden spezialisiert waren, Schädelbruch-Chirurgen und andere Experten mehr. 700 Heilmittel zählt ein einziger Papyrus allein auf. Die Bedeutung der Hygiene wurde entdeckt, Abführmittel und Magenspülungen existierten und vieles mehr.[43]

Diese Wissenschaften waren gemäß den Überlieferungen der Priester von *Thot*, dem ägyptischen Gott der Weisheit, erfunden worden, der angeblich 3000 Jahre lang die Herrschaft auf Erden innehatte. Ihm schrieb man 20 000 bis 36 000 Bücher zu!

Um wen handelte es sich bei diesem Thot?

Eine besondere Höhe erreichte die Astronomie. Jahrhunderte lang wurden die Stellungen und Bewegungen der Sterne und Planeten verfolgt, Jahrtausende lang zeichnete man sie akribisch auf. Man unterschied bereits zwischen Fixsternen und Planeten und legte Kataloge über Sterne fünfter Größe an, die mit dem freien Auge kaum zu erkennen sind, wie selbst konservative Historiker zugeben.

Die Philosophie wurde geboren, es gab Mahnsprüche und Weisheitssprüche.

Die Uhr und die Geometrie wurden erfunden, und ein neues, weitaus höheres Niveau der Wohnqualität geschaffen.

Eine bemerkenswert geordnete Regierung, ja eine auffällig geordnete Regierung, wachte über all dem, denn vergessen wir nicht, dass das ägyptische Regierungssystem das am längsten andauernde und stabilste Regierungssystem der gesamten Geschichte ist und bis heute (!) unübertroffen.

An das Gewissen wurde appelliert, wodurch die Moral entstand, sprich ein Überlebens-Kodex wurde formuliert, den wir so an anderer Stelle nicht vorfinden.

Wer zeichnet für all das verantwortlich, und *wie* können wir uns diese fantastischen Errungenschaften erklären?

DIE »VERBOTENE ÄGYPTOLOGIE«

Längst gibt es Autoren, die aufgrund all dieser unbeantworteten Fragen eine neue Disziplin aus der Taufe gehoben haben, die sie manchmal »Verbotene Ägyptologie« nennen, weil sie nicht in das gängige Kästchensystem der Mainstream-Historiker passt und von den Schulbuch-Wissenschaftlern vehement bekämpft wird. In diesem Sinne ranken sich inzwischen abenteuerliche Spekulationen um die Geschichte des alten Ägyptens.

So viel ist unbestreitbar richtig: Die ägyptischen Pyramiden sind bis heute nach Meinung vieler Forscher tatsächlich nicht vorstellbar ohne ein hoch entwickeltes bautechnisches Know-how. Die Pyramiden sind astronomische Wunderwerke, die verlängerten Linien ihrer Seiten weisen exakt auf bestimmte Sterne – Orion und Sirius. Wohnten dort die Außerirdischen, die eine Zeit lang Pharao spielten und nach dem Tod eines Pharao-Menschenkörpers alles taten, um wieder zurück zu den Sternen zu fliegen? Fest steht, sogar Öffnungen wurden eigens in die Spitzen der Pyramiden geschlagen, damit die Seele des Pharaos ohne Probleme entweichen konnte![44]

Wenn also außerirdische Intelligenzen einst unseren Planeten und speziell Ägypten besuchten, so gäbe das zu einigen revolutionären Ideen Anlass. Die Pyramiden und die Königskammern besäßen dann vielleicht astronomische Funktionen, und die zahlreichen Darstellungen der Sterne bei den Ägyptern wäre kein blinder Zufall.

»Götter« wären in diesem Fall wie bereits erwähnt Außerirdische, denn der primitive Mensch betrachtete schon immer außergewöhnliche Fähigkeiten als göttlich.

Das sagenhafte Alter *Thots*, der zu einem nicht geringen Ausmaß für den Quantensprung des Wissens in Ägypten verantwortlich gemacht werden kann, wäre keine plumpe Erfindung, sondern ergäbe einen Sinn: Vielleicht war er der Führer der Außerirdischen und ein Führer der Menschheit. Die Pharaonen wären in diesem Fall selbst Außerirdische oder Außerirdische hätten sich menschlicher Körper bedient, um der Kultur einen Schub nach vorn zu geben. Die Ausrichtung der Pyramiden auf das Sirius-System würde die Herkunft der »Göttlichen« verraten und die Koordinaten ihrer Heimatplaneten im Weltraum. Der »verborgene Raum« und das »Jenseits«, auf die in so vielen religiösen Schriften Bezug genommen wird, würden auf die Sterne deuten. Die Mumifizierung wäre eine (abergläubische) Erinnerung daran, Raumfahrer gewissermaßen zu konservieren und für eine lange Raumfahrt fit zu halten. Die »Wiederauferstehung der Toten«, die bei den Ägyptern so breiten Raum einnimmt, würde auf ein neues Leben jenseits der Erde deuten. Der Begriff »Jetru Neter«, der von den Ägyptologen gern mit »Göttliche Meilen« übersetzt wird, aber eigentlich »Lichtentfernung« bedeutet, würde auf »Lichtjahre« verweisen. Pyramiden und einbalsamierte Leiber wären vielleicht aber auch nur eine geheime Methode, einen Leib zu verlassen, zu den Sternen zu gehen – und wieder zurückzukehren eines Tages, um den gleichen Leib wiederzubeleben.

Pyramiden wären in diesem Fall Orientierungspunkte für Raumschiffe, denn sie sind weithin sichtbar. Die Hieroglyphen, die »heiligen, eingemeißelten Buchstaben«, von den Ägyptern selbst als »Medu Neter« bezeichnet, was »die Zeichen der Götter« bedeutet, wären mithin vielleicht ein Versuch der Außerirdischen, den primitiven Menschlingen eine vernünftige Schriftsprache beizubringen. Die unvorstellbare Macht der Pharaonen, die Hunderttausende von Sklaven bewegen konnten und deren Autorität nie infrage gestellt wurde, ergäbe plötzlich einen Sinn. Auch die erstaunliche Stabilität des Regierungssystems wäre plötzlich verständlich. Seltsame Zeichnungen an den Wänden ägyptischer Tempel, die bis heute nicht entziffert sind und scheinbar Helme und Atemgeräte darstellen, erhielten unversehens eine andere Interpretation, von den Darstellungen vieler Flügelwesen ganz abgesehen, die vielleicht das Fliegen symbolisieren. Auf einmal würde sich eine gänzlich neue Welt auftun, und alles, alles wäre möglich.[45]

GÖTTER UND AUSSERIRDISCHE

Dem Parahistoriker ist es gestattet, alle möglichen Vermutungen anzustellen. Wenn das größte Geheimnis des alten Ägyptens darin besteht, dass Außerirdische dem Menschen einst zu einem Quantensprung des Wissens verhalfen, so wäre das nur in einer Hinsicht fatal: Es würde bestehende Theologien und Weltsichten über den Haufen werfen.

Auf der anderen Seite würde dieses Denken vielleicht ein paar neue, brauchbare Antworten liefern und unseren Horizont öffnen. Es würde zahlreiche Phänomene erklären, und schließlich und endlich ist eine Theorie nur so gut, wie sie Phänomene erklärt. Je mehr Phänomene sich durch eine Theorie verstehen lassen, umso mehr taugt sie.

Wurde also das alte Ägypten von außerirdischen Intelligenzen heimgesucht?

Wir wissen es nicht. Aber wenn dem so wäre, so wäre dies unseres Erachtens weniger verwunderlich als die Tatsache, dass quasi aus dem Nichts plötzlich diese Explosion des Wissens stattfand.

Die mathematische Wahrscheinlichkeit, dass der Mensch aus einem Urschlamm entstand, sprich aus ein paar Atomen und Molekülen, die zufällig in der »richtigen« Art und Weise zusammenfanden, ist jedenfalls geringer als die mathematische Wahrscheinlichkeit, dass andere Rassen aus dem Weltraum einst unsere Erde besuchten, wenn man die Anzahl der Planeten und Galaxien, die existieren, in Rechnung stellt. In mathematischer Hinsicht ist also die Theorie der außerirdischen Intelligenzen durchaus vertretbar.

Weiter ist die Annahme außerirdischer Intelligenzen sicherlich glaubwürdiger als beispielsweise die Annahme einer Hölle oder eines Himmels, die gewissermaßen nicht mehr zeitgemäß ist, denn wir bewegen uns längst in Richtung eines Zeitalters, in dem die Raumfahrt fester Bestandteil unserer Realität ist.

Mathematische Wahrscheinlichkeit und die Feststellung, dass viele Phänomene plötzlich eine logische Erklärung erhielten, lassen uns also annehmen, dass wir diese These fremder Besucher aus dem Raum, die so lange belächelt wurde, nicht einfach über Bord werfen sollten.

Lassen wir die Annahme außerirdischer Intelligenzen zu, wäre damit nicht nur der Quantensprung der Zivilisation in Ägypten erklärt, sondern gleichzeitig auch eines der größten Geheimnisse der Geschichte gelöst. Natürlich müsste Geschichte, wie das schon tausendmal in der Vergangenheit der Fall war, vollständig umgeschrieben und neugeschrieben werden.

Problematisch wäre das nicht; denn Geschichte ist bei Licht betrachtet schlussendlich ohnehin nichts anderes als etwas, worauf sich die Gelehrten zu guter Letzt einfach nur einigen. Realisieren wir in aller Schärfe: Bei der »normalen« Geschichtsschreibung handelt sich stets nur um eine »Gelehrten-Wahrheit«, nicht notwendigerweise um die *Wahrheit*.

Auf den Weltraum verweisen zudem direkt und indirekt zahlreiche ägyptische Götter – ob es dem normalen Historiker nun passt oder nicht.

Re oder *Ra*, der wichtigste Gott der Ägypter, repräsentierte die Sonne, sein Name bedeutete sogar *Sonne*. Re galt als der Beherrscher der Welt. Alle Pharaonen nannten sich ab einem bestimmten Zeitpunkt »Sohn des Re«, sie stellten also eine Verbindung zu dem höchsten und ersten Gott her. Der *Obelisk*, die Spitzsäule, sprich ein freistehender, hoch in den Himmel ragender Steinpfeiler mit einer pyramidenförmigen Spitze, der so häufig im alten Ägypten zu finden ist, symbolisierte einen Sonnenstrahl und kennzeichnete die Verehrung Res. Aber mitunter wurde Re auch mit dem Planeten Mars in Verbindung gebracht.[46] Der Kontakt zu den Sternen und den Planeten macht jedenfalls stutzig. Die ägyptische Mythologie lehrte, dass die Götter, die anfangs als Könige herrschten, den Menschen erschufen – allen voran Re. Jedenfalls handelte es sich bei Re oder Ra um eine »Person«, die mit dem Weltraum assoziiert wurde. Selbst bei den Polynesiern gab es eine Gottheit, die mit Ra bezeichnet wurde – was vielleicht mehr als ein Zufall ist. Ra bezeichnete bei den *Maori* (Ursprungsland: Neuseeland) ebenfalls die Sonne. Wer will und wer kann mit völliger Sicherheit ausschließen, dass es sich nicht um die gleiche Gottheit handelte, sprich um den gleichen Außerirdischen?

Chepesch war eine weitere altägyptische Gottheit, die interessant ist. Sie wurde mit dem Sternenbild des »großen Wagens« am Firmament gleichgesetzt.

Chon hieß der Mondgott, bei dem es sich vielleicht um einen Außerirdischen handelte, der vom Mond aus operierte. Existierte dort eine Raumstation?

Hehet war der Name eines altägyptischen Gottes, der die Unendlichkeit des Raumes symbolisierte.

Horus, oft dargestellt durch einen Falken, war eine Art Himmels- oder Weltengott, der generell mit den Unsterblichen und dem »Raum« in Verbindung gebracht wurde. Seine unglaubliche Fähigkeit, aus größten Höhen scharf zu sehen und wahrzunehmen und sich pfeilschnell zu bewegen, drängt die Assoziation mit einem Flugkörper auf, der mit allerlei technischen Raffinessen ausgestattet ist.

Der Gott *Kek* verkörperte die Finsternis und das urzeitliche Chaos, aber damit verwies man erneut auch auf den Weltenraum.

Eine Art himmlischer Fährmann war *Mahaf*, der in dem berühmten *Ägyptischen Totenbuch* eine herausragende Rolle spielt und der die Seele nach dem Tod transportierte. Die Frage muss erlaubt sein: Von wo – und wohin – transportierte dieser *Mahaf* die dahingeschiedenen Personen?

Darüber hinaus gab es bei den alten Ägyptern auch einen Wächter zum Jenseits, der *Nehebkau* hieß. Bewachte er als eine Art Guardian die Erde?

Das gesamte Himmelsgewölbe wurde als *Nut* bezeichnet, die den Status einer Göttin innehatte.

Besonders interessant war *Sopdet,* eine Göttin, die Sirius verkörperte. Im Falle des »Sirius« handelt es sich um ein Doppelsternsystem im Sternbild des »Großen Hundes«. Es besteht aus Sirius A und Sirius B. Sirius A ist der hellste Stern am Nachthimmel, nur unsere Sonne, der Mond und die unmittelbaren Planeten innerhalb unseres Sonnensystems leuchten intensiver. Sirius A ist rund zweimal so groß wie unsere Sonne. Für die alten Ägypter besaß er besondere Bedeutung.

Sie verfügten sogar über eine eigene Hieroglyphe für das Sternensystem.

Sirius, in Hieroglyphenschrift

Gestatten wir uns einen kleinen Schlenker.

Das Sirius-System verfügte generell über eine besondere Bedeutung – auch in anderen Überlieferungen, Legenden, esoterischen Lehrgebäuden und Geheimgesellschaften. Eine Verbindung zur Menschheit wurde von vielen Sehern angenommen. In der Astronomie und der Mythologie verschiedener Völkerschaften sowie in bestimmten Mysterienschulen wird *Sirius* als das »echte Licht« bezeichnet, von welchem Wissen ausging und wo die Götter und großen Lehrer wohnen. Bei den alten Sumerern, bei den alten Griechen und in der japanischen und chinesischen Astronomie, ja selbst bei einigen Ureinwohnern Nordamerikas sowie bei den Mayas in Mittelamerika spielte Sirius eine bedeutende Rolle. Die *Dogon*, ein afrikanischer Stamm, behaupten ebenfalls, dass ihre Vorfahren direkt aus dem Sirius-System kamen. Sie sollen »in einem Luftschiff vom Himmel heruntergekommen sein, begleitet von Feuer und Donner« (so der Autor Robert Temple). Der Grund? Sie beabsichtigten, den Menschen Kenntnisse und Wissenschaften zu vermitteln. *Sirius* bezeichnete jedenfalls in vielen Kulturen eine Quelle okkulter Macht.

Doch bleiben wir im alten Ägypten.

Das Sirius-System stellte tatsächlich das gesamte astronomische Fundament der ägyptischen Mythologie dar. Verschiedene Götter wurden mit ihm in Verbindung gebracht, unter anderem *Thot*, der große Lehrer, aber auch *Isis*, die »Gottesmutter« der Ägypter.

Zugegeben, Sirius hatte auch einen Bezug zu der Nilflut. Aber mehr als ein Parahistoriker wies darauf hin, dass außerirdische Besucher möglicherweise von einem Planeten des Sirius-Systems stammten.[47]

Thot, der Gott, der den Menschen die Wissenschaften schenkte, der aber auch für die Schreiber und die Schreibkunst verantwortlich zeichnete und überhaupt Weisheit verkörperte, wurde im alten Ägypten ebenfalls als ein »Gott des Mondes« gehandelt – aber wie wir gerade gehört haben, wurde er auch mit Sirius in Verbindung gebracht.

Wir begegnen also *zahlreichen* ägyptischen Göttern, deren Ursprung nicht auf der Erde zu finden ist, sondern im Weltraum. Sie werden mit der Sonne identifiziert, es wird auf Mars reflektiert, auf den Mond und das Sirius-Sternensystem unter anderem, und immer wieder auf den »dunklen, schwarzen Raum«.

Unseres Erachtens sollte man die Theorie, dass einst Außerirdische die Erde besuchten, nicht völlig ausschließen und sie im Gegenteil sogar genauer untersuchen.

Darüber hinaus gibt es noch weitere verräterische Indizien.

ÜBER DAS ALTER DER ÄGYPTISCHEN HOCHKULTUR

Ein anderes Argument, das wieder und wieder bemüht wird, wenn auf die andersartige, paranormale Geschichte Ägyptens Bezug genommen wird, besteht darin, dass die Historie dieses Landes wahrscheinlich *sehr* viel weiter zurückreicht, als es Mainstream-Archäologen bisher zugestehen.

Tatsächlich bestätigen neue Studien beispielsweise, dass die *Große Sphinx von Gizeh*, die über eine Pyramide im Nildelta wacht, möglicherweise über ein sehr viel höheres Alter verfügt, als bislang angenommen.

Die *Sphinx* generell ist eine Statue mit dem Leib eines Löwen und (zumeist) mit dem Kopf eines Menschen. Die *Große Sphinx von Gizeh* ist die berühmteste und größte Sphinx, die existiert. Diese Sphinx misst in der Länge über 70 Meter.

Im Allgemeinen billigen ihr Archäologen ein Alter von rund 4500 Jahren zu.

Aber die Geologen Dr. Robert M. Schoch und John Anthony West sind anderer Ansicht. Sie sprechen von einem Alter von rund 7000 Jahren, wobei sie Erosionen, Niederschläge und Witterungsverhältnisse in Rechnung stellen.[48]

Immerhin gibt man inzwischen auch im Kreis der Mainstream-Archäologen zu, dass die alten Ägypter in technischer Hinsicht weitaus klüger waren, als man bisher glaubte. Ingenieure wie Christopher Dunn wiesen darauf hin, dass die alten Ägypter über Werkzeuge verfügten, die »mit denen des Raumfahrt-Zeitalters vergleichbar sind«.[49]

Trotz der Proteste der orthodoxen Archäologen nehmen jedenfalls die Beweise ständig zu, dass das »alte Ägypten« chronologisch gesehen sehr viel weiter zurückreicht, als bisher angenommen – und dass es vormals alles andere als »primitiv« war.

Hinzu kommen zahlreiche *Erinnerungen* verschiedener Seher und prophetisch oder esoterisch begabter Menschen, vieler »Eingeweihter« und okkulter Führer, die immer wieder auf das alte Ägypten reflektierten.

Wieder sprechen wir von früheren Leben.

Die Gründerin der Theosophie, Helena Blavatsky, wies nicht nur auf die Bedeutung des Sirius hin (in ihrem *Theosophischen Glossar*), sondern sie nahm darüber hinaus auch bestimmte »Einweihungen« vor, in deren Rahmen sich bestimmte Personen an ein früheres Leben im alten Ägypten erinnerten. Sie selbst behauptete ebenfalls, einst im alten Ägypten gelebt zu haben.

Und weiter: Im Rahmen verschiedener Freimaurerverbände *verehrt* man förmlich das alte Ägypten und erneut speziell das Sirius-System. Manchmal ist *Sirius* gar der Mittelpunkt aller Geheimlehren. In einigen Freimaurerlogen gilt Sirius als eine Art heiliger Ort, zu dem alle Freimaurer aufsteigen sollten, weil dort Weisheit und Wissen zu finden sind.

Aber auch in anderen esoterischen Zirkeln trifft man auf »wiedergeborene« Menschen, die behaupten, dass sie ehemals im alten Ägypten lebten und dort wichtige Aufgaben wahrnahmen – sei es als Hohepriester, Pharao, Haremsweib eines Pharao, als Schreiber, Sklavenaufseher und so fort.

Was aber bedeutet das in letzter Konsequenz?

DAS ALTE ÄGYPTEN...

... birgt viele Geheimnisse, immer noch. Zumindest unstrittig ist, dass wir nach wie vor über viele Texte und Hieroglyphen verfügen, die schwer deutbar oder vielleicht sogar undeutbar sind, denn vieles ist noch nicht entziffert, selbst in altehrwürdigen Museen. Gleichzeitig verfügen wir über dieses seltsame Phänomen, dass auf Planet Erde gleichzeitig an vielen Ecken und Enden auf einmal ein unendlicher Fortschritt stattfand und das Licht der Zivilisation aufflackerte. Die Höherentwicklung der Menschheit, kein unbedeutendes Argument, machte speziell in den letzten 10 000 Jahren *unvorstellbare* Fortschritte – weit mehr als in den vorangegangen sechs Millionen Jahren – innerhalb der der Mensch bereits existierte, wenn wir der Mainstream-Archäologie Glauben schenken.

Wer leitete diesen Quantensprung in die Wege?

Überall gab es mit einem Mal enorme Neuerungen. Wurden sie also von Außerirdischen herbeigeführt, die einst unsere Erde besuchten und diesen Quantensprung des Wissens in die Wege leiteten?

Einige Argumente sind bis heute nicht vom Tisch gewischt – vor allem die zahlreichen Mythen über Götter und ihre Beziehung zu verschiedenen Planeten und Sternensystemen.

Die These der Außerirdischen ist noch längst nicht passé. Im Gegenteil: Sie wird immer plausibler, auch wenn sie noch nie hieb- und stichfest bewiesen wurde.

Aber worin sollte ein solcher Beweis eigentlich bestehen? In eindeutigen Texten und Aufzeichnungen? Diese gibt es zuhauf.

Auf welche Beweise also warten wir?

ZEUS, DER GÖTTERVATER

Tatsächlich kann man die »Geschichte« einer bestimmten Zivilisation umso leichter verstehen, je mehr Kenntnisse man über die Religion hat, die ein Volk zu einem bestimmten Zeitpunkt favorisierte.

Denn die Religion ist immer der Dreh- und Angelpunkt. Die Religion verrät und erklärt stets unglaublich viele Eigenheiten, Vorlieben und grundlegende Eigenschaften eines Volkes; sie ist ein Spiegel.

Untersuchen wir in diesem Sinne beispielsweise einmal die Religion im alten Griechenland – und hier speziell den Gott Zeus, der einst eine so überragende Rolle spielte.

Aber nähern wir uns Zeus auf eine ganz andere Art als bisher. Untersuchen wir zuerst die »normale« Geschichtsschreibung – sie lehrt uns bereits viel. Pirschen wir uns danach an die »paranormale« Geschichtsschreibung heran, und betrachten wir Zeus auf eine ganz andere Art.

Aber wie gesagt: Schon die »normale« Geschichtsschreibung über Zeus und die griechischen Götter ist höchst außergewöhnlich und beeindruckend. Außerdem versorgt sie uns bereits mit einigen wichtigen Erkenntnissen. Und sie ist geradezu umwerfend spannend. Denn immerhin konnte Zeus in zahlreichen Gestalten auftreten und die Menschen nach Belieben an der Nase herumführen. Und was er mit verschiedenen Frauen anstellte ... ach, steigen wir einfach ein.

ZEUS IN ALLER WELT

Zeus, Zeus, Zeus! Ehemals sprach man das Wort so aus: *Dze-us*. Dze-us oder Zeus war bei den alten Griechen der oberste und stärkste Gott, dessen Willen man sich gefälligst unterzuordnen hatte. Er war mächtiger als alle anderen Götter, lediglich das »Schicksal« stand über ihm, aber selbst die Schicksalsgöttinnen galten als seine Töchter.

Es ist wahrscheinlich, dass eine dem Zeus ähnliche Gestalt bereits im alten Indien existierte, eine Art Vorläufer. Denn schon in den alten, heiligen indisch-vedischen Büchern – *Veda* bedeutet so viel wie *Wissen* – gab es eine Gottheit, die einen ähnlichen Namen besaß – Dyaúh. Man bezeichnete damit den *Himmel*. Im alten Indien gab es also einen »Himmelsgott«, der bereits verteufelt nah an den späteren Zeus heranreichte.

In der vedisch-altindischen Sprache hieß Zeus mit vollem Namen *Dyaúh pitá*, was man ungefähr mit *Himmelsvater* übersetzen kann.

Und so wanderte der *Himmelsvater*, der *Dyaúh pitá*, eines Tages in Griechenland ein und geriet zum *Dze-us* oder *Zeus*.

Bei den Griechen mutierte er zu dem »wolkenversammelnden«, regenmachenden und donnergrollenden Zeus, der Blitze schleudern konnte.

Die alten Griechen vermenschlichten Zeus. Man verpasste ihm einen Körper, denn die Fantasie des Menschen war offenbar nicht dazu geeignet, sich einen mächtigen Geist ohne einen Leib vorzustellen. Zeus oder Dze-us wurde nun fassbar und real.

Der »Himmelsgott« der alten Inder war weniger körperlich und »stofflich«, die alten Griechen dagegen schufen ihn nach ihrem Ebenbilde, sie verpassten ihm sogar einen Bart.

Bei den Griechen befand sich Zeus im Besitz des Blitzes, eines Zündkeils und des Donners – das waren seine Waffen.

Er war ein Wettergott, gebot über das Feuer und war gleichzeitig der Herrscher über alle anderen Götter. Man nannte ihn jedoch auch den Schützer des Gastrechtes, der Hochzeitsnacht und einiger Städte, weiter galt er als der Urheber der Freundschaft. Eine Art Schutzgott für allerlei Belange – das war der griechische Zeus.

Bevor wir seine Eskapaden in Griechenland genauer untersuchen, sollten wir jedoch rasch seinen weiteren Weg in Augenschein nehmen, denn Zeus starb nicht etwa mit den alten Griechen, als diese nicht mehr die Rolle einer Weltmacht spielten. Als der Stern Griechenlands zu sinken begann, betraten die alten Römer das Spielfeld.

Zeus geriet zu Jupiter, wie sein Name plötzlich lautete.

JUPITER, DER HERR DES HIMMELS

Jupiter (Juppiter, Iupiter, Diespiter und so fort, es gab viele Schreibweisen) galt auch bei den Römern als der oberste Gott.

Ein älterer Name Jupiters lautete *Diespiter*, ein Begriff, in dem man das Wort *dies* (lat. für »Tag«) und also erneut das »Licht« und indirekt den »Himmel« entdeckt.

Jupiter war weitaus kriegerischer als Zeus. Dies waren seine Beinamen bei den Römern:

- *Iupiter Stator* – der die weichenden Truppen zum Stehen bringt, auch übersetzt und angerufen als Jupiter der Erhalter;
- *Jupiter Invictus* – der unbesiegte oder unüberwindliche Jupiter;
- *Jupiter Propugnator* – Jupiter, der Beschützer oder Verteidiger;
- *Jupiter Pluvius* – Jupiter, der Regengott oder der Regen machende Gott;
- *Jupiter Tonans* – Jupiter, der Donnerer.

Es gab zahlreiche Feste und Kulte rund um Jupiter, nicht anders als im Falle des Zeus in Griechenland. Es existierten Prozessionen, Tempel, Heiligtümer, Statuen und Darstellungen zuhauf.

Etwa ab dem dritten Jahrhundert v. Chr. wurde Jupiter bei den Römern mehr und mehr mit dem griechischen Zeus gleichgesetzt. Die römische Kultur vereinnahmte ihn, beließ ihm aber die alten Mythen und

Märchen. Zahlreiche griechische Legenden, in denen Zeus im Mittelpunkt stand, wurden von den Römern einfach gestohlen und ihrem Jupiter übergestülpt. Man verpasste ihm ein neues Gewand und einen neuen Namen – und Simsalabim! – Zeus mutierte zu Jupiter.

ZEUS BEI DEN KELTEN UND GERMANEN

Tatsächlich trat Jupiter einen unvergleichlichen Siegeszug an. Alte Götter wurden von ihm einfach beiseite gefegt oder – was noch effektiver war – sie wurden vereinnahmt, sie wurden in einer liebevollen, aber tödlichen Umarmung erdrückt.

Mehr als ein Himmelsgott bei anderen Völkerschaften hieß plötzlich einfach Jupiter. *Teutates,* eine keltische Hauptgottheit, wurde später beispielsweise ohne große Probleme einfach mit *Iuppiter Optimus Maximus* gleichgesetzt. Und so wandelten sich (besiegte) alte Götter fröhlich zu neuen (unbesiegten) Göttern. Teilweise ließ man sogar die alten (Götter-)Statuen unbehelligt stehen – und verpasste ihnen einfach neue Namen. Die alten Götter starben nicht, sie wurden aufgesogen von einem mächtigeren Gott, eben von Jupiter.

Jupiter wurde bei den Germanen mit dem Gott *Donar* gleichgesetzt, in Skandinavien mit *Thor.* Deshalb haben wir im Deutschen noch heute den *Donnerstag.* Unser Donnerstag gründet sich also auf die Götter *Thor* und *Jupiter Tonans.*

ZEUS UND DER (CHRISTLICHE) GOTTVATER

Wenn wir vollständig ehrlich sind, müssen wir zugeben, dass Zeus sogar einen Einfluss auf den Christengott nahm, konkret auf Gottvater. Zugegeben: Das hören vielleicht einige Christen nicht gerne. Aber betrachten wir nur einmal die Parallelen zwischen den beiden Gottesgestalten, sie fallen sofort ins Auge:

1. Jupiter/Zeus wurde ebenso wie der christliche Gottvater gern bärtig dargestellt.
2. Beide thronten in einem »Himmel«.
3. Beide standen für das »Licht« oder symbolisierten höhere Welten.

4. Beide waren mehr oder weniger »allmächtig«. Es handelte sich um den ersten und stärksten Gott. Jupiter wurde gern auch *Optimus Maximus* genannt, also der stärkste oder der größte Gott.
5. Beide Götter waren Herr über Materie oder Energie, jedenfalls zu einem gewissen Grad. Jupiter schleuderte beispielsweise Blitze zur Erde, er wurde deshalb auch *Iupiter Feretrius* genannt – der Blitzeschleuderer. Der christlich-jüdische Gottvater konnte aus Lehm (= Materie) einen Menschen formen, ja er hatte angeblich die gesamte Welt (= die Materie und alle Lebewesen) aus dem Nichts erschaffen.

Darüber hinaus gibt es noch weitere Parallelen:

6. Auch der Christengott wurde angerufen, wenn es eine Schlacht zu gewinnen galt oder
7. wenn man Schutz benötigte, nicht anders als Zeus.

Und so müssen wir einigermaßen zerknirscht bekennen, dass unsere (christliche) Kultur nicht eben zu einem geringen Grad Quellen besitzt, die in den Geschichtsbüchern nicht einmal ansatzweise aufgearbeitet und beleuchtet wurden.

Der Grund ist offensichtlich: Die Einzigartigkeit des Christentums würde leiden, wenn man zugestehen würde, dass es in früheren Religionen und früheren Zivilisationen bereits Götter gab, aus denen unser »Herrgott« und Gottvater zu einem gewissen Grad geformt wurde.

Der erste Teil der »Heiligen Dreifaltigkeit« ähnelt jedenfalls in verdächtiger Weise Zeus. Für den Historiker steht fest, dass die Tradition nicht abgeleugnet werden kann.

Religionen »lernen« voneinander. Priester scheuen sich nicht, Sachverhalte abzukupfern. Sie übernehmen problem- und skrupellos sogar einige Eigenschaften früherer Götter aus anderen Religionen und verpassen eben diese Eigenschaften dem eigenen Gott.

Göttergestalten werden abgewandelt, man gibt ihnen einen neuen Namen, sie werden ein wenig um- und umgewendet und wieder in Amt und Würden eingesetzt – innerhalb der neuen Religion.

Noch einmal zugegeben: Das klingt reichlich ketzerisch, besitzt aber den Vorteil, wahr zu sein.

Betrachten wir der Übersichtlichkeit halber noch einmal die Tradition.

Zeus in diversen Religionen

- *Dyaúh pitá* (= Himmelsvater) hieß Zeus bei den alten Indern.
- Zeus oder Dze-us nannte man ihn in Griechenland.
- Zeus mutierte zum Jupiter bei den alten Römern.
- Teutates hieß er bei den Kelten – die freilich auch andere Götter mit dem Namen *Teutates* versahen, wie etwa Apollo oder Mars.
- Donar/Thor nannte man ihn bei den alten Germanen und in Skandinavien.
- Der christliche »Gottvater« besitzt mindestens sieben Ähnlichkeiten mit Zeus. Oh, die Götter! Sie leben weitaus länger als wir alle, und selbst unser christlicher Gottvater hat einen Vorfahren: eben Jupiter, Zeus oder Dyaúh pitá.

  Götter, speziell wenn sie so mächtig sind, sind verflixt langlebig.

DIE ESKAPADEN DES ZEUS

Verwandeln wir an dieser Stelle alle Götter wieder zurück in Zeus, den griechischen Blitzeschleuderer. In dieser Form ist er uns am geläufigsten und errang den höchsten Bekanntheitsgrad.

Betrachten wir einige seiner Eskapaden im Detail.

Zeus konnte nach Belieben seine Gestalt wechseln und sich in ein Tier, einen Menschen oder in eine Sache verwandeln. Er konnte als Satyr auftreten, als Mann oder Frau, als Gatte, als Goldregen oder in Flammengestalt. Beneidenswert! Ein Verwandlungskünstler! Und so vermochte er zahlreiche Frauen zu verführen.

Besonders bekannt wurde sein Verhältnis zu *Alkmene* – einer unglaublich schönen, hochgewachsenen, wohlproportionierten Frau, »zudem klug wie keine andere sterbliche Person«.[50] Alkmene war eigentlich einem Mann namens *Amphitryon* versprochen – einem Prinzen einer griechischen Region oder Stadt. Die Ehe war jedoch noch nicht vollzogen worden. Alkmene verlangte von ihrem künftigen Gemahl, dass er zuerst den Tod ihrer Brüder rächen müsse, die zu Unrecht hingeschlachtet worden waren – aus welchem Grund auch immer. Erst dann würde sie sich ihm hingeben. Amphitryon, verzaubert von seiner künftigen Gemahlin, erklärte sich einverstanden. Er zog aus, den Tod ihrer Brüder zu rächen, wodurch

Alkmene jedoch plötzlich kein männlicher Schutz zur Seite stand. Noch bevor Amphitryon zurückkehrte, erschien der lüsterne Zeus. Er näherte sich Alkmene in unziemlicher Weise – in der Gestalt ihres künftigen Gatten, in der Person des Amphitryon – sprich, Zeus nahm Menschengestalt an. Der falsche Amphitryon/Zeus berichtete Alkmene freudestrahlend, er habe den Tod ihrer Brüder gerächt. Zudem schenkte er ihr eine wertvolle Perlenkette.

Nun stand einer wilden Nacht und der erotischen Belohnung nichts mehr im Weg. Alkmene öffnete Zeus die Tür zu ihrer Kammer und nicht nur die Tür. Zeus, der Verwandler, der Betrüger, erlebte in der Folge eine heiße, erregende, wilde Liebesnacht. Da ihn die kluge Schöne herrlich im Bett bediente, wirkte Zeus zusätzlich darauf hin, dass die Sonne einen Tag lang nicht aufging – um mit Alkmene *drei* Nächte lang pausenlos im Bett verbringen zu können. Und so fand offenbar der unglaublichste Liebesakt statt, den man sich vorstellen kann. Zudem schwängerte Zeus die schöne Alkmene.

Aber unversehens kehrte Amphitryon zurück. Alkmene, die glaubte, bereits von seinen Heldentaten zu wissen und vermeinte, bereits die Nacht oder gar drei Nächte mit ihm im Liebesrausch verbracht zu haben, ignorierte ihn vollkommen.

Amphitryon, verletzt und verwirrt, suchte einen Seher auf, der ihm zu verstehen gab, dass ein anderer Mann seinen Platz eingenommen hatte. Amphitryon beschloss voller Zorn, Alkmene dem Scheiterhaufen zu übergeben, um sie für ihre Untreue zu bestrafen. Doch Zeus verhinderte ihren Tod im letzten Moment, indem er unvermittelt einen heftigen Regen schickte. Jedermann erkannte, dass das Unwetter nur auf Gottvater, auf Zeus, auf den Herrn des Wetters und des Blitzes, zurückgeführt werden konnte. Amphitryon ließ sich überzeugen und stimmte schließlich damit überein, dass offenbar nur ein Gott, ja der höchste aller Götter, seiner schönen Alkmene beigelegen hatte … was verzeihlich war.

Alkmene gebar später den starken, unbesiegbaren Herakles. Hera, die Götter-Gattin des Zeus, immer eifersüchtig, versuchte, Herakles zu ermorden, indem sie zwei Schlangen schickte. Aber Herakles, obwohl nur ein paar Monate alt, erwürgte mit den bloßen Händen die beiden Schlangen …

Die Verführung der schönen Danaé

Zeus gab sich beileibe nicht nur mit der Verführung einer Frau zufrieden. Er war unglaublich einfallsreich, wenn es darum ging, in die Nähe eines schönen Weibes zu gelangen. Als der König einer Stadt in Südgriechenland beispielsweise seine Tochter Danaé in ein Verlies einsperrte, das durch bronzene, schwere Türen gesichert war und von wilden Hunden bewacht wurde, ließ es sich Zeus angelegen sein, durch das Dach des Gefängnisses zu ihr zu gelangen, indem er sich in goldene Regentropfen verwandelte. In der Folge rieselte der Goldregen auf die schöne Danaé herab und in sie hinein … und Zeus konnte auch diesen Leckerbissen verzehren.

Die Verführung der Europa und der Nemesis

Bei der gutaussehenden *Europa* handelte es sich ursprünglich um die Tochter eines phönizischen Königs. Zeus konnte auch von ihr die Augen nicht abwenden. Um seine Gattin Hera an der Nase herumzuführen, verwandelte er sich in einen Stier. Daraufhin entführte er die hübsche Europa auf dem Rücken dieses Stiers. Zeus schwamm mit ihr bis zu der Insel Kreta, wo er sich in den bärtigen, stattlichen Zeus zurückverwandelte. Eine wilde Liebesszene folgte auf dem Fuß. Europa gebar ihm in der Folge drei Kinder, zudem wurde ein ganzer Erdteil nach ihr benannt.

Mit der schönen Nemesis, eigentlich eine Göttin der ausgleichenden Gerechtigkeit, paarte sich Zeus ebenfalls, und zwar in der Gestalt eines Schwans. Nemesis, die ihm zuerst zu entkommen versuchte, verwandelte sich ihrerseits zuerst in einen Fisch und dann in eine Ente. In dieser Form aber geriet sie in die Fänge des Zeus-Schwanes. Sie paarte sich mit dem Schwan … und so gelangte Zeus erneut an das Ziel seiner Wünsche. Der Verbindung entsprang die schöne Helena, von der die Legende berichtete, dass sie der Ausgangspunkt für den trojanischen Krieg bildete.

Und so könnte man fortfahren und fortfahren …

Zeus, der Verwandlungskünstler

Um möglichst viele schöne Frauen zu verführen, verwandelte sich Zeus also in alle möglichen Figuren. Er trat auf in Gestalt einer Schlange, eines Kuckucks, des Feuers und nahm das Aussehen verschiedener Menschen an. Aber er konnte sich auch in einen Satyr verwandeln, in einen Adler, eine

Ameise, in Nebel und eine Wolke. *Leda,* der hübschen Gemahlin eines Spartanerkönigs, näherte er sich ebenfalls in der Form eines Schwans.

Zeus konnte von dem Körper eines Sterblichen Besitz ergreifen, aber er vermochte es auch, unbelebte Materie mit Leben zu erfüllen. Er konnte einen Halbgott mit einem Menschen zeugen und bevölkerte auf diese Weise fröhlich und unbekümmert die Welt mit seinen Nachkommen.

Zahlreiche Kinder, Götter oder Halbgötter, entsprangen den verschiedenen Verhältnissen, denen oft ein Mädchen- oder Frauenraub vorausging.

Zeus war eben einfach … ein Gott. Er konnte sich alles erlauben. Zuvor hatte er eine frühere Riege von Göttern entthront, die sogenannten Titanen. Jetzt schuf er einen ganzen Götterhimmel sowie verschiedene Menschengeschlechter durch seine sexuellen Eskapaden.

Die Welt teilte er mit seinen beiden Brüdern, sie losten sie untereinander aus. Zeus gewann den Himmel und ließ sich im Olymp nieder, wie gleichzeitig das höchste Gebirge Griechenlands hieß. Poseidon gewann das Meer, und Bruder Hades wurde mit der Unterwelt abgespeist, die man nach ihm benannte.

Aber Zeus war kein Weltenkreator. Ferner schuf er Menschen nicht aus Schlamm, sondern durch die Vereinigung mit schönen Frauen.

Der griechische Hauptgott war anfänglich ein Himmels- und Berggott und spendete Regen. Weiter diente er in der griechischen Frühzeit als eine Art Kriegsgott, nicht anders als Jahwe, der Gott der Juden.

Später wandelte sich Zeus zu einem weisen Herrscher. In bärtiger Würde thronte er über den Menschen und sorgte für eine gewisse Ordnung. Er geriet sogar zu einem Hüter der Sittlichkeit, er verteidigte den Familienbesitz, bekräftigte Eide, verfolgte Meineidige und beschützte Herden, Städte, Bittsteller und Gäste, ja, er wirkte sogar als gerechter Richter.

Doch nie konnte er schönen Frauen widerstehen. Und so taumelte er von einem Liebesabenteuer in das andere. Seine Gemahlin dagegen, Hera, ursprünglich seine Schwester, geriet zur Schutzgottheit der Ehe und der Mutterschaft. Hera war tugendhaft und suchte die Eskapaden ihres Mannes zu hintertreiben.

Aber Zeus ließ sich davon nicht beeindrucken. Er stellte unbekümmert jedem Weib nach, das seine Aufmerksamkeit erregte, was in einem vollkommenen Widerspruch zu seinem Job als »Hüter der Sittlichkeit« stand.

Als die Griechen gegen Troja zogen, gab es bereits viele Götter, die für oder wider die Trojaner Partei ergriffen. Sie schwebten unsichtbar über dem Kampfgetümmel und bestimmten den Ausgang so mancher Schlacht. Und so besaß das alte Griechenland schließlich zahlreiche Götter und noch zahlreichere Legenden, die alle von »Überirdischen« berichteten, welche zum Teil über die erstaunlichsten Fähigkeiten verfügten.

Bis heute existieren die unglaublichsten Geschichten rund um diesen Zeus und seine Götter, die von dem »normalen« Historiker freilich alle als Legenden abgetan werden.

Wie aber urteilt der Verfechter der Parahistorie über sie?

Gibt es nicht doch so etwas wie einen wahren Kern in all diesen Geschichten?

Erst jetzt wird es richtig aufregend.

ZEUS AUS PARAHISTORISCHER PERSPEKTIVE

Es ist nicht auszuschließen, dass den gesamten Geschichten rund um den griechischen Götterhimmel, auch rund um Zeus, eine Art Wahrheit zugrunde liegt.

Zu denken gibt immerhin der Umstand, dass in zahlreichen Ländern Legenden existieren, die über die Vereinigungen zwischen Göttern und Menschenfrauen berichten.

Aber gehen wir zunächst noch einmal einen Schritt zurück: Es gibt kaum eine Kultur, in der nicht »Götter« der einen oder anderen Art existieren. Natürlich tragen sie unterschiedliche Namen. Vertreter der Prä-Astronautik sprechen nicht von Göttern, sondern von »Außerirdischen« und bestehen darauf, dass es sich im Falle der »Götter« um Besucher aus dem All handelt, das heißt Besucher von einem anderen Planeten.

Prä-Astronautik? Hierbei handelt es sich ebenfalls um eine *Para-Wissenschaft* – sprich, es geht um Erkenntnisse, die sich am Rande oder außerhalb der etablierten, akademischen Wissenschaften befinden.

Die Prä-Astronautik untersucht die Präsenz Außerirdischer auf der Erde und nimmt dabei speziell die Urgeschichte und die Periode des Altertums unter die Lupe.

Okkultisten, Science-Fiction-Autoren, Raumfahrtpioniere, Mathematiker und Astrophysiker gleichermaßen befassen sich schon eine geraume Weile sehr ernsthaft mit diesem Thema. Sie schließen die Existenz außerirdischer Intelligenzen nicht aus, die vielleicht in früheren Zeiten unsere Erde besuchten. The *Search for Extra-Terrestrial Intelligence* (Abkürzung: SETI) – die Suche nach einer außerirdischen Intelligenz – dient inzwischen als Alternativbezeichnung für den Ausdruck Prä-Astronautik. Geprägt wurde der Begriff SETI immerhin von der *NASA* – der *National Aeronautics and Space Administration,* das heißt der US-amerikanischen *Nationalen Aeronautik- und Raumfahrtbehörde,* die man gewiss nicht der Unwissenschaftlichkeit zeihen kann. Die zentrale These der Prä-Astronautik besteht darin, dass außerirdische Raumfahrer in grauen Vorzeiten und im Altertum Einfluss auf die Entwicklung der gesamten Menschheitsgeschichte nahmen.

So viel ist auf jeden Fall wahr: Im alten Indien gibt es Texte, die von Kämpfen zwischen *Götter*geschlechtern berichten, die mit hochtechnologischen Waffensystemen ausgefochten wurden.

Handelte es sich hierbei in Wahrheit um Kriege zwischen Außerirdischen, die versuchten, die Macht über die Erde an sich zu reißen?

Andere Mythen in anderen Ländern, in nordischen Sagenkreisen etwa, berichten ebenfalls über erstaunliche Waffen, die in gewissem Sinne nicht in die Zeit des Altertums passen.

Auch wenn man Schöpfungsgeschichten untersucht, begegnet der aufmerksame Leser immer wieder »unglaublichen« Technologien, gleichgültig ob man das alte China aufs Korn nimmt, die alten Maya im heutigen Südmexiko oder die alten Griechen mit ihrem Zeus. Auch Atlantis, über das wir bereits berichtet haben, verfügte angeblich über hoch entwickelte Waffensysteme und hoch entwickelte Technologien.

Wie man auch immer die Göttermythen interpretieren mag, fest steht, dass zahlreiche alte Kulturen und Zivilisationen von »Überirdischen« sprechen.

Grundsätzlich muss die Frage erlaubt sein: Warum sollte man nicht zumindest die Existenz von Wesen annehmen, die weit, weit über dem Menschengeschlecht angesiedelt sind? In gewissem Sinne ist es dabei völlig gleichgültig, ob es sich dabei um Götter, Außerirdische, Raumfahrer oder Geister handelt.

Jedenfalls ist es recht unwissenschaftlich, von vornherein die Existenz fähigerer, »höherer« Wesen abzulehnen. Vielleicht muss der Mensch begreifen, dass es arrogant ist, a priori anzunehmen, alles laufe auf den »hoch entwickelten« Homo sapiens zu, also auf ihn selbst.

Rücken wir uns zu sehr in den Mittelpunkt?

Selbst innerhalb des Menschengeschlechtes gibt es zahlreiche Abstufungen, was Intelligenz, Fähigkeit und Talent angeht. Warum sollte es nicht auch über dem Menschen andere, höhere Formen der Existenz geben?

Darüber hinaus muss man noch einmal festhalten, dass in zahlreichen Ländern Legenden existieren, die über die Vereinigung zwischen Göttern und Menschenfrauen berichten. Tatsächlich sind die Legenden so zahlreich, dass man nur staunen kann.

Konsultieren wir beispielsweise die römische Geschichte. Erinnern wir uns: Die Römer, einst das streitbarste und militärisch erfolgreichste Volk in unseren Breiten, führten ihren Ursprung auf einen gewissen Romulus und Remus sowie auf Aeneas zurück.

Aeneas? Der Held aller Helden, Aeneas, ein trojanischer Prinz und Kriegsmann, war laut der römischen Legende gezwungen, nach der Eroberung Trojas durch die Griechen zu fliehen. Er erlebte in der Folge zahlreiche Abenteuer, gelangte nach Italien und vermählte sich dort mit einer einheimischen Königstochter. Acht Generationen später suchte jedoch ein Eroberer alle Nachkommen des Aeneas um das schöne Leben zu bringen. Aber da geschah es: Eine Ur-Ur-Urenkelin des Aeneas wurde von *Mars* persönlich, dem römischen Gott des Krieges, geschwängert – so die Legende. Aber auf göttliche Weise! Sie empfing »die Lüft' im geöffneten Busen«, wie ein Autor die Befruchtung der Jungfrau beschrieb.[51] Sie wurde mit Zwillingen schwanger … eben mit Romulus und Remus. Es handelte sich also um einen Gott, der sich mit einer Sterblichen paarte.

Wiederholen wir: Ein Gott, Mars, besuchte die Ur-Ur-Urenkelin des Aeneas, des Kriegshelden von Troja. »Unversehens« wurde sie schwanger.

Wir verschweigen, dass es zahlreiche Varianten dieser Sage gab, um die Materie nicht unnötig zu verkomplizieren.

Wechseln wir übergangslos den Ort und die Zeit.

Wir alle wissen, um wen es sich bei Zarathustra handelt.

Zarathustra (oder Zoroaster, Zartoscht, Zarathuschtra, wörtl.: *der Besitzer des goldfarbenen Kamels*) lebte wahrscheinlich zwischen 700 und 600 v. Christi Geburt – die Angaben schwanken und die Herren Wissenschaftler sind sich wie immer uneins. Es handelte sich bei ihm um einen Propheten, der den Persern nichts Geringeres als eine ganze Religion schenkte, die ein vollständig neues Denken einleitete und eine vorher unbekannte Theologie schuf, geradezu aus dem Nichts.

Zarathustra sei *göttlich* empfangen worden, weiß die Überlieferung. Ein himmlischer Strahl sei in den Busen einer Jungfrau gedrungen. Aber da die Geschichte vielleicht auf Unglauben gestoßen wäre, brachten spätere Autoren schnell einen Priester ins Spiel, der bei der Empfängnis mitgewirkt habe, »freilich von einem Engel geleitet«.[52] Mit anderen Worten: Um Kritik von vorneherein abzubügeln, wurde den biologischen Notwendigkeiten Tribut gezollt.

Man kann sich trotzdem optisch kaum vorstellen, wie ein Engel einen Priester dazu anhielt, eine Jungfrau zu verführen. Überredete der Engel den Priester? Hielt er ihm auf andere Weise die Stange? Klopfen wir an dieser Stelle nur so viel fest: Auch hier hatte offenbar ein *Gott* selbst die Hand im Spiel.

Eine ähnliche Aussage müssen wir auch treffen, was Pythagoras angeht.

Pythagoras, vielleicht der größte aller griechischen Philosophen, lebte um 570 bis 510 v. Chr. Pythagoras wurde auf *Samos* geboren – einer griechischen Insel vor der kleinasiatischen Küste, der heutigen Türkei. Der Vater Mnesarchos war entweder ein Kaufmann oder ein Steinschneider, die Quellen widersprechen sich, vielleicht aber handelte es sich bei dem tatsächlichen Vater ebenfalls um einen *Gott*, die Quellen widersprechen sich in diesem Punkt noch mehr: Die Mutter, Pythais oder Parthenis mit Namen, sei möglicherweise von Apollon selbst geschwängert worden, berichtete jedenfalls ein eifriger »Biograf« im Nachhinein.

Wieder paarte sich angeblich ein Gott mit einer Sterblichen!

Und was ist mit Buddha?

Buddha Siddharta Gautama Shakyamuni lebte etwa von 563 bis 483 vor Christi Geburt.

- Buddha bedeutet der Erwachte oder Erleuchtete,
- Siddharta heißt wörtlich übersetzt der sein Ziel erreicht hat,

- Gautama (oder Gotama) ist eine Art Familienname, ein Gautama ist also ein Mann aus der Gautamasippe, und
- ein Shakyamuni ist ein Weiser aus dem Volk der Shakya, ein Stamm, der am Fuße des Himalayagebirges lokalisiert war.

Es handelte sich bei Buddha, dem Erleuchteten, vielleicht um den größten Weisheitslehrer der Menschheitsgeschichte, wenn man jedenfalls den Völkern Asiens Glauben schenkt.

Natürlich wurde sein Leben vollständig verklärt. Angeblich habe es sich bei der Geburt Buddhas um eine Art Jungfrauengeburt gehandelt, erklärten die Priester. Weiter sei seine Geburt vollständig »rein« gewesen, er trat aus seiner Mutter wie ein Prediger, der vom Lehrstuhl hinabsteigt.

Handelte es sich auch hierbei um den Einfluss eines Gottes?

Man könnte den Kanon noch erheblich erweitern.

Springen wir noch einmal zurück in das antike Griechenland. Dort nahm man nicht eben selten an, dass bedeutende Männer von Göttern gezeugt wurden. Selbst über Platon kolportierte man eine entsprechende Legende. Auch bei seiner Zeugung hatte vorgeblich ein Gott seine Hand im Spiel. Manchmal sprach man vom Samen eines Gottes, den eine schlafende Jungfrau als »Goldregen« empfangen habe. Es gab alle möglichen Metaphern und Bilder. Auch Alexander der Große blieb von der Vergöttlichung nicht verschont. Er sei von Zeus durch einen Blitzstrahl gezeugt worden, in der Hochzeitsnacht seiner Mutter, wusste die Legende.

Selbst Jesus Christus wurde angeblich von Gott und nicht von Joseph gezeugt, dem Gemahl Marias.

Kurz und gut, die Geschichten, da sich ein Gott mit Menschenfrauen einlässt, sind zahlreich und in allen möglichen Kulturen zu finden. Sie sind in praktisch allen Erdteilen und in verschiedenen Religionen aufzuspüren.

Allein dieser Umstand sollte zu denken geben.

FAZIT

Innerhalb der Parahistorie ist man deshalb geneigt, diesen Legenden einen gewissen Wahrheitsgehalt zuzugestehen. Es ist nicht undenkbar, dass sich »höhere Wesen« mit Menschenfrauen einließen. Das aber würde bedeuten, dass sich Götter oder Außerirdische einst in die Geschichte der Menschheit einmischten. Es würde nicht notwendigerweise bedeuten, dass sie die gesamte Geschichte hundertprozentig beeinflussten, aber man müsste dem Gedanken Raum geben, dass sie möglicherweise die Historie in eine bestimmte Richtung lenkten.

Natürlich wurden nachträglich zahlreiche Erzählungen rund um die entsprechenden Legenden gewoben, die sich reichlich »menschlich« anhören. Dichter und Schriftsteller bemächtigten sich all dieser Sagen, schmückten sie aus und logen, dass sich die Balken bogen, um eine brauchbare, gut lesbare, spannende Geschichte zu konstruieren. Zugegeben, zugestanden! Aber das bedeutet nicht, dass an dem Kern der Legenden nicht etwas Wahres ist. Warum sollten sich Außerirdische oder Götter nicht in die menschliche Geschichte eingemischt haben?

Wenn dies jedoch der Fall ist, dann müsste erneut unsere gesamte akademische Geschichtsschreibung einer Revision unterzogen werden. Wenn es tatsächlich »Götter« oder Außerirdische gab, die die menschliche Historie beeinflussten, dann, verflixt, liegen wir mit unserer »normalen« Geschichtsschreibung völlig falsch. Es würde bedeuten, dass wir durchaus »höheren Mächten« einen gewissen Einfluss zugestehen müssten. Vielleicht ließen sich auf einmal viele »Zufälle« auf den Eingriff eben dieser höheren Mächte zurückführen. Wir müssten umdenken und um 180 Grad eine Kehrtwendung machen.

Ja, wir könnten das Garn sogar noch weiterspinnen. Möglicherweise könnten wir sogar die Entstehung verschiedener Menschenrassen auf den Eingriff und Einfluss bestimmter Götter zurückführen.

Konkrete, eigentlich unmöglich zu gewinnende Schlachten, die trotz allem einen guten Ausgang nahmen, ergäben endlich einen Sinn – weil der Sieg »von außen« herbeigeführt wurde.

Weiter müssten wir annehmen, dass Geschichte sehr viel weiter zurückreicht, vielleicht Zehntausende oder Hunderttausende von Jahren, ja Jahrmillionen. Vollständig neue Perspektiven täten sich auf einmal auf, wie ein Tor zu einem anderen Universum.

Unsere »Welt« würde aus zwei Ebenen bestehen: der Ebene der Menschen und der Ebene der Götter/der Außerirdischen/der Geister.

Auch der Gedanke, dass verschiedene Außerirdische vielleicht um die Vorherrschaft auf Planet Erde kämpften, wäre nicht zu weit hergeholt. Man müsste weiter annehmen, dass sie das Menschengeschlecht vielleicht nur für ihre eigenen Zwecke benutzten. Ließen sie die Menschen wie Sklaven nach Gold schürfen? Belustigten sie sich über das dumme Menschengeschlecht? Oder versuchten sie, Menschen auf ein höheres Plateau zu führen und zu erziehen?

Alles ist denkbar. Götter, Geister, Außerirdische verfolgten möglicherweise sowohl gute als auch böse Absichten.

Weiter stellt sich die Frage, innerhalb welchen Rahmens die Außerirdischen operierten? Gibt es ein galaktisch-politisches System, das den Menschen bislang unbekannt ist?

Fragen über Fragen tun sich auf, wenn wir uns daran machen, ernsthaft diese neue Möglichkeit und Denkrichtung in Erwägung zu ziehen. Die Existenz von Göttern/Geistern/Außerirdischen würde die gesamte Menschheitsgeschichte relativieren und zurechtstutzen. Jedenfalls eröffnen sich auf einmal ungeheuerliche Perspektiven. Der Gedanke an *Götter* oder *mächtige Wesen*, die mit allen möglichen Talenten begabt sind, ist aufregend, ketzerisch und revolutionär.

Aber die Idee könnte unterfüttert werden durch die Tatsache, dass es buchstäblich Milliarden von Planeten in diesem Universum gibt, die theoretisch bewohnbar sind und ohne Weiteres andere intelligente Weltraumrassen beherbergen könnten.

Spricht nicht allein schon die mathematische Wahrscheinlichkeit dafür, dass wir uns auf der richtigen Spur befinden?

DIE SPIRITUELLEN GEHEIMNISSE DER INKAS

Das Wort »Inka« (Plural »Inkas« oder »Inka«) hat mindestens vier Bedeutungen.

Zunächst bezeichnet man damit eine gesamte Kultur, die Zeit der Inkas, eine Epoche, die etwa um 1200 n. Chr. Geburt ihren Anfang nahm und circa 1572 endete, mit der Hinrichtung ihres letzten Königs. Sie währte also rund 370 Jahre lang – und erlebte ihre Blüte im Raum des heutigen Peru, in Südamerika also; aber der Einflussbereich der Inkas dehnte sich bis nach Kolumbien im Norden und Chile im Süden aus. Selbst im heutigen Ecuador, in Bolivien und in Argentinien war dieses Volk präsent. Es handelte sich um ein gewaltiges Reich mit einer riesigen Fläche, einem weitgespannten Straßennetz und einer schlagkräftigen Armee. Der Staatsapparat war glänzend organisiert, ebenso der Hofstaat des Königs. Die Inkas verfügten über einen sagenhaften Reichtum und schier unermessliche Goldschätze, weiter über eine hoch spirituelle Religion und echtes Geheimwissen, das für unser Thema besonders interessant ist.

Auch das gesamte Volk bezeichnete man als »Inka«. Jedes Mitglied dieses historischen südamerikanischen Indianervolkes wurde mit diesem Ehrennamen belegt, er war eine Auszeichnung.

Ferner nannte man den Herrscher oder den König dieses Volkes »Inka«, es war der Inka, er war eine Art Gottkönig.

Manchmal wurde auch die gesamte Aristokratie als »Inka« bezeichnet.

Die Inkas selbst hielten sich für die »Söhne der Sonne« und etwas Besonderes. Sie verfügten über eine erstaunliche Hochkultur mit verschiedenen Errungenschaften. Ja, sie besaßen ein besonderes Verhältnis zu Jaguars, Lamas, Affen, Schlangen, Fröschen, Hunden, Papageien und Kondoren, aber sie kannten oder entwickelten auch beispielsweise über 4000 verschiedene Kartoffelarten und waren im Ackerbau ebenso bewandert wie in der Astronomie. Besonders faszinierend ist der Umstand, dass sie nach eigenem Bekenntnis in Kontakt mit übernatürlichen Mächten standen, mit Geistern, Göttern und Gestirnen. Ihre Priester wisperten von Mythen, die alles überstiegen, was sich ein kleines Menschenherz ausmalen konnte.

Zeitweise besaßen sie überdies eine hohe Moral, die sich noch heute in der Grußformel der Inkas widerspiegelt, in den Nachkommen der uralten Inkas also. Sie lautete und lautet:

Ama llulla – ama qillqa – ama suwa – was so viel heißt wie: Das Volk der Sonne lügt nicht, stiehlt nicht und ist nicht faul.

Anstelle von »Hallo« bemüht man noch heute diese Formel, die Stolz und Selbstbewusstsein zum Ausdruck bringt.

Die Inkas glaubten, sie seien eine Art auserwähltes Volk. Überall in Südamerika errichteten sie ihre Tempel, fast immer Sonnentempel, denn sie waren geradezu besessen von dem Kult rund um die Sonne, nicht anders als die alten Ägypter.

Versuchen wir also, den alten Inkas ihre Geheimnisse abzulauschen, vor allem ihre spirituellen Geheimnisse, aber verzichten wir auch nicht darauf, zunächst auf einige Besonderheiten dieser unglaublichen Kultur aufmerksam zu machen.

DER NABEL DER WELT

Die Hauptstadt des Inkareiches, Cuzsco, etwa in der Mitte des heutigen Peru gelegen, nannten die Inkas den »Nabel der Welt«. Sie betrachteten diese Stadt, die der religiöse und politische Mittelpunkt ihres Reiches war, als Zentrum des gesamten Kosmos.

Auch sich selbst betrachteten sie als den »Nabel der Welt«, denn niemand, niemand, kein Volk, kam ihrer Ansicht nach den Söhnen der Sonne, den Inkas, gleich.

Und so viel muss man zugeben: Allein ihr Bewässerungssystem war einzigartig, es ermöglichte eine ungeheure Produktion an Nahrungsmitteln. Auf Bergterrassen etwa wurden Mais, Bohnen, Kürbisse und Chili angebaut, als Haustiere dienten Lamas und Meerschweinchen unter anderem. Das Meerschweinchen erhielt nebenbei bemerkt seinen Namen, weil es »über das Meer« zu uns gelangte.

Das gesellschaftliche System der Inkas war bis ins Detail ausgefeilt. Es gab bei den alten Inkas bereits diese Berufe: »Steinhauer, Maurer, Töpfer, Zimmerleute, Silberschmiede, Maler, Sticker, Seidenweber, Sänger, Flötenspieler, Trommler, Musikanten, Barbiere, Schreiber, Rechnungsführer, Possenreißer, Gutsverwalter, Bauern, Gerichtsbeamte, Oberpriester, Priester, Verwalter, Kammerdiener, Pagen, Lakaien, Soldaten, Hellebardiere und Kapitäne.«[53]

Die Inkas verfügten weiter über Pfeifer, Keramik-Spezialisten, Goldschmiede, Straßenbauer, Gärtner, Fachleute für verschiedene Tierarten, Viehzüchter, Lehrer, Richter, Regierungsbeamte, Feldarbeiter, Minenarbeiter, Baumeister, Architekten und Geistheiler.

Eine ganze Kultur entstand hier ehemals förmlich aus dem Nichts, wenn es auch zugegebenermaßen vor den Inkas bereits einige Hochkulturen in dieser Region gab.

Noch heute erstaunt es die Wissenschaftler, wie die Inkas eine Schrift entwickeln konnten, nur mit Seilen, mit Haupt- und Nebenschnüren, deren Knoten und Längen eine bestimmte Bedeutung besaßen. Außerdem entwarfen sie (und ihre Vorfahren) ein weitverzweigtes Straßensystem, das in der gesamten Geschichte seinesgleichen sucht, denn es umfasste rund 40 000 Kilometer Länge.

Die gepflasterten Straßen reichten bis in die hintersten Winkel dieses Riesenreiches. In bestimmten regelmäßigen Abständen gab es Ruhehäuser, Schutzhütten oder Raststätten. Über Läufer, die von Kindesbeinen an rigoros trainiert wurden, damit sie stundenlang ausdauernd zu rennen vermochten, konnten die Inkas Botschaften schneller verbreiten als die Spanier, die Pferde benutzten! In jedem Rasthaus gab es zwei Läufer, welche die Botschaften von zwei anderen Läufern übernahmen und in Windeseile weiterverbreiteten.

Es handelte sich um ein einzigartiges Kommunikationssystem, um eine regelrechte »Post«. Innerhalb von nur drei Tagen konnten diese Läufer, diese »Postboten«, 2000 Kilometer zurücklegen. Die Inkas selbst sprachen von »Königsstraßen«. Es handelte sich um eine technische Hochleistung. Die Königsstraßen waren mit Grenzsteinen markiert, führten über schwindelerregende Hängebrücken, über steile Berge und durch tiefste Täler. Die Brücken wurden aus einem raffinierten Geflecht von Weidenzweigen hergestellt, woraus Schnüre und Seile entstanden. Einige Seile waren so dick wie die Oberschenkel eines erwachsenen Mannes, andere so dünn wie ein Haar. Gelangten zwei Läufer mit ihrer Botschaft zu einem Rasthaus, so eilten ihnen bereits die frischen, ausgeruhten beiden Läufer dieses Rasthauses entgegen, übernahmen die Botschaften und rannten weiter.

Die Administration und die Organisation innerhalb dieses Reiches waren perfekt.

Die Inkas beherrschten ferner die Techniken des Schweißens, Lötens und Vernietens, sie konnten feinste Gewebe herstellen, Luxusartikel aller Art, auch aus Federn. Sie erbauten monumentale Gebäude, die noch heute Architekten sprachlos machen, weil die Steine riesig waren und an den Enden haarfein zueinander passten.

Ihre Priester kannten zahlreiche Heilkräuter, und selbst die Trepanation, die chirurgische Öffnung der Schädeldecke, beherrschten sie völlig. Zudem erreichte die Metallurgie erstaunliche Höhen.

Es handelte sich um das mächtigste und kultivierteste indianische Reich der neuen Welt.

Faszinierend war weiter das Herrschaftssystem.

DIE HERRSCHAFTSORDNUNG DER INKA

An der Spitze stand unbestritten »der einzige Inka«, der *Sapa Inka*, wie er genannt wurde. Er thronte gottgleich über allen Untertanen. Er galt als der Sohn des Sonnengottes *Inti*. Alles, alles drehte sich bei den Inkas um die Sonne. Selbst Goldklümpchen wurden nur als »Schweißperlen der Sonne« angesehen. Die Inkas verfügten über unermessliche Goldschätze, sie nutzten Gold jedoch nie als Zahlungsmittel.

Der oberste Inka verfügte über die meisten Goldvorräte. Sein gesamter Haushalt bestand aus Gold und Silber. Selbst einfachste Gebrauchsgegenstände, wie Löffel oder Trinkgefäße, wurden aus Gold hergestellt. Für die Mahlzeiten war goldenes oder silbernes Geschirr gerade gut genug. Selbst die Tische bestanden aus purem Gold.

Der *Sapa Inka* reiste in einer Sänfte, die ebenfalls mit Gold ausgeschlagen war. Es war eine Ehre, diese Sänfte tragen zu dürfen. Ein riesiges Gefolge von Adligen und Soldaten begleiteten stets den ersten Inka. 200 bis 300 Sänftenträger oder Ausrufer/Diener eilten dem Inka dabei voraus.

Der oberste Inka verfügte über zahlreiche Diener, Frauen und Konkubinen, weiter über die feinsten Kleider und die kostbarsten Gegenstände. Seine wertvollen Gewänder trug er jedoch stets nur ein einziges Mal. Alle Untertanen verehrten ihn und bezeugten ihm Respekt. »Bei einer Audienz beim Inka durfte jeder, auch die Adligen, nur ohne Sandalen und mit einer Last auf dem Rücken zu ihm vortreten. Der Inka war dabei in der Regel vor dem Blick des Besuchers abgeschirmt.«[54] Gewöhnlich verbarg er sich hinter einer Wand, zumindest bedeckte er vollständig sein Gesicht mit einem wertvollen Tuch.

Der erste Inka verfügte ferner über zahlreiche Landsitze, seine Baumeister erstellten darauf die prachtvollsten Paläste. In riesigen Vorratsräumen, über die seine Administratoren wachten, wurden Nahrungsmittel aufbewahrt. Sein Reichtum, sein Besitz und seine Macht waren schier grenzenlos.

Als einziger Inka durfte er seine Schwester heiraten – was uns erneut an das alte Ägypten erinnert, wo der Pharao ebenfalls der Geschwisterehe den Vorzug gab. Die Schwester geriet zur Königin und Hauptfrau. Die zahlreichen Nebenfrauen hatten sich dieser Hauptfrau unterzuordnen. Die Geschwisterehe wurde als Zeichen der göttlichen Abkunft gedeutet.

Nach seinem Tod wurde der Inka mumifiziert. Der Leichnam wurde in edle Gewänder gekleidet und wie ein lebender Mensch behandelt. Der oberste Inka behielt seine gesamten Ländereien, seine Paläste und seinen ganzen Besitz, ja selbst die Dienerschaft. Man reichte der Mumie weiterhin Speise und Trank. Und man trug die Leiche zu allen Festivitäten, sie nahm an allen öffentlichen Zeremonien teil. *Der einzige Inka* behielt sein goldenes Geschirr sowie seinen gesamten Hofstaat. Sein Nachfolger musste einen neuen Hofstaat gründen. Alle Einnahmen, alle Schätze, jeder erdenkliche Luxusgegenstand verblieb im Besitz der Mumie.

Nach einer Weile gab es mehrere *Sapa-Inka*-Mumien, sprich mehrere Leichname, die zuvor die Stelle des Sohnes des Sonnengottes eingenommen hatten.

»Es war der Brauch in diesem Lande, dass die Toten sich besuchten, was mit … Tanzspielen und Trinkgelagen verbunden war. Manchmal suchten sie auch Lebende auf und diese wieder die Toten.«[55] Die Mumien wurden weiterhin in ihren goldenen Sänften ehrfurchtsvoll durch das Land getragen. Der Aufwand, selbst nach dem Tod, war ungeheuerlich. Die Leiche wurde nach wie vor von Frauen und Pagen verwöhnt, die die Fliegen von der Mumie fortwedelten.

Niemand kam dem *Sapa Inka,* dem obersten oder ersten Inka, gleich, weder im Leben noch im Tod.

Aufgrund ihrer »göttlichen Abkunft« beanspruchten die Inkas, über allen umliegenden indianischen Völkerschaften zu stehen. Auf der Höhe ihrer Macht beherrschten die Inkas 950 000 Quadratkilometer Landmasse und zahlreiche Stämme. Im Krieg benutzten sie Speere, Streitäxte, Hellebarden und Bolas (span. bola = Kugel), ein Wurfgerät, das aus mehreren am Ende zusammengeknoteten Seilen bestand. An der Spitze jedes Seils war ein runder, harter Stein befestigt. »Die Bola wurde so geworfen, dass sie sich um die Füße des Feindes wickelte und ihn zu Fall brachte.«[56]

Im Falle des Sieges töteten die Inkas ihre Gegner, wandelten die Schädel ihrer Feinde in Schalen um und benutzten sie als Trinkgefäße. Mit der Haut der Feinde wurden Trommeln bespannt, aus den Schienbeinknochen schnitzte man Flöten, und die Zähne wurden zu Halsketten aufgereiht.

Sonnentempel und »Goldgärten«

In der Hauptstadt, dem Nabel der Welt, stand der gewaltigste Sonnentempel der Inkas. Im ganzen Land existierten Sonnentempel, aber kein Tempel kam dem Sonnentempel in Cuzsco gleich. Selbst die Nebeneingänge waren mit Goldplatten ausgelegt. Innerhalb dieses Tempels gab es goldene Scheiben, die die Sonne repräsentierten. Die Mauern im Innern waren mit Goldstreifen verziert. Innerhalb dieses Tempels platzierte man in einzelnen Nischen später auch die Mumien der Inka-Herrscher.

Der **Sonnenkult** setzte sich im ganzen Land durch. Dadurch wiesen die Inkas wieder und wieder darauf hin, dass sie sich für ein Volk hielten, das von den Göttern abstammte. Der Sonnenkult war Religion und Politik zugleich.

Zudem gab es »Sonnenjungfrauen«, die in einer Art Kloster in völliger Keuschheit lebten – sie dienten der Sonne, dem Mond und bestimmten Sternen.

Ferner errichteten die Inkas riesige Pyramiden, streng nach astronomischen Gesichtspunkten.

Wieder lässt sich eine Parallele zu dem alten Ägypten ziehen.

Eine Besonderheit in Cuzsco, der Hauptstadt, darf nicht unerwähnt bleiben, weil sie so bizarr ist. Hier existierte ein »heiliger Garten«, in dem in überreicher Zahl Nachbildungen von lebensgroßen Pflanzen und Tieren aus Gold, mitunter auch aus Silber, geschaffen wurden, stilisiert von Künstlern. Kunstwerke, wie sie die Welt noch nie gesehen hatte! Nicht in der gesamten Geschichte der Menschheit gab es einen vergleichbaren Garten.

Der Inka-Glaube und die Bibel

Die religiöse Legende versicherte den Inkas, dass ihre Überlegenheit auf ihre Herkunft von den Sternen zurückzuführen sei. Götter brachten ihnen angeblich das Know-how rund um den Ackerbau bei, sie lehrten sie die Kunst des Webens sowie viele andere Überlebenstechniken.

Zahlreiche Gottheiten existierten im Inka-Himmel, die auf die Herkunft von den Sternen hinwiesen. Ja, es gab auch einen Gott des Donners und des Blitzes, aber schon der Kriegsgott der Inkas, *Awqykug* mit Namen, wurde mit dem Planeten *Mars* in Verbindung gebracht.

Wieder kann man nur staunen, denn der römische Kriegsgott *Mars* verwies auf den gleichen Planeten. Handelt es sich um Zufall, dass auch die Inkas den Planeten Mars mit dem Krieg assoziierten?

Jungfrauen wurden mit der *Venus* in Verbindung gebracht.

Hawcha war der Gott der Gerechtigkeit und Vergeltung, aber er war auch der Herr über die Zeit und stand mit dem Planeten *Saturn* in Verbindung.

Immer wieder verwiesen die Inkas auf Sternbilder, so auf den *Großen Bären* oder auf die *Plejaden*, wenn sie von ihren Göttern sprachen. Die Plejaden sind ein Sternhaufen unserer Galaxie, die man mit dem bloßen Auge erkennen kann.

Mama Allpa, eine Fruchtbarkeitsgöttin mit zahlreichen Brüsten, wurde als *Mondgöttin* bezeichnet.

Mama Kuka war die Göttin der Gesundheit und Freude, zahlreiche Liebhaber wurden ihr angedichtet. Aus ihrem Körper wuchs die Kokapflanze, »deren Blätter ein Mann nur kauen durfte, nachdem er einer Frau zum Orgasmus verholfen hatte«.[57] Das wiederum war recht erdhaft.

Wie bei den Griechen gab es eine überirdische Gestalt, die für den Schutz der Seefahrer zuständig war, es gab sogar einen Götterboten, *Cuatahulya*, der an Hermes, den Götterboten der Hellenen erinnert.

Der Gott des Überflusses wiederum wurde mit dem Planeten *Jupiter* gleichgesetzt.

Mit dem Begriff *Huaca* bezeichnete man sämtliche Gottheiten oder übernatürlichen Wesen, auch Kultstätten wie Berge, Felsen, große Steine, Gipfel, Quellen oder Brunnen. Man unterschied zwischen dem Diesseits, dem Jenseits und der Unterwelt.

Das Jenseits war die Welt der Götter, die Unterwelt die Welt der Toten, das Diesseits beschrieb die »normale« Welt.

Es existierte ferner eine Legende über eine *Sintflut*, weil die Menschen sündhaft und ungehorsam gewesen waren, woraufhin sie zum Teil von den großen Wassern vernichtet wurden.

Die Legende, dass der Mensch aus *Lehm* geschaffen worden war, war ebenfalls bei den Inkas präsent.

Die Parallelen zur Bibel fallen ins Auge.

Die religiöse Legende erzählte weiter, dass Gott den Menschen eine Seele gab, daraufhin befahl er ihnen, zur Erde hinabzusteigen. *Viracocha* war der Schöpfergott, der die Welt und das Menschengeschlecht angeblich erschaffen hatte. Die Inkas kannten sogar den Begriff der Sünde und der Schuld. Die Sünde konnte man mittels eines rituellen Bades abwaschen.

Alles war nach dem Glauben der »Söhne der Sonne« beseelt.

Bestimmte Menschen konnten sich in Steine, Falken, Kondore und Tiere überhaupt verwandeln.

Die Inkas nahmen weiter an, dass es auch so etwas wie Schutzgeister gab. Ihre Priester wurden in einem »Wissenshaus« (*yachahu-asi*) in der Heilkunst unterrichtet. Einige Inkas erreichten ein Alter von 132, ja von 150 Jahren.[58] Priester begleiteten schlussendlich die Seelen der Toten in die Unterwelt. Darüber hinaus standen sie generell mit Gottheiten und Geistern in Kontakt. Selbst niedrige Priester konnten mit Toten reden.

Aber am auffallendsten war die ständige Reflexion auf die Sterne. Es gab zahlreiche Heiligtümer und Beobachtungsorte, die sich nur mit den Bewegungen der Planeten am Nachthimmel befassten. Die Inkas waren besessen von den Sternen, von Sternbildern und von der Milchstraße. Die Milchstraße galt ihnen als die wichtigste Verbindung zwischen Lebenden, Toten und Göttern. Wieder und wieder betonten sie, dass sie Abkömmlinge von Außerirdischen seien und aus dem Raum kamen.

Archäoastronomische Forschung hat etabliert, dass die Inkas nicht nur die Sonne, sondern auch Jupiter, Saturn, Venus und Mars regelmäßig beobachteten sowie das Verhältnis dieser Planeten zueinander. Einzelnen Sternen am Firmament ordneten sie verschiedene Völkerschaften zu.

Speziell der Parahistoriker tut all diese Fakten nicht als primitiven, blinden Aberglauben ab. Er zweifelt nicht an der Möglichkeit, dass es einst durchaus Kontakte mit Außerirdischen (»Göttern«) gegeben haben mag.

DIE INKAS AUS PARAHISTORISCHER PERSPEKTIVE

Bis heute sind mehrere Fragen nicht endgültig beantwortet, was die Inkas angeht.

Kopfzerbrechen bereitet den »normalen« Historikern nach wie vor die Frage, was es mit den geheimnisvollen **Geoglyphen** auf sich hat. Geoglyphen sind Erdzeichnungen oder Bodenzeichnungen. Kilometerlange Linien oder Wege werden in den Erdboden gegraben, sodass eine Figur erkennbar wird. Es sind überdimensionale Bilder in der Landschaft. In Peru existieren derartige Geoglyphen zuhauf, einige sind bis zu 50 Kilometer lang. Sie können nur »von oben«, zum Beispiel von einem Flugzeug aus, betrachtet werden. Es handelt sich um Rechtecke, Dreiecke, Spiralen, Pflanzen- und Tierdarstellungen. Erkennbar sind diese Tiere: Kondor, Kolibri, Hund, Affe, Eidechse, Spinne und Fisch. Diese Geoglyphen wurden von einer Vorläuferkultur der Inkas in den Boden geschlagen, an der Südküste Perus.

Parahistoriker stellen die Behauptung auf, dass nur »Götter« oder Außerirdische, die eine Vogelperspektive einnehmen konnten, zu solchen *Erdzeichnungen* fähig waren.

Bis heute weiß der akademische Historiker nicht, was sie bedeuten und wie sie zustande kamen.

Offen bleiben auch die Fragen rund um die Fähigkeit zur **Metamorphose**. Wieder und wieder berichten die alten Schriften der Inkas davon, dass Menschen in Steine oder Felsen verwandelt wurden.

Konnten die Inkas mit den »Seelen« oder »Geistern« auf eine andere Art umgehen, als wir es heute auch nur zu denken wagen?

Wie haben wir endgültig über die Inkas zu urteilen?

Nun, wir können uns mit Sicherheit nicht dem Urteil der »normalen«, akademischen Mainstream-Historiker anschließen.

Der Mainstream-Historiker gibt zwar zu, dass die Inka-Zivilisation eine staunenswerte Höhe erreichte, aber er verweist auch immer wieder hochmütig auf all den »primitiven Aberglauben« dieses Indianerstammes.

Ist man jedoch von der Parahistorie infiziert, urteilt man gänzlich anders.

Nimmt man beispielsweise an, dass es tatsächlich ein Phänomen gibt, das man mit »Reinkarnation« oder dem Glauben an »frühere Leben« umschreiben kann, und ist man der Vorstellung nicht abgeneigt, dass es körperlose Geister gibt und man also zwischen Körper und Seele unterscheiden muss, so gelangt man zu einem völlig anderen Urteil über dieses Volk: Es ist in diesem Fall voller Respekt.

Aber waren die Inkas nicht tatsächlich von dem Virus des Aberglaubens befallen?

Kurz gesagt ist dies wahr: Die Inkas *verwechselten* vielfach den Körper mit der Seele. Und so mumifizierten sie ihren obersten Inka, den Gottkönig, und »bedienten« seine Leiche selbst noch *nach* seinem Tod. Sie transportierten ihn in seiner Sänfte zu allen möglichen Festen und stellten dem Leichnam sogar Speise und Trank zur Verfügung, wie wir gehört haben. Es handelte sich hierbei fast um ein klassisches Missverständnis, das heißt um einen Irrtum, dem schon die alten Ägypter aufgesessen waren.

Auch die alten Ägypter waren vollständig auf die Mumifizierung fixiert, bis heute kennt niemand ihre geheim gehaltene chemische Formel, was ihre Konservierungstechnik angeht.

Was ist hierzu zu kommentieren?

Nun, im Fall der Mumie geht man fälschlicherweise davon aus, dass eine Seele einen verstorbenen Körper später wieder in Besitz nimmt. Die Wahrheit bleibt auf der Strecke, denn wir können davon ausgehen, dass die Seele dem zerfallenden Körper entflieht.

Diesem Irrtum unterlagen auch die alten Inkas.

Sie waren immerhin so aufgeweckt, dass ihnen die Unterscheidung zwischen Körper und Seele nicht gänzlich fremd war. Sie glaubten an »Geister« und an Gespenster, wie wir heute sagen würden. Aber sie versagten darin, wirklich konsequent zwischen Leib und Seele zu differenzieren. Sie waren bei aller Weisheit nach wie vor zu sehr dem »Körperdenken« verhaftet. Deshalb mumifizierten sie ihre Könige und servierten ihnen noch nach dem Tode Speisen – was natürlich der helle Wahnsinn und Unfug war.

Ihr Denken wanderte in eine Richtung, in die auch die Parahistorie weist, aber die Vorstellung von der Unsterblichkeit der Seele wurde nicht konsequent genug zu Ende gedacht. Die Inkas übertrugen die Hoffnung auf ein ewiges Leben auf den Leib.

Der Historiker aber spricht nur von »finsterem Aberglauben«. Er mokiert sich über all diese Gedankengänge. Er redet von »primitiven Zivilisationen«. Er lässt von vorneherein *nie* den Gedanken zu, dass es einen Leib *und* eine Seele gibt. Er ist befangen in seinem eigenen, engen Weltbild.

Der Parahistoriker dagegen würde so urteilen: Die Inkas erahnten immerhin eine Ecke der Wahrheit, sie erwischten einen Zipfel der höheren Wirklichkeit. Für den Parahistoriker ist der »normale« Historiker ein Blinder, der versucht, über die Einäugigen (die Inkas) zu urteilen.

Noch einmal: Alles läuft auf das *Weltbild des Betrachters* hinaus. Eine Person, die an ein Leben nach dem Tode glaubt und die Existenz von Außerirdischen nicht ausschließt, urteilt über die Inkas höchst positiv. Der Zeitgenosse, der jede Spiritualität von vorneherein ablehnt, urteilt negativ. Damit verpasst er 90 Prozent der wirklich interessanten Story. Der Parahistoriker wird über das höhere Bewusstsein dieses Indianerstammes staunen, sowie über die Fähigkeit seiner Priester, Dinge außerhalb der materiellen Welt wahrzunehmen. Er wird die Inkas gänzlich anders analysieren und ihr spirituelles Wissen nicht als »Legende« oder »Unsinn« abtun.

Außerdem wird er in einem weiteren Punkt seine eigenen Wege gehen, denn er wird nicht in das Ach- und Wehgeschrei einstimmen, wenn es darum geht, über den *Untergang* der Inkas zu philosophieren.

DER UNTERGANG DES INKA-IMPERIUMS

Bis heute (!) gibt es in Peru Bestrebungen, auf das namenlose Unrecht aufmerksam zu machen, das angeblich den Indianerstämmen generell und den Inkas speziell widerfuhr.

Waren es nicht die elenden, widerwärtigen, geld- und goldgierigen Spanier, die sie hinmordeten?

Nun, diese Vorstellung entspricht nicht ganz der Wahrheit.

Die vollständige Wahrheit ist, dass die Inkas – wie praktisch alle Imperien – letztlich an ihren *eigenen* Sünden starben. Sie hielten sich für die auserwählten »Söhne der Sonne« und glaubten, weit, weit über allen anderen Indianerstämmen zu stehen. Sie nutzten eben diese Vorstellung dazu aus, die umliegenden Völkerschaften auszubeuten und zu unterjochen.

Selbst Kinder opferten sie auf grausame Weise ihren Göttern. Am Ende ernteten sie nur, was sie gesät hatten.

Noch einmal: Sie unterdrückten und versklavten andere Stämme. Der Hass der umliegenden Indianerstämme auf die Inkas kochte hoch bis zum Siedepunkt.

Hinzu kam, dass sich die Inkas zuletzt untereinander wild bekämpften – es ging um den Thron, um den *Sapa Inka*, den einzigen Inka.

Und so war es den Spaniern ein Leichtes, das Inkareich im Handstreich zu nehmen und zu zerschlagen. Sie nutzten den Unfrieden und die Händel innerhalb der Inkas einfach nur aus, und sie schürten geschickt den Hass im Kreis der unterworfenen Indianerstämme. Die versklavten Völkerschaften glaubten, die Spanier seien die »Befreier«. Sie nahmen an, sie könnten gemeinsam mit den Spaniern das Joch der Inkas abschütteln. Und so verloren die Inkas schließlich eine Schlacht nach der anderen. Sie starben an ihren eigenen Sünden, sie verspielten ein Großreich. »Mitleid« mit den Inkas zu haben, ist also falsch, es ist historisch zudem unrichtig. Aber bis heute wird allenthalben nur auf die Brutalität und die Vergehen der Spanier hingewiesen. Natürlich waren die Spanier Schlächter, Diebe und Mörder vor dem Herrn. Sie waren waffentechnisch haushoch überlegen und schleppten alle möglichen Krankheiten ein, an denen die Inkas wie die Fliegen starben.

Aber hätten die Inkas wie ein Mann zusammengestanden, und wäre ihr System nicht bereits von innen ausgehöhlt gewesen und verrottet, hätten sie die Spanier, diese Bande von Langfingern, Räubern und Killern, dennoch besiegen können.

Doch so ging das Inka-Imperium unter, eine Hochkultur, die weit, weit über anderen Zivilisationen stand, bei all ihren Fehlern. Das spirituelle Wissen der Inkas ging verloren, ihre Ahnungen um die Herkunft von den

Sternen wurden vom Staub der Zeit zugeweht und ihre Geheimnisse mit ihnen begraben.

DAS ALTE MEXIKO

Am untersten Zipfel des heutigen Mexiko sowie in einigen Ländern südlich davon siedelten einst die Maya. Die Herkunft des Wortes »Maya« liegt bis heute im Dunkeln.

Von den zahlreichen Theorien, die im Schwange sind, ist eine Bedeutungsherkunft besonders interessant, die man sehr frei übersetzen könnte mit »wenige, nicht zu viele« oder »nur die ausgewählt wurden« oder schlicht die »Auserwählten«. Das Wort »Maya« könnte von seiner Herkunft her jedoch auch mit dem Wasser im Zusammenhang stehen, das einst in einer bestimmten Region Mexikos gefunden wurde. Doch nichts ist sicher.

Fest steht, dass die Maya einst eine erstaunlich hohe Kultur aus dem Boden stampften, die nicht weniger aufregend war als die Kultur der alten Ägypter. Das Maya-Reich nahm bereits etwa 2000 Jahre v. Chr. seinen Anfang und bestand später aus 50 Kleinstaaten, es war etwa so groß wie Deutschland heute. Die meisten Forscher nehmen an, dass die Maya ursprünglich aus Asien stammten und einst über Sibirien, Alaska und Nordamerika in das südliche Mexiko einwanderten. Neueste Funde scheinen zu beweisen, dass sie sogar bis nach Florida und Südamerika gelangten.

DIE MAYA

Zwischen 400 und 900 n. Chr., als wir uns also in unseren Breiten noch im finstersten Mittelalter befanden, bauten die Maya bereits gewaltige, imposante Städte – Berlin war damals noch ein Kuhdorf in einer Sumpflandschaft, sofern es überhaupt existierte, denn Berlin wurde erst im 13. Jahrhundert n. Chr. erstmals urkundlich erwähnt. Die Maya aber errichteten damals schon himmelstürmende Pyramiden und verfügten über hochintelligente Bewässerungssysteme, weiter über ehrfurchtgebietende Tempel, Observatorien und Prachtbauen, die uns noch heute staunen lassen. Einige Gelehrte bezeichnen sie als die ersten Meister der Mathematik.

Die Zahlen 0 bis 19 schrieben sie so:

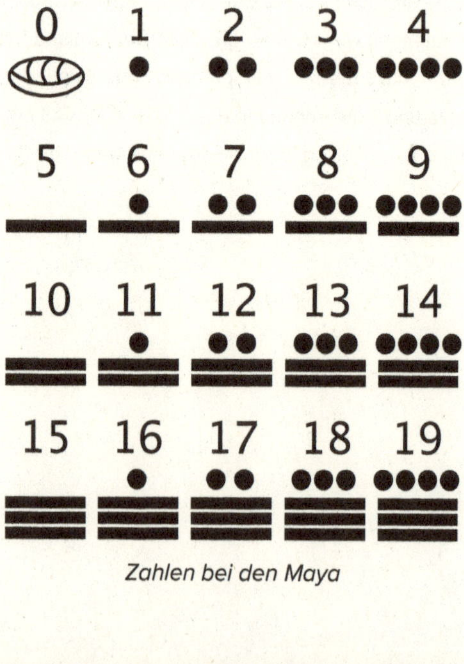

Zahlen bei den Maya

Die Maya kannten sogar bereits die Null, die in unseren Breiten erst sehr viel später entdeckt wurde; weiter basierte ihre Mathematik auf einem Zwanzigersystem, nicht, wie bei uns, auf einem Zehnersystem. Sie besaßen auch einen hoch entwickelten Kalender, systematisch beobachteten sie die Gestirne. Ein »Jahr« bestand bei den Maya aus 18 Monaten, jeder Monat dauerte 20 Tage. Dazu gab es fünf Rest-Tage – was zusammen 365 Tage ergab.

Weiter erfanden die Maya eine Schrift mit rund 800 Zeichen – die Erfindung der Schrift aber ist immer ein Zeichen von hoher Kultur. Niemand, also wirklich niemand entwickelte in dieser Region so früh eine vollständige Schrift! Zudem waren die Maya künstlerisch außerordentlich begabt, vor allem in bildhauerischer und malerischer Hinsicht; sie bearbeiteten Steine, Keramiken, Hölzer, Textilien, Kupfer, Silber und Gold.

Ihre Religion war ebenfalls höchst bemerkenswert und gab später zu wilden Spekulationen Anlass, nicht anders als ihre Pyramiden. Grundsätzlich nahmen sie an, dass der Körper und die Seele völlig unterschiedlicher Natur waren – eine Sichtweise, die man in vielen Religionen rund um den Planeten findet. Aber die Maya kultivierten darüber hinaus ihre höchst eigenen Betrachtungen: Sie stellten sich vor, dass die Seele ihren Sitz im *Blut* habe. Im Blut befand sich ihrer Ansicht nach die Seele oder die Lebensenergie.

Wenn es um die Götter ging, war bei den Maya der sogenannte *Chilan* von besonderer Bedeutung – ein Priester mit großer Macht. Dieser Priester konnte angeblich Verstorbenen helfen, wieder zu reinkarnieren, sprich in einem neuen Körper Platz zu nehmen.

Der *Chilan* stand gewissermaßen zwischen den Göttern und den Menschen, er vermittelte. Die Seele, die sich gemäß des Chilans im Blut befand, kehrte jedenfalls nach dem Tod wieder ins Leben zurück, so die Annahme.

Wie bei den Griechen trugen die Götter vielfach menschliche Züge – sie waren Überlieferungen zufolge uralt. Die Götter ernährten sich von Gerüchen – Räucherwerk und Blumendüften etwa. Die Maya glaubten an einen Weltenschöpfer, weiter vier Riesen, die in den vier Weltgegenden den Himmel stützten, einen Erdbeben-Dämon und einen Regen- und Gewittergott. Weiter gab es einen Gott der Kaufleute und einen Gott des Krieges, ja sogar einen Gott des Todes. Darüber hinaus existierten eine Erd- und

Mondgöttin, ein Herr der Unterwelt und wahrscheinlich noch ein paar Götter mehr. Die Maya waren nicht geizig mit ihren Göttern.

Besonders interessant war ein Gott, der »Herr des Wissens« genannt wurde, denn er wies das Volk der Maya der Legende nach auf wichtige Nahrungsquellen hin und lehrte sie das Schreiben und die Heilkunde.

Nach den Vorstellungen der Maya stiegen einst diese Götter oder kosmischen Lehrmeister hinab zur Erde und brachten ihnen Mathematik und Sternenkunde, Kunst und Kultur bei.

Handelte es sich hierbei um Außerirdische?

Fest steht, dass das Wissen förmlich explodierte: Tausend Jahre vor Pythagoras kannten die Maya bereits die Besonderheiten des rechtwinkligen Dreiecks, sie wussten bereits um Asteroidengürtel und kannten offenbar den fernen Planeten Pluto. Sie kannten jedenfalls unser Sonnensystem, das sie perfekt darstellten. Weiter fand man zwischen Maya-Ruinen Darstellungen von steinernen Zahnrädern, entdeckte in den Dschungeln immer wieder gewaltige Pyramiden mit tonnenschweren Tempelsteinen sowie Darstellungen, die bis heute Rätsel aufgeben. Unzweifelhaft ist nur, dass das Know-how, das Wissen und die »Techniken« der Maya höchste Höhen erreichten.

DER UNTERGANG DES MAYA-REICHS

Über die Ursachen für den Niedergang der Maya wurden zahlreiche Theorien aufgestellt, aber die Indizien, dass in der Zeit des Niedergangs *vermehrt Kriege geführt* wurden, sind zu zahlreich, als dass sie ignoriert werden könnten.

Wir kennen mehr als ein Volk und mehr als ein Reich, das letztlich *auch* an seinen Kriegen zugrunde ging: Das Römische Weltreich litt zuletzt an strategischer Überdehnung – die Kosten für die Soldaten waren astronomisch. Soldatenkaiser wurden heute auf den Thron gehoben und morgen schon wieder gestürzt. Das Römische Weltreich vernichtete letztlich sich selbst.

In der Neuzeit kollabierte die UdSSR, das Sowjetreich, weil es den Großteil seiner (Öl-)Einnahmen für das Militär ausgab, während das Volk darbte und die Wirtschaft sträflich vernachlässigt wurde.

Selbst das einst übermächtige England, das im 19. Jahrhundert die Meere und einen Großteil der Welt beherrschte, leitete durch übermäßige, unkluge Militärausgaben seinen eigenen Niedergang ein, denn man unterhielt zu lange teure Garnisonen in aller Herren Länder.

Die Beispiele könnte man beliebig fortführen.

Und so darf man annehmen, inspiriert durch eine vergleichende Geschichtswissenschaft, dass die immer zahlreicheren Kriege der Maya letztlich ebenfalls den Untergang ihres Reiches herbeiführten. Die Maya kämpften ständig gegeneinander, die verschiedenen Stadtstaaten suchten sich wechselseitig zu schwächen und zu unterjochen. Sie suchten wirtschaftliche Vorteile durch Kriege herauszuschinden und versklavten sich gegenseitig. Sklaventum lässt jedoch ein Volk insgesamt degenerieren, weiter schwächen speziell ungerechte Kriege ein Volk in ungeahntem Ausmaß. Im Rahmen der Kriege wurden darüber hinaus stets Gefangene gemacht für die fragwürdigen religiösen Zeremonien; dazu gleich noch mehr.

Wie bereits in einem früheren Kapitel festgestellt: Es sind praktisch nie oder höchst selten »äußere Einflüsse« oder Naturkatastrophen, die für einen Niedergang eines Volkes verantwortlich gemacht werden können, fast immer vernichtet sich eine Kultur selbst.

Weiter sind in der Mehrzahl der Fälle aller Reiche, die untergingen, »unethische« Verhaltensweisen aufzuspüren. Und so verwundert es nicht, dass auch im Falle der Maya solche Verhaltensweisen zuhauf anzutreffen waren.

DIE BLUTOPFER

Die Maya waren kein friedliches Volk, wie man lange glaubte, sie waren keineswegs »sanfter Natur«, sondern höchst kriegerisch – und sie waren nie zimperlich, wenn es darum ging, *Blut* fließen zu lassen.

Offenbar waren ihre Götter eben nicht nur durch gute Gerüche und verführerische Düfte zufriedenzustellen, es verlangte sie auch nach Tier- und sogar Menschenopfern.

Die Maya, nicht anders als die Azteken, auf die wir noch zu sprechen kommen werden, waren tatsächlich regelrecht blutrünstig.

Die Seele selbst befand sich, wie schon ausgeführt, ihrer Meinung nach im Blut. Um die Seele im Blut zu stimulieren, zogen sich die Maya ab und zu mit Dornen besetzte Fäden durch die Lippen oder die Zunge, auch stachen sie den Penis mit Seeigelstacheln an. Das Blut ließen sie in der Folge auf Papierstreifen tropfen, die man anschließend verbrannte – denn die »Seele« bestand ihrer Vorstellung nach in letzter Konsequenz aus Rauch oder aus Luft.

Blut verlangten die Maya aber auch von ihren Gefangenen.

Bei den verschiedenen Tötungsarten, die die Opfer über sich ergehen lassen mussten, waren die Maya zumindest so erfinderisch wie in der Mathematik. Sie ertränkten, steinigten, vergifteten oder köpften ihre Opfer oder begruben sie manchmal sogar lebendig. Hin und wieder schlitzten sie ihnen den Bauch auf oder rissen das noch schlagende Herz heraus – und was der appetitlichen Methoden mehr waren.

Mit den Menschenopfern wurden die Götter zufriedengestellt und besänftigt, sie wurden beeinflusst und bestochen.

Jedenfalls neigte sich die Herrschaft der Maya etwa 1000 n. Chr. ihrem Ende entgegen. Es handelte sich dabei immerhin um ein Reich, das 3000 Jahre lang Bestand hatte – nicht viele Kulturen überdauern einen so langen Zeitraum. Dennoch ging die Maya-Kultur letztendlich unter.

Wahrscheinlich beinhaltete die ursprüngliche Religion der Maya die größten Weisheiten, die man sich vorstellen kann – jedenfalls stand sie Pate bei der Geburt vieler »Wissenschaften«. Aber diese gleiche Religion degenerierte mit der Zeit mehr und mehr. Zuletzt hielten blutdurstige Priester das Zepter in der Hand, die unterstützt wurden von machtbesessenen Stadtkönigen, die wie »Gottkönige« regierten und also ebenfalls priesterliche Gewalt ausübten.

In der Anfangsphase waren die »Auserwählten«, wie sich die Maya vielleicht selbst nannten, ganz ohne Zweifel spirituell und kulturell hochbegabt. Sie errichteten ein Reich des Wissens, das seinesgleichen sucht und in der Geschichte Nordamerikas bis heute unübertroffen ist.

Aber im Laufe der Geschichte degenerierten die Maya. Ihr »Ethik-Niveau« sank in tiefste Tiefen, der Krieg wurde immer lauter besungen, und immer blutigere Opfer wurden eingefordert und dargebracht.

Spirituelles, hochstehendes Wissen wurde verändert, missbraucht und uminterpretiert, es erhielt neue Ausdeutungen. Eine gierige Priesterschaft, die vorgab, mit den »Göttern« selbst in Kontakt zu stehen, zusammen mit einigen machtlüsternen Stadtkönigen, waren jedenfalls dafür verantwortlich, dass die Kultur der Maya eines Tages vom Erdboden verschwand.

Und so starb das Reich der Maya, die Flamme der Weisheit und des Wissens erlosch, die unversehens so hoch aufgelodert war und so hell geleuchtet hatte.

Eines der interessantesten Menschheits-Experimente scheiterte. Aber es scheiterte nur, um weiteren Experimenten Platz zu machen, denn die Geschichte lässt sich nicht aufhalten.

Geschichte besteht immer aus dem ewigen Kreislauf von Geburt, Aufstieg, Blüte, Niedergang, Tod und Wiedergeburt.

OLMEKEN, ZAPOTEKEN, TOLTEKEN

Natürlich handelte es sich bei den Maya nicht um alle Ureinwohner Mexikos.

Neben den Maya gab es etwa auch die *Olmeken.*

Das Wort bedeutet so viel wie *Leute aus dem Kautschukland. Kautschuk* ist der geronnene Milchsaft einiger tropischer Pflanzenfamilien – woraus heute Gummi gewonnen wird. Die *Olmeken* wurden also einfach nach einer Landschaft und den dort vorkommenden Pflanzen benannt.

Die Olmeken siedelten etwa 1500 bis 400 v. Chr. in Mexiko. Sie schufen riesige Großplastiken und Kolossalköpfe, aber auch Steinaltäre und Jade-Plastiken, Beispiele hierfür finden sich noch heute, aber ansonsten ist über sie wenig bekannt.

Bemerkenswert sind weiter die *Zapoteken.*

Die *Zapoteken* nannten sich selbst *Peni zaa* = *Wolkenvolk*, ein poetischer Begriff, unter dem man sich alles Mögliche vorstellen kann. Der Begriff kann auch mit *Regenvolk* übersetzt werden. Denkbar ist deshalb, dass die Zapoteken besondere Kenntnisse über die Wolken und den Regen besaßen – oder aber in einer Region zu Hause waren, wo es oft regnete, was wichtig für die Landwirtschaft und das Überleben war.

Die Zapoteken tummelten sich ebenfalls bereits um 1500 v. Chr. auf Mexikos Boden. Sie kannten schon einige Schrift- und Zahlzeichen, beherrschten die Reliefkunst, konnten meisterhaft töpfern und verarbeiteten Metalle, Steine und Federn. Noch heute gibt es rund 750 000 Zapoteken in Mexiko – einer ihrer Vertreter wurde im 19. Jahrhundert gar Präsident von Mexiko. Wie die Maya sind sie also ebenfalls nicht gänzlich »ausgestorben«.

Von Bedeutung sind weiter die *Tolteken.*

Die *Tolteken* waren ursprünglich die Bewohner von *Tollán* = dem *Ort der Binsen,* wie die wörtliche Übersetzung lautet. Dieser Ort war nicht allzu weit vom heutigen Mexico City entfernt. Wie die alten Ägypter benutzten sie die Binsen wahrscheinlich für verschiedene Zwecke – für Matten, Körbe und vielleicht sogar als Schreibgerät.

Die *Tolteken* beherrschten um das 11. Jahrhundert herum den größten Teil Zentralmexikos, doch offenbar gab es dieses Volk bereits viele Jahrhunderte früher. Die Tolteken zeichneten sich durch hohe handwerkliche und künstlerische Geschicklichkeit aus. Wie im Falle der Maya rätselt man bis heute, warum dieses Volk unterging, denn das Gebiet, das die Tolteken einst beherrschten, war riesig. Die Legende weiß zu berichten, dass ein degenerierter Führer namens *Quetzalcoatl* (= »leuchtende Schwanzfederschlange«) den Niedergang durch seine ausschweifende Lebensführung herbeiführte.

Nun, wir halten dafür, dass in dieser Legende durchaus ein wahrer Kern steckt, denn es gibt mehr als eine Kultur, die unterging, weil die Moral einen Tiefpunkt erreicht hatte – blicken wir nur in das alte Rom oder ins 15. und 16. Jahrhundert, da das Weltreich der Osmanen/Türken auch deshalb zusammenbrach, weil die Sultane völlig degenerierten. Nichts ist spannender als vergleichende Geschichtswissenschaft, die uns nicht selten hilft, eine These/eine Vermutung zu erhärten oder zu verwerfen.

Erlauben wir uns deshalb einen Schlenker und einen schnellen Blick zurück nach Europa/Asien, wo Historiker den Untergang der Osmanen/Türken so analysierten:

> »Der Harem spielte eine immer größere Rolle. Viele Sultane wurden zum Spielball von Frauen und intriganten Haremsmüttern. Die große Politik wurde plötzlich in Frauengemächern gemacht. Nicht mehr

Ratio und Vernunft bestimmten politische Entscheidungen, sondern Seilschaften im Harem … Nicht die Fähigsten regierten, sondern Eunuchen, unerfahrene Frauen und von blindem Ehrgeiz getriebene Mütter, deren Söhne eine Anwartschaft auf den Thron besaßen. Nicht wenige Sultane verfielen dem Sexus und wurden hörige Liebesdiener ihrer Mätressen. Außerdem nahm die Knabenliebe einen immer größeren Raum ein. Perversion, Sittenlosigkeit und Ausschweifungen waren an der Tagesordnung und wichtiger als das Schicksal der Nationen …«[59]

Tatsächlich gibt es in der Geschichte viele weitere Beispiele für den verderblichen Einfluss der Sittenlosigkeit und des übertriebenen Sexus. Selbst das alte Griechenland ging *auch* unter, weil längst die Moral verfallen war. Exempel aus dem alten China und aus Japan könnte man ebenfalls anführen.

Das historische Axiom/der Lehrsatz ist also leicht zu etablieren. Es lautet:

Axiom

»Perversionen, Sittenlosigkeit und Ausschweifungen sowie eine Überbetonung des Sexus führen zu einem Niedergang von Herrscherfamilien, Völkern und ganzen Kulturen.«

Und so glauben wir, dass die Legende um diesen ominösen Quetzalcoatl durchaus einen wahren Kern besitzt. »Dämonen« verführten diesen legendären Führer der Tolteken, berichtet die Sage, er ließ sich von ihnen zu Ausschweifungen verleiten. Schließlich verbrannte er sich der Legende nach selbst.

Neben den Tolteken gab es noch weitere (Ur-)Völkerschaften, deren Namen die Endung »-teken« trugen, die wir jedoch nicht alle beschreiben müssen, zumal sie der Erkenntnis nicht viel bringen.

Mit einer Ausnahme. Von höchster Bedeutung waren schließlich die *Azteken* … und jetzt wird es erneut aufregend, denn ihre Kultur wies ebenfalls höchst außergewöhnliche Züge auf.

DIE AZTEKEN

Azteken? Der Name bedeutet wörtlich »Jemand, der aus Aztlán kommt«. *Aztlán*? Hierbei handelte es sich der Überlieferung nach um eine »Insel in einem See«. Aber der genaue Ort dieser Insel wurde nie exakt lokalisiert.

Autoren wie der Parahistoriker Ignatius Donnelly vermuteten, dass es sich bei *Aztlán* um den mythischen Kontinent Atlantis handelt.[60]

Andere Autoren fragten sich: Lag *Aztlán* nun im Süden, im Westen oder im Norden Mexikos? Oder lag diese sagenhafte Insel gar in den Vereinigten Staaten?

Theorien über den Ort Aztlán gibt es also zuhauf, und wir können davon ausgehen, dass sich die Herren Wissenschaftler bis ans Ende aller Tage die Köpfe über diese Streitfrage einschlagen werden.

So wenig wir jedoch über den genauen Herkunftsort der Azteken wissen, so viel wissen wir über sie selbst. Die Azteken bezeichneten sich selbst nebenbei bemerkt als *Mexica*, was ihre Bedeutung für das heutige Mexiko unterstreicht. Sie wanderten also aus – von einer Insel in einem See – und siedelten in Richtung der Mitte des heutigen Mexikos, wo sie ein gewaltiges Reich errichteten.

Die aztekische Kultur blühte vor allem zwischen dem 14. und 16. Jahrhundert nach Christi Geburt. Die Azteken waren ebenfalls ein kriegerisches Volk, nicht anders als die Maya, denn sie erweiterten ihren ursprünglichen Einflussbereich im Laufe der Zeit, bis sie schier über ganz Zentralmexiko herrschten.

Anfänglich kultivierten die Herrscher der Azteken eine kluge Heiratspolitik: Sie heirateten die Töchter einflussreicher Stadtfürsten und gewannen auf bequeme Art an Macht und Einfluss. Wir fühlen uns an die Intelligenz des erfolgreichsten Adelsgeschlechtes Europas erinnert, an die

Habsburger, die sich ehemals ebenfalls allein durch geschickte Ehen ein halbes Weltreich in die Tasche steckten.

Bekannt sind die Azteken weiter für ihre erstaunliche Kultur. Es gab bereits sorgfältig konstruierte *Aquädukte*, also Wasserleitungen, kleine Wunder der Ingenieurskunst, die uns mitteilen, dass es sich bei den Azteken um ein äußerst reinliches Volk handelte.

Die Überlieferung verrät uns, dass sie zweimal am Tag badeten, extravagante botanische Gärten bewässerten, bereits über kleine künstliche Inseln und Pools verfügten, die Geschwindigkeiten des Wassers kontrollieren konnten und Kanäle und Deiche anlegten – einer davon war über zwölf Kilometer lang.

Als Europa im 15./16. Jahrhundert noch vor Schmutz und Ungeziefer starrte, als Millionen von Menschen in unseren Breiten aufgrund mangelnder hygienischer Einrichtungen starben, wussten die Azteken bereits um die heilende und segensreiche Wirkung des Wassers sowie um die Bedeutung der Hygiene.

Die Lebensdauer des Azteken betrug im Durchschnitt 37 Jahre – sie lag höher als in Europa zu gleicher Zeit.

Es gab also allenthalben bereits Wasserleitungen, die zumindest in der Hauptstadt Tenochtitlán praktisch in jedes einzelne Haus führten. Wasser wurde zur Reinigung, zum Kochen, zur Heilung und zur Entspannung benutzt. Es existierten in dieser Hauptstadt Brunnen, zudem »Badewannen«, die in Stein geschlagen wurden.

Wir fühlen uns an die alten Römer erinnert mit ihren ebenfalls unvergleichlichen Aquädukten und ihrer Wasserkultur, aber auch die Deutschen waren wenig später, im 17. und 18. Jahrhundert, bekannt für ihre besondere Reinlichkeit.

Die Kultur der Azteken erreichte jedoch schon im 15. und 16. Jahrhundert eine Höhe, die uns Bescheidenheit abnötigt.

Höchst bemerkenswert war weiter, dass die Azteken über eine Schrift verfügten und die Landwirtschaft intelligent bewirtschafteten. Es existierten zahlreiche unterschiedliche Gewerbe.

Schließlich besaßen die Azteken regelrechte Ratsgremien, die für die Rechtsprechung, die Musik, die Kunst, die Wissenschaft und den Staatsschatz zuständig waren – sowie für den Krieg. Es gab darüber hinaus Bauern und Handwerker in reicher Zahl, Händler, Krieger, Priester und Sklaven, es handelte sich beileibe um keine »primitive« Gesellschaft. Es gab Gold- und Silberschmiede, Maler, Töpfer, Korbmacher, Federschmuck-Spezialisten, Bewässerungs-Experten, »Kanal«-Bauer und Weberinnen unter anderem – die Weberei war ausschließlich Frauen vorbehalten.

Sogar ein Ausbildungssystem existierte, sprich »Schulen« oder Tempelschulen, die freilich nur den Söhnen der Adligen offenstanden. Sie wurden im Kriegshandwerk ebenso unterrichtet wie in administrativen Belangen; es gab zuletzt im Aztekenreich 38 Provinzen. Weiter wurden Fragen der »Religion« erörtert, die allerdings einen weiteren Bereich umspannte, als es unser heutiger Religionsbegriff suggeriert.

Die Azteken verfügten weiter bereits über mehrstöckige Häuser und einige wenige über einen ungeheuren Reichtum. »Fernhändler« bedienten sich der uralten Erfolgsformel, wohlhabend zu werden, indem sie billig in einem fernen Land *ein*kauften – und die Waren im Folgenden teuer im eigenen Land *ver*kauften – oder umgekehrt.

Man bezahlte mit Goldstaub, der in Federkielen aufbewahrt wurde. Das war die Währung, wenn man von den *Cocao Bohnen* absieht, eine seltene Bohnenart, mit denen ebenfalls der Wert von Waren bemessen wurde.

Ganz erstaunlich waren auch die Straßen – die verschiedenen Zentren des Imperiums waren durch ein ganzes Straßennetz miteinander verknüpft, was uns erneut an die Römer erinnert, die ihre Herrschaft über ihr riesiges Reich nur über gute *strata*, Straßen, ausüben konnten. Es gab auch hier eigene »Läufer«, sprich Boten, die wichtige Nachrichten über diese aztekischen Straßen in ein 100 Kilometer entferntes Gebiet innerhalb von 24 Stunden übermitteln konnten.

Vielleicht am spektakulärsten waren die Bauten der Azteken, besonders die Pyramiden erregten immer wieder die Neugierde und die Aufmerksamkeit, bis heute. Die wildesten Gerüchte ranken sich nach wie vor um diese erstaunlichen Bauwerke, die gewisse Ähnlichkeiten mit den ägyptischen Pyramiden besitzen und bemerkenswerterweise auf dem gleichen Breitengrad liegen wie die Pyramiden der Nilbewohner.

Der Parahistoriker schenkt diesem Umstand besondere Aufmerksamkeit, denn es ist schwer, hierbei an einen »Zufall« zu glauben.

Tatsächlich wurde der Bau himmelstürmender Pyramiden schon von früheren Völkerschaften in die Wege geleitet, die vor den Azteken in Mexiko zu Hause waren, denken wir nur an die Maya. Aber es waren die Azteken, die diese Pyramiden höher und höher bauten, um ihre beiden wichtigsten Götter, den Gott des Regens und den Gott des Krieges, zu verehren.

117 Stufen führten zur größten Pyramide hinan. Tonnenschwere Steine mussten bewegt werden, um diese Bauwerke zu errichten. Die Azteken verfügten bereits über eine Art Beton – und waren in dieser Beziehung ebenfalls Europa weit voraus, wenn man erneut von den Römern absieht, die auch längst über ein betonähnliches Gemisch verfügten.

Immer wieder gab jedenfalls die Existenz dieser prächtigen Pyramiden zu den absonderlichsten Theorien Anlass. Hatten die Azteken einst Kontakt zu Außerirdischen? Standen sie mit »Göttern« im Verbund, die weit mächtiger und intelligenter waren als sie selbst? Oder müssen wir nur unsere Vorstellung über die Geschichte verändern? Waren unsere Vorfahren in vielerlei Hinsicht weitaus fortgeschrittener und klüger, als wir es uns heute eingestehen?

Aber werfen wir auch noch einmal einen Blick auf die Gesellschaftsordnung.

Natürlich thronten über allen der »König« und der Adel, nicht anders als in Europa.

Höchst bemerkenswert war jedoch der Umstand, dass ein Adliger für ein begangenes Verbrechen strenger bestraft wurde als ein Bauer![61]

In Europa verhielt es sich umgekehrt! Mit anderen Worten, die Azteken waren klug genug, eine höhere Verantwortung und eine höhere Ethik von ihren Führungspersönlichkeiten einzufordern.

Doch eine hohe Ethik spielte auch im einfachen Volk eine Rolle. Eine Frau, die mit zwei Männern schlief, konnte mit dem Tod bestraft werden; die Einehe wurde in hohen Ehren gehalten.

Weiter behandelten die Azteken ihre Sklaven besser als in Europa – wo das System der »Leibeigenschaft« Einzug gehalten hatte. Der Sohn oder die Tochter eines Sklaven wurde bei den Azteken immer in die Freiheit entlassen, die Versklavung war nicht erblich. Zudem konnte sich ein Sklave bei den Azteken freikaufen. Wurde er von seinem Herrn misshandelt, wurde er ebenfalls in die Freiheit entlassen, wahrscheinlich per Gerichtsbeschluss.

Auch wenn der Herr starb, winkte die Freiheit. Ein zum Tode verurteilter Mörder dagegen konnte auf Antrag der Witwe mit dem Leben davonkommen, wenn er künftig dieser Witwe als Sklave diente.

Die »Rechtsprechung« oder das »Gesetz« war also teilweise weniger barbarisch als in unseren Breiten, es war sicher besser als im alten Rom und in einigen Belangen intelligenter als das unsere im 15. Jahrhundert.

Es handelte sich alles in allem um eine erstaunliche Kultur, die aber trotzdem eines Tages sang- und klanglos von der Bildfläche verschwand.

Was passierte genau?

DER UNTERGANG DES AZTEKEN-REICHS

Eines Tages besiegten ein paar Tausend Spanier tatsächlich *Hunderttausende* (!) von Azteken, ein Ereignis, das auf den ersten Blick völlig unglaubwürdig erscheint und auch nicht durch die waffentechnische Überlegenheit der Spanier erklärt werden kann.

Selbst die Hauptstadt, die theoretisch so leicht hätte verteidigt werden können, weil sie auf einer Insel lag und praktisch uneinnehmbar war, wurde von den Spaniern zerstört.

Noch einmal: Hunderttausende von Azteken standen damals ein paar Tausend Spaniern gegenüber, die dieses Riesenreich praktisch im Laufe von wenigen Jahren auslöschten.

An der Spitze der Azteken stand Moctezuma II. (1471–1482), von Haus aus ein Priester und Krieger, der sein Volk mit harter Hand regierte und durch verschiedene militärische Eroberungszüge von sich reden gemacht hatte. Die Azteken herrschten über zahlreiche Indianerstämme und Völkerschaften, die weniger kriegerisch waren als sie selbst. Sie waren gefürchtet, und es war lebensbedrohlich, einem aztekischen Elite-Krieger zu begegnen, der sich vielleicht als Adler oder Jaguar verkleidet hatte. Moctezuma II. hatte den Adel gestärkt sowie die Position seines Herrscherhauses; seine Methode bestand darin, ihm genehme Verwandte auf die Throne verschiedener besiegter Völkerschaften zu hieven.

Moctezuma II. herrschte mit 34 Jahren über ein Gebiet von rund 80 000 Quadratmeilen, über 25 Millionen Untertanen und über 38 Provinzen.

Niemand, niemand kam diesem Herrscher in dieser Zeit und an diesem Ort an Macht gleich. Der Aztekenfürst verfügte weiter über ein ausgezeichnetes Spionage-System; jeder Schritt seines Gegenspielers, Cortés, wurde ihm im Laufe der Auseinandersetzungen hinterbracht.

Um wen handelte es sich bei seinem Widersacher Cortés?

Hernán Cortés

Hernán Cortés (1485–1547), ein gebürtiger Spanier, war ein von Ehrgeiz zerfressener Glücksritter, der zunächst die Juristerei studiert hatte, wodurch ihm vielleicht beigebracht worden war, wie man auf kluge Art das Recht beugt. Bereits in jungen Jahren kam er in der »Neuen Welt« an. Zunächst diente er dem spanischen Gouverneur auf Kuba als Sekretär. Sein brennendes Interesse galt jedoch dem sagenhaften Gold, das angeblich überall zu finden war. Seine Stunde kam, als der entdeckte Kontinent weiter auskartographiert und erobert werden musste, um dem spanischen Königshaus neue wichtige Einnahmequellen zu sichern. Mithilfe des Gouverneurs von Kuba richtete Cortés einige Schiffe aus und stach im Jahre 1519 mit 670 Mann in See, um die neuentdeckte Küste Mexikos sowie das Landinnere genauer zu untersuchen und auf mögliche Beute hin abzuklopfen. Er unternahm zunächst einige Raubzüge, in deren Verlauf er eine indianische Stadt mit Gewalt nahm. Die Unterworfenen übergaben ihm nebst anderen reichen Geschenken und Tributen 20 Sklavinnen. Eine dieser Sklavinnen, eine Häuptlingstochter, nahm Cortés zur Geliebten und zur Frau – sie diente ihm in der Folge als Dolmetscherin, Beraterin und Vermittlerin zwischen den Indianern und den Spaniern. Cortés kundschaftete daraufhin das Landinnere weiter aus und hörte schon recht früh von den Azteken und ihrer sagenhaften Hauptstadt Tenochtitlán. Die Berichte überstiegen alles, was sich ein goldgieriger Konquistador vorstellen konnte. Und so nahm sein Entschluss Gestalt an – er musste diese sagenhafte Hauptstadt erobern! Es galt, sich unendlich wertvolle Schätze unter den Nagel zu reißen und ein riesiges Reich zu errichten, das nur ihm unterstand. Als Beute winkte ein ganzes Imperium.

Aber auf der anderen Seite hatte auch Moctezuma II. durch seine Spione längst von Cortés und den Spaniern gehört. Seine Spitzel hinterbrachten ihm, dass eine riesige Streitmacht heranrückte – die auf »Bergen« gekommen sei.

Bergen? Die großräumigen Schiffe der Spanier dünkten die Azteken so gewaltig, dass sie sie als »Berge« bezeichneten, die das »Wasser bewegen« konnten.

Früh schon machte sich also der Aberglaube breit. Wieder und wieder schickte der Aztekenkönig seine Gesandten aus, die Cortés in der Folge mit Geschenken überschütteten. Mit diesen Geschenken forderte er den spanischen Konquistador unverblümt auf, seinem Reich und der Hauptstadt Tenochtitlán fernzubleiben, er suchte ihn mit anderen Worten zu bestechen und zu überreden, von seinen Eroberungsgelüsten abzulassen.

Die Konfrontation

Doch die Gier Cortés' wird durch diese überreichen Geschenke nur noch mehr angestachelt. Und so macht er sich eines Tages auf, um Moctezuma II. persönlich in seiner Hauptstadt aufzusuchen, auf seiner Insel, scheinbar in freundlicher Absicht.

Längst hat er in Erfahrung gebracht, dass viele indianische Völkerschaften der Herrschaft der Azteken ablehnend gegenüberstehen. Sie fühlen sich ausgebeutet und ihrer Freiheit beraubt. Und so schließen sich dem erfolgreichen Spanier mit der Zeit Tausende und Abertausende von Indianern an, die die Azteken hassen wie die Pest. Alle, alle beeindruckt Cortés mit seinen Pferden – riesige Tiere, die den Spaniern gehorchen und die die Indianer nicht kennen, die sie nur bestaunen können, und mit denen man die Krieger im Kampf einfach niederzureiten vermag. Weiter verfügen die Spanier über blitzende, metallene Rüstungen, die sie schützen; sie verfügen zudem über Gewehre und Kanonen – wer könnte solchen Kriegern etwas entgegensetzen?

Der Aberglaube greift weiter um sich. Die Spanier sind offenbar »unsterblich«. Und sie scheinen von einer anderen Welt zu kommen, sie sind aller Wahrscheinlichkeit nach die schon lange erwarteten Götter, von deren Rückkunft in alten indianischen Prophezeiungen die Rede ist. Und sie sind scheinbar nicht zu besiegen. Ja, mit ihnen im Verbund kann man den verhassten Aztekenfürsten Moctezuma das Fürchten lehren.

Die Wahrheit ist also, dass Cortés sich durchaus nicht nur auf ein paar Tausend Spanier stützen kann. Wieder und wieder stoßen neue spanische Soldaten und Glücksritter dazu. Außerdem entzweit er geschickt die Indianer untereinander, nicht anders als Cäsar ehemals die germanischen Stämme gegeneinander ausspielte.

»Divide et impera!« – »Teile und herrsche!«, lautet auch sein Wahlspruch, seine politische Richtlinie, denn Cortés ist intriganter als eine Schlange. Der »Feind«, sprich Moctezuma, kann unendlich geschwächt werden, wenn verschiedene indianische Völkerschaften in Scharen zu ihm überlaufen. Mehr und mehr Indianer, beseelt von Wut und Hass auf die Azteken, gleichzeitig unendlich beeindruckt von der überlegenen Waffentechnik der Spanier, schließen sich Cortés an. Alles läuft auf eine Konfrontation zu.

Als sich die beiden Führer dieser unterschiedlichen Kulturen schließlich das erste Mal begegnen, treffen zwei Welten aufeinander, wie sie unterschiedlicher nicht sein könnten.

Aber das erste Treffen verläuft friedlich. Man begrüßt sich mit wechselseitigem Respekt in der Hauptstadt, die Cortés endlich aufgespürt hat, aber Moctezuma erlaubt es Cortés nicht, ihn per Handschlag zu begrüßen – man berührt keinen Priesterkönig! Zu diesem Zeitpunkt glaubt Moctezuma noch immer, ungeschoren davonkommen zu können. Er lädt die Gäste aus der fremden Welt, die »weißen Götter«, sogar in einen seiner Paläste ein. Die Spanier staunen nur, als sie all der Pracht und des unendlichen Reichtums ansichtig werden. Der Aztekenhäuptling ist töricht genug, den Spaniern sogar geheime Kammern zu zeigen, in denen Schätze lagern, die jedes Vorstellungsvermögen übersteigen.

Auf einmal passiert es.

Unversehens gelangt die Nachricht zu Cortés, dass an einem anderen Ort Spanier von Azteken abgeschlachtet worden sind. Spielt Moctezuma falsch? Der Konquistador weiß auf einmal, er muss handeln, schnell handeln. Noch genießt er den Respekt und die Gastfreundschaft des Königs, aber 600 adlige Azteken in der Hauptstadt warten vielleicht nur darauf, ihm und seinen Spaniern heimlich des Nachts die Kehle durchschneiden zu können.

Cortés entschließt sich, einen unvorstellbaren Coup in Szene zu setzen. Er bemächtigt sich überfallartig der Person Moctezumas, er kidnappt ihn! Damit befindet sich der oberste Führer der Azteken in seiner persönlichen Gewalt. Von einem Augenblick zum anderen wird er degradiert zu einer

Marionette, die von Stund' an den Befehlen Cortés' Folge leisten muss. Anfänglich ahnt das Volk nichts – und Cortés kann durch den Mund Moctezumas nun seine Anweisungen erteilen.

Da geschieht erneut etwas Unvorhersehbares: Die Spanier unterbrechen eine blutige, eine heilige, eine religiöse Zeremonie der Azteken, vielleicht angewidert von dem Blut der Opfer, das dabei vergossen wird. Unverzeihbares Sakrileg! Augenblicklich erklären die Einwohner Tenochtitláns den Spaniern den Krieg. Wie kann man ihre religiösen Vorstellungen missachten, wie kann man es wagen, gegen ihre Götter die Stimme zu erheben!

Chaos bricht aus in der Hauptstadt.

Moctezuma II., vielleicht gezwungen von Cortés, tritt vor sein Volk, um es zu beruhigen, aber seine eigenen Untertanen fühlen sich von ihm längst verraten. Sie bewerfen ihn mit Steinen, beschießen ihn mit Pfeilen und töten ihren Herrscher, der offenbar mit den Fremden gemeinsame Sache macht. Bis heute ist nicht zur Gänze geklärt, ob nicht auch ein spanischer Dolch dabei mithalf, Moctezuma aus dem Leben zu befördern.

Jedenfalls stirbt der schier allmächtige König der Azteken.

Doch die Spanier wissen nun, dass ihr Leben keinen Pfifferling mehr wert ist.

Bei Nacht und Nebel, schwer beladen mit geraubten Schätzen, machen sie sich auf und schleichen über einen der Wege, die von der Insel zum Festland führen, davon. Aber ihre Flucht wird entdeckt. Die Azteken verfolgen sie wutentbrannt. Zahlreiche Spanier werden getötet, aber auch Tausende von Indianern, die mittlerweile auf der Seite der Spanier kämpfen. Die Verluste auf beiden Seiten sind gewaltig.

Der Konquistador verliert den Zeigefinger seiner linken Hand, er verliert Gold, Schätze, Waffen und Männer – von 1200 Soldaten überleben nur 425 Spanier.

Mit Mühe und Not entkommt Cortés mit einigen wenigen Getreuen. Und er schwört Rache, bitterliche Rache, furchtbare Rache!

Erneut wiegelt er einige indianische Völkerschaften auf, um gegen die verhassten Azteken mobilzumachen. Dann kehrt er nach Tenochtitlán zurück, um die scheinbar uneinnehmbare Hauptstadt auf der Insel zu zerstören. Er errichtet zunächst eine Blockade rund um die Insel, um die Azteken von der Nahrungszufuhr und vom Süß- und Trinkwasser abzuschneiden.

Zahlreiche kleinere Scharmützel folgen, die Azteken sind nicht bereit, so schnell aufzugeben. Cortés aber hungert die Hauptstadt aus.

Rund 24 000 Azteken sterben allein während dieser Belagerung.

Mehr und mehr Verbündete stoßen jetzt zu Cortés, weiter werden zahlreiche Kanus zu ihm und seinen Mannen getragen, mit denen man über den See rudern und die Azteken nun von allen Seiten angreifen kann.

600 Spanier und 50 000 indianische Verbündete kämpfen schließlich gegen die Azteken.

Dann nehmen die Spanier mit ihren Verbündeten die heiß umkämpfte Stadt ein. Block um Block wird erobert, Haus um Haus. Die Rotten des Cortés rasen, er kennt keine Gnade, alle Azteken werden niedergemacht und getötet.

Auf dem höchsten Tempel der Stadt versammeln sich die letzten Azteken, die tapfersten Azteken, um ihre Götter zu verteidigen. Aber Cortés besiegt auch die letzten Elite-Krieger. Der neue Führer der Azteken wird gefangengenommen, und die letzten Azteken hingeschlachtet. Cortés richtet ein Blutbad ohnegleichen an.

Die wichtigste Schlacht der Weltgeschichte in dieser Region ist geschlagen, Mexiko und viele andere südamerikanische Länder fallen in der Folge an Spanien, das kurzzeitig zur Weltmacht Nr. 1 auf Planet Erde aufsteigt.

Nie, nicht in der gesamten Geschichte der Menschheit, wurde so viel Beute gemacht!

DIE URSACHEN DES UNTERGANGS

Natürlich haben wir verschiedene geschichtliche Details in unserem Bericht unterschlagen. Wir haben »vergessen« zu erwähnen, dass Moctezuma II. seinen »Besuchern«, als noch alles nach Frieden roch, auch seine Goldbergwerke zeigte sowie die Häfen. Cortés ehelichte sogar eine Tochter des Aztekenkönigs.

Mit anderen Worten: Der Verlauf der Auseinandersetzung gestaltete sich durchaus nicht so gradlinig wie hier dargestellt.

Cortés selbst wiederum hatte zeitweilig sogar gegen einige Spanier zu kämpfen, die ausgesandt worden waren, um ihn und seine Offiziere gefangen zu nehmen.

Wir haben weiter »vergessen«, über die zahlreichen Allianzen dieses Cortés genauer zu berichten, über die Krankheiten, die die Indianer heimsuchten, und über die neuen Stadtfürsten, die der Konquistador eigenmächtig in verschiedenen indianischen Städten einsetzte. Kurz, über all die verschiedenen Etappen, Scharmützel und militärischen Bewegungen haben wir uns ausgeschwiegen – aus dem einfachen Grund, weil sie der Erkenntnis nicht viel bringen.

Weitaus bedeutsamer ist es dagegen, sich noch einmal die genauen Gründe für den Niedergang der Azteken vor Augen zu führen.

Bis heute rätselt man, warum die wilden Azteken mit ihren Elite-Kriegern so schnell besiegt werden konnten. Auf einige Punkte haben wir bereits aufmerksam gemacht, aber es gibt dazu noch entscheidende Details nachzutragen.

Insgesamt kann man wenigstens *drei* Hauptursachen für den Untergang der Azteken ausmachen. Noch einmal: Im Prinzip existierten *drei* Gründe für den Untergang der Azteken, die in aufsteigender Reihenfolge ihrer Bedeutung sich wie folgt ausnehmen:

Reflektieren wir zunächst noch einmal auf die beiden wichtigsten Figuren dieses Dramas, auf Cortés und Moctezuma.

***Zwei* destruktive Persönlichkeiten**, ein spanischer Eroberer und ein Indianerkönig, prallten in der wichtigsten Schlacht aufeinander – Persönlichkeiten, die uns bei Licht betrachtet beide keinerlei Respekt abnötigen.

Cortés war nichts als ein macht- und goldgeiler Konquistador, ohne jedes Gewissen, der sich ein Imperium zusammenzustehlen suchte und der dabei über Leichen ging. Zehntausende, ja Hunderttausende von Toten bedeuteten ihm nichts. Er bediente sich jedes schmutzigen Tricks, der in der politischen Arena zu finden war, und schlachtete die Indianer ab, ohne mit der Wimper zu zucken.

Ein Massenmörder!

Bei Moctezuma wiederum handelte es sich ebenfalls um eine unterdrückerische Figur, denn er beutete alle umliegenden indianischen Völkerschaften schamlos aus und ertränkte sie in ihrem eigenen Blut. Abergläubischer als Horoskop-Leser heute, versuchte er bei seinen Beutezügen stets die Götter zu bestechen, indem er ihnen fortwährend neue Blutopfer brachte und auf die grausamste Art Menschen töten ließ.

Vergessen wird gern, dass auch Moctezuma II. von Haus aus ein *Priester* war, der vor Angst zitterte, wenn es um die allmächtigen Götter ging. Stets fragte er die Götter um Rat, statt eine klare, vernünftige Entscheidung zu treffen, wobei ständig erneut Menschen geopfert wurden. Als ihm seine eigenen Zauberer jedoch die Niederlage prophezeiten, ließ er sie einfach töten.

Moctezuma war im Grunde genommen von Angst zerfressen. Anfänglich konnte er sie noch durch eine namenlose Brutalität übertünchen. Seine Antwort auf diese unnennbare Angst bestand darin, Bestechungsversuche zu unternehmen (gegenüber den Göttern und gegenüber Cortés). Ständig überhäufte er Cortés mit Geschenken, und ständig brachte er Blutopfer dar, um die Götter günstig zu stimmen.

Die »Politik« Moctezumas II. bestand zunächst darin, jede Begegnung mit den Spaniern zu vermeiden – nichtwissend, dass er mit seinen Geschenken die Gier Cortés' nur noch mehr anfachte. Danach traf er eine Fehlentscheidung nach der anderen, denn den spanischen Räubern die Goldbergwerke zu zeigen, die Schätze und die Hafenanlagen, war mehr als eine Dummheit.

Er spielte damit Cortés in die Hände, der in militärischen Kategorien denken konnte und aus der Unsicherheit des Aztekenkönigs schamlos Kapital schlug.

Als ihn Cortés gefangen nahm, war es um Moctezuma II. endgültig geschehen. Er ließ es zu, dass er wie eine Marionette behandelt wurde, an der Cortés nur die Fäden zu ziehen brauchte.

Nie mehr versuchte Moctezuma, die Freiheit wiederzuerlangen, er tat im Gegenteil alles, um den Spaniern zu Willen zu sein, ständig bemühte er sich um die Gunst dieser angeblich zurückgekehrten Götter, was uns erneut beweist, wie tief dieser König bereits gesunken war.

Der zornige Cortés dagegen schlug mit aller Brutalität und Härte zu. Und so gewann er ein Weltreich.

Natürlich kann eine höher entwickelte Zivilisation, vor allem wenn sie in militärischen Belangen überlegen ist, eine weniger entwickelte Zivilisation einfach im Handstreich nehmen und beiseitefegen.

Die aztekische Zivilisation war jedoch nicht nur in militärischer Hinsicht unterlegen, sondern auch in kulturellen Kategorien. Ein ganz offensichtliches Zeichen für diese Unterlegenheit waren die widerlichen Blutorgien der Azteken.

Blut, Blut, Blut – das war offenbar der Saft, mit dem die Götter bestochen werden konnten und mit dem man die Götter auf die eigene Seite zog. Hunderte, Tausende, vielleicht Zehntausende wurden auf den Altären der blutgierigen Priester geopfert, nur um die Götter milde zu stimmen.

Es gab eigene Feldzüge, die nur deshalb geführt wurden, um Gefangene zu machen, die in der Folge in blutigen Orgien den Göttern geopfert werden konnten.

Die Menschenopfer waren barbarisch. Noch lebend wurde ihnen das Herz aus der Brust gerissen, mit einem Steinmesser schnitt man den Brustraum auf. Nicht nur Krieger, auch Sklaven und sogar Kinder wurden den Göttern geopfert.

Die Priester bespritzten dabei sich selbst, die Götterstatuen und die Opfersteine mit dem kostbaren Menschenblut. Die Leiche warf man danach verächtlich die steilen Steinstufen der Tempel hinab. Manchmal briet man Teile eines (hochgestellten) Opfers und aß sie auf, vielleicht um sich die Kraft des Opfers einzuverleiben. Kinder wurden vor der Opferzeremonie in Käfigen gehalten, manchmal ließ man sie vorher verhungern. Immer ging es um die »Schuldzahlungen an die Götter«, damit jeden Tag die Sonne erneut aufgehen und man das Glück heraufbeschwören konnte.

Selbst Könige opferten ihr Blut, sie schnitten sich in Hand, Arme, Beine oder das Ohr, um die Gottheiten zu besänftigen. Nie sah die Welt eine solche Blut-Manie, nie eine solche Fixierung auf das Blut.

Wir wissen nicht, wann genau die Azteken begannen, diese Blutopfer, die es auch bei anderen Völkern gab – wie bei den Maya, den Juden und den Griechen etwa – so zu übertreiben. Die Maya vermuteten, dass das Blut der Sitz der Seele sei, und es ist nicht auszuschließen, dass die Azteken dieses Konzept von ihnen übernahmen. Jedenfalls steigerten sich die Azteken förmlich in einen Blutrausch hinein.

Hierfür waren in erster Linie die fanatisierten Priester verantwortlich. Als sich das Aztekenreich weiter ausbreitete und vermehrt Kriege geführt werden mussten, wofür man ständig den Segen und das Wohlwollen der eigenen blutrünstigen Götter brauchte, wurden diese Schlächtereien, diese Blutorgien, in immer größerem Stil durchgeführt.

Bei all ihren unendlichen Höhen, die sie erklommen hatten, bei all ihren erstaunlichen Errungenschaften, glaubten die Azteken dennoch daran, von zahlreichen Gottheiten abhängig zu sein. Es wimmelte bei ihnen tatsächlich von allen möglichen Göttern, die sie in jedes Naturgeschehen hineingeheimnisten.

Und so gelangen wir zu einem Schaubild, das die Überlebensfähigkeit und Stärke einer Zivilisation/Kultur illustriert.

Die Überlebensfähigkeit einer Kultur

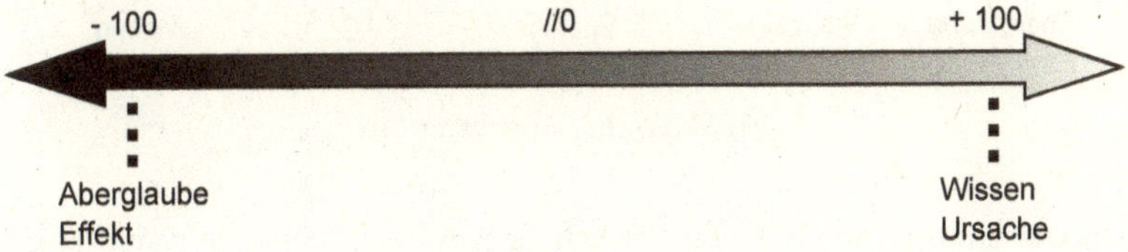

Die Skala des Aberglaubens

Wir können eine regelrechte kleine Skala konstruieren, die von minus 100 bis plus 100 reicht.

Bei minus 100 herrscht vollständiger Aberglaube, bei plus 100 keinerlei Aberglaube und echtes Wissen.

Aberglaube aber könnte mit *Effekt* gleichgesetzt werden, ein Volk nimmt an, dass es die Wirkung von Göttern, Geistern und Ahnen ist, es nimmt das Heft des Handelns nicht selbst in die Hand.

Ursächlichkeit dagegen bedeutet, dass ein Volk über tatsächliches Wissen verfügt, sei es in Bezug auf die Natur oder andere Gebiete, es muss nicht Zuflucht nehmen zu Göttern, die man günstig stimmen muss.

Und so gilt folgender Satz:

> Je höher der Aberglaube, umso leichter ist ein Volk zu besiegen und umso schneller geht es unter.

Der Umkehrsatz gilt ebenfalls:

> Je weniger abergläubisch ein Volk ist, umso stärker, intelligenter und überlebensfähiger ist es.

Die Azteken befanden sich auf dieser angenommenen Skala vielleicht bei minus 50, um einen willkürlichen Wert anzunehmen, die Spanier dagegen vielleicht bei 0.

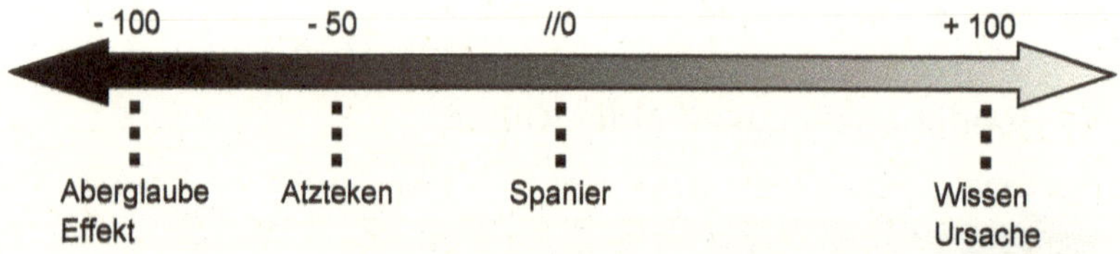

Die Skala des Aberglaubens

Und so konnten die Azteken leicht besiegt werden, denn sie waren ja im Grunde genommen nicht für Sieg oder Niederlage verantwortlich, sondern ihre Götter.

Und Götter waren vielleicht sogar die Eindringlinge, die Spanier!

Sie hatten den Krieg also bereits in ihren eigenen Köpfen verloren, bevor sie in der Realität und Wirklichkeit geschlagen wurden.

Die Azteken *konnten* nur verlieren.

Dennoch sollte man nie vergessen, dass es stets konkrete Personen waren, die solchen Aberglauben schürten! Es waren im Falle der Azteken wie gesagt die *Priester*, die diesem Irrglauben Rückenwind gaben. Von ihm hing ihr eigenes Einkommen und ihre eigene Reputation ab. Sie schürten diesen Aberglauben und forderten immer mehr Opfer ein, wodurch sie sich zudem die Hände befleckten. Und so degenerierte das unglaublich kluge, hochstehende Volk der Azteken, verführt durch einige fanatische Priester. Es suchte sein Heil in Blutorgien, statt sich mit der Wirklichkeit auseinanderzusetzen.

Wieder einmal spielten also die *Priester* eine verheerende Rolle – nicht anders als bei den alten Indern und den alten Ägyptern etwa, wo Priester ebenfalls zu dem Untergang ihrer Reiche beitrugen. Und so führten im Grunde genommen Priester auch den Niedergang des Aztekenreiches herbei, denn selbst Moctezuma II., erinnern wir noch einmal daran, war ebenfalls – ein Priester!

Dennoch gibt es noch einen weiteren Faktor, der sogar noch bedeutsamer ist, wenn wir den Untergang des aztekischen Riesenreiches betrachten.

Der mit Abstand wichtigste Grund für den Fall des Aztekenreiches bestand in den ewigen Kriegen, die dieses Volk führte. Die Azteken hatten nichts Besseres zu tun, als andere indianische Bevölkerungen ständig zu unterdrücken, auszubeuten und zu töten. Niemand war verhasster als die Azteken. Und so konnten sie diesem hinterlistigen, raffinierten Cortés nichts entgegensetzen, der den Hass gegen die Azteken geschickt ausnutzte und die Indianer gegeneinander ausspielte.

Wiederholen wir: Cortés, zweifellos ein Halunke, ein Massenmörder, ein Halsabschneider und ein Räuber, der im Weltmaßstab stahl, gelang es nur deshalb, verschiedene indianische Völkerschaften auf seine Seite zu ziehen, *weil* sie sich von den Azteken unterdrückt fühlten. Es gelang ihm, die Indianer untereinander zu entzweien – er war der lachende Dritte und triumphierte zu guter Letzt.

Erneut fühlen wir uns an das Schicksal der Inkas erinnert.

Sprich, Cortés konnte seine namenlosen Blutbäder nur deshalb anrichten, weil die Azteken zuvor die übrigen indianischen Völkerschaften schamlos ausgebeutet hatten. Das Aztekenreich war bereits verfault und innen hohl, *bevor* es von den Spaniern geradezu im Handstreich genommen wurde.

Noch einmal: Jedes Reich zerstört sich letztlich selbst. Das gilt auch für die Perser, die Griechen, die Römer und so fort.

Die raffinierten Römer konnten den Untergang des römischen Weltreiches immerhin um einige Jahrhunderte hinauszögern, indem sie germanische Söldner in ihre Heere aufnahmen. Sprich, die Römer suggerierten den umliegenden Völkerschaften, dass man *mit* Rom gewinnen konnte, man wusste, dass Rom jedem Karrierechancen bot. Die Römer offerierten ein Spiel, das andere Völker *integrierte*, das sie nicht *ausschloss*. Rom versuchte eine Zeit lang, zumindest unter seinen klügsten Kaisern, gewissermaßen eine übernationale Ordnung herzustellen, es bot jedem, der guten Willens war, ein Betätigungsfeld, einen Rahmen, in dem man hoch, ja sehr hoch aufsteigen konnte.

Die Azteken dagegen beuteten die umliegenden Völkerschaften nur schamlos aus, wodurch sie sich Zehntausende von Feinden machten. Sie verstanden nichts von Politik.

Das Aztekenreich war außerdem nicht durch gewaltige Schutzwälle, Mauern und Wachtürme gesichert. Man überfiel lediglich die Nachbarstädte, stahl deren Erzeugnisse und führte ihre Krieger weg, um sie auf den eigenen Altären blutig zu opfern.

Das *gesamte* aztekische System war nur darauf ausgerichtet, in militärischer Hinsicht Überlegenheit zu demonstrieren, es handelte sich um ein Banditensystem.

Im Mittelpunkt aller Betrachtungen stand stets der Krieg.

Die Söhne der Familienoberhäupter etwa durften nur dann ihr Erbe antreten, wenn sie sich im Krieg ausgezeichnet hatten. Jeder Azteke war zum Kriegsdienst verpflichtet, wenn es der König einforderte, für alle bestand Wehrpflicht.

Schon bei der Geburt wurde der Sohn dem Krieg geweiht, die ganze Erziehung war militärisch ausgerichtet. Ein hohes Amt durfte man nur dann übernehmen, wenn man sich zuvor im Krieg bewährt hatte. Der Gott des Krieges war den Azteken wichtiger als jeder andere Gott, nur der Gott der Sonne oder der Gott des Regens konnte mit ihm konkurrieren. Im Grunde genommen war die gesamte »Religion« in ihrer Endphase völlig auf den Krieg fixiert. Gefallene Krieger durften nach ihrem Tode angeblich die Sonne auf ihrem Weg begleiten, Azteken jedoch, die eines natürlichen Todes starben, gelangten in die grässliche Unterwelt.

Die Priester machten also den Menschen weis, wie begeisternd und lohnend es ist, im Krieg zu sterben – nicht anders, als es heute im fundamentalistischen, radikalen Islam geschieht oder wie es christliche Päpste, Prediger und Kriegstreiber während der Kreuzzüge taten.

Alles wurde auf das Militär zugeschnitten: das Familienleben, der Glaube, die Religion, die Gesellschaftsordnung – einfach alles.

Und so war es für Cortés schließlich ein Leichtes, andere Indianerstämme auf seine Seite zu ziehen, die hofften, endlich das Joch der Azteken abschütteln zu können, die nur ein Vergnügen kannten: den Krieg und die Unterwerfung der umliegenden Völkerschaften. Die anderen indianischen Völker warteten lediglich auf eine Gelegenheit, zurückzuschlagen, ohne zu ahnen, dass die Spanier noch sehr viel grausamere Unterdrücker sein würden als die Azteken. Weiter wussten sie nicht, dass die Spanier Krankheiten einschleppen sollten, an denen später rund 90 Prozent der gesamten Bevölkerung starben. Sie befreiten sich aus den Azteken-Fesseln, nur um sich später noch stärkere spanische Ketten umlegen zu lassen.

Und so ist es müßig, heute darüber zu reflektieren, wer in diesem Krieg »recht« hatte oder »unrecht« – wie das inzwischen gerne getan wird.

Sehen wir also von der militärischen Überlegenheit der Spanier und der Goldgier der Spanischen Majestäten ab, die durch all diesen entsetzlichen Verbrechen und mit dem Gold der Indianer ihre eigenen elenden Kriege in Europa finanzierten! Stöbern wir nicht nur an der Oberfläche herum, und versuchen wir die tieferliegenden Ursachen für den Untergang des Aztekenreiches auszuforschen.

Wenn wir genau dies tun, so erkennen wir, dass die Schwäche Moctezumas II., die Priester mit ihrem Aberglauben und Blutdurst und diese fanatische Ausrichtung auf das Militär und die Unterdrückung der umliegenden Völkerschaften dafür verantwortlich waren, dass das Aztekenreich vom Antlitz der Erde verschwand.

Was aber geschah in der Folge mit diesem ominösen Cortés?

Der »Sieger« in diesem Krieg, der »Macht« völlig neu auf Planet Erde definierte, hieß Hernán Cortes. Sein Sieg über die Hauptstadt der Azteken im Jahre 1521 markierte den Wendepunkt – die Spanier fielen nun wie Hyänen über das Land her. Jetzt starben Millionen von Indianern, die meisten durch eingeschleppte Krankheiten. In der Folge führte Cortés viele weitere Kriege, woraufhin er selbst unendlich hoch stieg. Ihm wurde der Posten des Generalgouverneurs von *Neuspanien* zugesprochen – womit eine unendliche Machtfülle einherging.

Neuspanien? Damit bezeichnete man einen Teil Nordamerikas und ganz *Mittelamerika*! *Mittelamerika* umgriff die Länder zwischen Nord- und Südamerika und mit ihnen zahlreiche Inseln.

Cortés herrschte nun also über einen halben Erdteil, wenn man so will, selten in der Geschichte verfügte ein einzelner Mensch über so viel

Macht. Der letzte aztekische Herrscher wurde im Jahre 1525 hingerichtet, nachdem er von Cortés zuvor gefoltert worden war, um von ihm in Erfahrung zu bringen, wo er weitere Goldschätze versteckt hielt. Fast alle Gebäude Tenochtitláns wurden zerstört, auch die Tempel und Pyramiden, Symbol für die ehemalige Macht der Azteken. Auf den Ruinen errichtete man neue Prachtgebäude, unter anderem Kathedralen, wofür teilweise die Steine der alten Tempel benutzt wurden. Die aztekische Bevölkerung, die überlebt hatte, wurde zum Christentum »bekehrt« und in den Dienst der Spanier gezwungen. Cortés herrschte nun wie ein König über all diese Ländereien, nach dem spanischen Kaiser war er der mächtigste Mann auf Erden.

Dies rief natürlich Neider auf den Plan, die ihn in Spanien anschwärzten. Boten, die Cortés nach Spanien sandte, um ihn ins rechte Licht zu rücken, wurden ins Gefängnis geworfen, seine Goldgeschenke und Berichte an den Kaiser unterschlagen. Wutentbrannt machte sich Cortés also selbst nach Spanien auf, um auf seine »Verdienste« aufmerksam zu machen.

Wie Kolumbus, suchte er bei seinem Besuch den spanischen Kaiser unendlich zu beeindrucken, er führte wild dreinblickende Kampfgefährten mit sich, adlige Indianer, indianische Musiker und Sänger, Gold, Edelsteine und exotische Tiere.

Rasch ließ ihm der spanische Kaiser alle Ehren erweisen, während er hinter seinem Rücken bereits nachsann, wie er die unendliche Machtfülle dieses Konquistadors beschneiden konnte.

Cortés rechtfertigte sich nun persönlich, wies falsche Anklagen zurück, deutete nachdrücklich auf seine Eroberungen hin, die er im Namen der spanischen Krone gemacht hatte, und flunkerte ordentlich, um seine Verdienste in einem möglichst hellen Licht erstrahlen zu lassen. Die Spanische Majestät nickte gnädig, der Kaiser wusste, ohne die Gold- und Silberlieferungen aus Neuspanien hätte er nie und nimmer seine europäischen Kriege finanzieren können. Er verlieh Cortés schließlich den Titel eines *Ritters vom Heiligen Jacob* und eines *Marqués del Valle de Oaxaca*, wodurch der Konquistador in den Hochadel aufstieg. Er ernannte ihn darüber hinaus zum Generalkapitän von Neuspanien – aber er schanzte ihm beileibe nicht alle Ländereien und Orte zu, die Cortés erobert hatte. Der Kaiser, Karl V., selbst ein Fuchs in Sachen Macht, behielt die Oberherrschaft über alle Häfen und schmierte Cortés im Grunde genommen juristisch aus – indem er ihm zwar einige wichtige Orte unterstellte, aber nicht deren riesige Einzugsgebiete. Gleichzeitig wurde Cortés nicht wieder zum Generalgouverneur eingesetzt, wodurch er des wichtigsten politischen Postens verlustig ging. Die Führung Neuspaniens behielt sich der Kaiser selbst vor. Er bestellte auf einflussreiche Posten schnell neue Männer, die nicht so gefährlich wie Cortés waren und die ihm aus der Hand fraßen.

Ungeschminkt gesagt übertölpelte der Kaiser Cortés, er speiste ihn mit ein paar hübschen Titeln ab, so wie man heute einem Soldaten ein paar blecherne Orden auf die Brust heftet, und gestand ihm lediglich die militärische Führung zu.

Cortés erkrankte daraufhin. Er kehrte enttäuscht nach Neuspanien zurück und konzentrierte sich schließlich auf weitere Eroberungen.

Tenochtitlán wurde in *Ciudad de Mexico*, in *Mexico City* umbenannt.

Das gesamte Ergebnis im Überblick? Insgesamt starben aufgrund der spanischen Eroberungen und der eingeschleppten Seuchen rund 15 Millionen Indianer in Süd-, Mittel- und Nordamerika, rund 5 Millionen Menschen mehr als im Ersten Weltkrieg!

Viele Jahre gingen ins Land. Nur noch einmal reiste Cortés nach Spanien, im Jahre 1541, um erneut bestimmte Ansprüche vor Gericht durchzusetzen, doch er fand kein Gehör mehr. Der Kaiser erlaubte ihm lediglich, sich einem spanischen Feldzug gegen die Algerier in Nordafrika anzuschließen.

Gleichzeitig wurde der Konquistador nun von seinem eigenen Kaiser geschnitten und ins politische Abseits gerückt.

Ansprüche, die er erneut erhob, beim Finanzministerium in Spanien etwa, wurden abgeschmettert, man vertröstete ihn und hielt ihn mit juristischen Spitzfindigkeiten hin – nicht anders als man es ehemals mit Christopher Kolumbus getan hatte.

Zornig und gallig fuhr Cortés zurück nach Neuspanien, wo er wenig später starb, im Jahre 1547, namenlos enttäuscht von Karl V.

Der schlaue und intrigante Eroberer fiel letztlich der Schlauheit und der Intriganz seines eigenen Kaisers zum Opfer, in dessen Namen er getötet und gemordet hatte.

FAZIT

Was können wir aus all diesen geschichtlichen Ereignissen lernen?

Versuchen wir, einige Axiome oder Lehrsätze zu formulieren. Sie lauten so:

Axiome

- Für den Aufstieg einer Nation sind die Schriftsprache und die Ausbildung von entscheidender Bedeutung.
- Know-how und Wissensvorsprung führen Blüten herbei.
- Blüten werden herbeigeführt durch die Förderung der Wirtschaft (die Landwirtschaft, die Erhöhung der Produktion auf verschiedenen Gebieten, durch das Handwerk, den Handel, die Bauwirtschaft und so fort) und durch lange Friedensperioden.
- Zum Niedergang eines Reiches führen zu viele Kriege, strategische Überdehnungen, die Missachtung der Menschenrechte, Hierokratien (= Priesterherrschaften) und das Versäumnis, Innovationen zu fördern.
- Auch Religionen unterliegen dem Zyklus von Geburt, Veränderung und Tod:
  1. Beginn/Aufstieg: höchste Weisheit, Aufruf zu wahrer Ethik
  2. Fortdauer: Abänderung der ursprünglichen Lehren
  3. Ende/Verfall: mangelnde Integrität der Priesterkaste, mentale Kontrolle durch die Priester und finsterster Aberglaube
- Für den Verfall einer Kultur/Zivilisation sind Priester oft mitverantwortlich.
- Kennzeichen des Verfalls sind: Geld-, Besitz-, Macht- und Sexgier und die Förderung des Aberglaubens.

- Perversionen, Sittenlosigkeit und Ausschweifungen sowie eine Überbetonung des Sexus führen zu einem Niedergang von Herrscherfamilien, Völkern und ganzen Kulturen. Beispiele: Die Tolteken mit Quetzalcoatl, die Geschichte Indiens, das osmanische Weltreich, das alte Rom und das alte Griechenland in ihren Niedergangsphasen.
- Eine destruktive Persönlichkeit an der Spitze eines Staates/Reiches kann den Untergang eines Staates/Reiches beschleunigen und sogar herbeiführen. Beispiele: Moctezuma II., Nero, Caligula, Hitler, Saddam Hussein und so fort.
- Wenn unterworfene Völker eines Weltreiches trotzdem »gewinnen« können und ein gutes Überlebenspotenzial für sich sehen, hat ein Weltreich länger Bestand, und der Niedergang des Weltreiches wird aufgehalten.
- Wenn unterworfene Völker eines Reiches nur unterdrückt, ausgebeutet, versklavt und getötet werden, stehen selbst Weltreiche auf tönernen Füßen und fallen rasch auseinander. Beispiele: Das alte Rom, das unterworfenen Völkerschaften zeitweise Rechte zugestand und deshalb den eigenen Niedergang aufhielt, das Schicksal des Sowjetreiches im 20. Jahrhundert, das erstaunlich rasch auseinanderfiel, weil es umliegende Völkerschaften nur unterdrückte, die Operationsweise der USA in Bezug auf Deutschland und Japan, die beiden Ländern Hilfe nach dem Zweiten Weltkrieg angedeihen ließ – und die Reiche der Inkas und der Azteken, die andere Indianerstämme nur unterdrückten und deshalb rasch besiegt werden konnten.
- Je abergläubischer eine Gesellschaft/Nation ist, umso leichter kann sie besiegt werden und desto früher verschwindet sie aus der Geschichte. Beispiele: Die Historie Indiens, die Endphase des Aztekenreiches, die Begegnungen des Kolumbus und des Cortés mit vielen Indianerstämmen, das Schicksal der Aborigines in Australien und so weiter.

Keine geringe Ausbeute!

Allein an diesem Beispiel erkennt man, wie viel man durch die Parahistorie lernen kann, denn sie vergleicht ständig und sucht von einem übergeordneten, übernationalen und internationalen Gesichtspunkt aus zu urteilen.

Die Parahistorie reflektiert zudem auf ethische und unethische Verhaltensweisen ungleich intensiver als die »normale« Historie.

Weiter untersucht die Parahistorie stets die spirituellen und religiösen Umstände sehr viel genauer als die akademische Historie, die selten tief genug in dieses Fachgebiet eindringt und alles vorschnell mit dem Schildchen »Aberglaube« abtut.

Die Parahistorie versucht, in erster Linie zu einem *Verständnis* zu gelangen und reiht nicht willkürlich ein historisches Datum an das andere, sie gewichtet die unterschiedlichen Informationen. Und sie sucht wertvolle Erkenntnisse in Stein und Eisen zu schlagen, sodass man aus der Geschichte *lernen* kann.

Welche andere Art der Historie könnte unterhaltsamer und lehrreicher sein?

DAS CHRISTENTUM UND ALTÄGYPTISCHE GLAUBENS-VORSTELLUNGEN

Ägypten, Ägypten, Ägypten.

Über kein anderes Land war viele Jahrhunderte lang weniger bekannt. Das hatte teilweise damit zu tun, dass die Hieroglyphen erst relativ spät entziffert werden konnten. Erst ab dem 18. und 19. Jahrhundert begannen wir diese Hochkultur genauer wahrzunehmen – zuvor war es nur ein Land voller Geheimnisse.

Teilweise war der Grund für unsere Unkenntnisse darin zu finden, dass es den christlichen Priestern durchaus nicht passte, zuzugeben, dass vieles innerhalb der eigenen Religion einfach von den alten Ägyptern übernommen worden war. Ägyptische Götter, ägyptisch-religiöse Lehren und auch die Rolle der ägyptischen Priester wurden deshalb schnell abgebügelt, weil die Parallelen zum Christentum gar zu augenfällig waren. Deshalb besteht bis heute ein enormer Nachhol- und Aufklärungsbedarf, was das alte Ägypten angeht.

Untersuchen wir deshalb einmal sehr genau die Rolle der ägyptischen Götter und ihrer Priester – und zeigen wir die erstaunlichen Ähnlichkeiten zum Christentum auf, bevor wir auf einige brisante parahistorische Einsichten eingehen.

DIE ÄGYPTISCHEN GÖTTER

In einem früheren Kapitel sind wir bereits auf die verschiedenen Götter Ägyptens eingegangen, aber untersuchen wir nun auch einige andere Götter, und zwar aus einer völlig anderen Perspektive.

Das gesamte Leben der alten Ägypter wurde von ihren Göttern beherrscht.

Selbst der Pharao wurde als Gott betrachtet – obwohl es inzwischen auch Ägyptologen gibt, die dies infrage stellen.

Als höchster Gott galt *Re* oder *Amun* oder *Amun-Re,* der »König der Götter« – wir haben bereits auf ihn aufmerksam gemacht. Es handelte sich bei ihm um einen Sonnen- und Fruchtbarkeitsgott, dessen Macht von keinem anderen Gott übertroffen wurde, jedenfalls eine geraume Zeit lang. Synonyme für ihn waren »Hauch des Lebens für alle Dinge« oder »Herr der Throne beider Länder«, womit man auf Ober- und Unterägypten deutete. Amun-Re war der Haupt- und Schöpfergott Ägyptens, er war eine Art Gottvater – und deshalb durchaus vergleichbar mit dem Gottvater des Christentums. Tempel des Amun-Re gab es zuhauf.

Erst mit der Zerstörung Thebens (663 v. Chr.) stieg *Osiris* zum wichtigsten Gott der Ägypter auf und verdrängte Amun-Re vom ersten Platz. Osiris war der Gott der Wiederauferstehung. Das Motiv der »Wiederauferstehung von den Toten« wurde später vom Christentum nahtlos übernommen. Es ist denkbar, dass die Gestalt des Osiris dabei als Inspiration diente.

Bei den alten Ägyptern gab es einen reich bevölkerten Götterhimmel. Einige ägyptische Götter wurden ohne viel Federlesen von anderen Völkerschaften übernommen und wanderten aus anderen Ländern ein, aus Syrien, Libyen und Nubien etwa. *Anat,* die Göttin des Krieges, die auch als

Schutzgöttin gegen wilde Tiere diente, stammte beispielsweise ursprünglich aus Libyen.

Viele Götter hatten mit dem Leben nach dem Tod und dem Totenkult zu tun.

Darüber hinaus gab es Götter, die nur in bestimmten Ortschaften verehrt wurden. Die meisten Götter oder Göttinnen hatten genaue Funktionen. So gab es einen eigenen Gott, der nur in den Eingeweiden eines Menschenkörpers lebte (*Babi*), einen Heilgott für Blinde und Augenkranke (*Chenti-irti*) oder einen Gott, der für das Korn zuständig war. Es existierten Beschützergottheiten für Kinder und Frauen, für Jäger und Soldaten, und sogar ein eigener Gott, der nur für die Weber zuständig war. Es gab Baumgottheiten, einen Beschützer des Magens, einen Gott für die Lunge, einen Gott des Kornes, und sogar eine Göttin des Bieres (*Tjenenet*), was besonders die Deutschen, die passionierten Biertrinker, erfreuen dürfte.

Für alle möglichen Körperteile und Krankheiten, die geheilt werden sollten, gab es Götter.

... UND DIE HEILIGEN DER CHRISTEN

Da im Christentum nur die »Heilige Dreifaltigkeit« göttlich war – jeder andere Glaube war »Ketzerei« – durfte es keine anderen Götter neben dem Hl. Geist, Gottvater und Jesus geben. Trotzdem existierte das Bedürfnis, ein höheres Wesen anzurufen, wenn eine Krankheit zuschlug. Deshalb mutierten die ägyptischen Götter im Christentum zu »Heiligen« oder »Patronen«. Nicht anders als ehemals bestimmten ägyptischen Göttern der Vorzug gegeben wurde, wenn man einer präzisen Krankheit zu Leibe rücken wollte, wurden im Christentum später Heilige oder Märtyrer angerufen. Es gab genau ausdifferenzierte Empfehlungen, die dem (christlichen) Gläubigen diesen oder jenen Heiligen ans Herz legten – abhängig von dem Problem oder dem Leiden.

Für Angstzustände und Alkoholismus war beispielsweise Johannes der Täufer zuständig. Bei Augenkrankheiten konnte unter anderem angeblich Joseph von Nazareth helfen oder der hl. Hieronymus. Bei Bauchschmerzen rief man Wolfgang von Regensburg an, bei Beinleiden Fridolin von Säckingen. Blähungen heilte vorgeblich der hl. Blasius, Burstschmerzen die hl. Anna. Für Durchfall war Germanus von Auxerre zuständig, für Eitergeschwüre Quirinius von Rom. Im Fall der Epilepsie gab es mehr als 20 Heilige, die man anrufen konnte, bei Fieber sogar mehr als 50. Arbogast von Straßburg half bei Fußleiden. Im Falle von Gehörkrankheiten rief man idealerweise Ludwig IX. an. Bei Hämorrhoiden half angeblich Fiacrius. Hexenschuss war das Fachgebiet des hl. Laurentius, Hysterie die Domäne des hl. Vitus. Bei Kopfschmerzen besaß man die Auswahl zwischen wenigstens 30 Heiligen. Ohrenleiden oder Magenleiden wurden wiederum anderen Märtyrern oder Heiligen zugeordnet. Räude heilte die hl. Regina, Rückenschmerzen der hl. Thomas. Für Seuchen war der hl. Sebastian zuständig, Syphilis, Taubheit und Tollwut wiederum fielen in das »Fachgebiet« anderer Heiliger. Sogar der Tollwut bei Hunden konnte man zu Leibe rücken, nämlich indem man Hubertus von Lüttich anrief. Für die Trunksucht war Matthäus zuständig, für Zahnschmerzen der hl. Christophorus So belehrt uns jedenfalls Reinhard Rinnerthaler in seinem Verzeichnis der Krankheits-Patronate, das einem Who's who der christlichen Heiligenschar gleicht.[62]

Die Aufgaben der ägyptischen Götter übernahmen also später in unseren Breiten die christlichen Heiligen.

Im Christentum mutierte Isis, die »Gottesmutter«, zur heiligen Maria. Amun-Re besaß wie schon ausgeführt gewisse Ähnlichkeiten mit dem christlichen Gottvater, und der wiederauferstandene Osiris erinnert zumindest in einigen Zügen ein wenig an Jesus Christus.

Die Liebe zu den Tieren dagegen dichtete man im Christentum Franziskus von Assisi an, während die Ägypter hier weitaus ausdifferenzierter urteilten und vielen Göttern die Aufgabe übertrugen, für bestimmte Tierarten verantwortlich zu sein. Die Natur stellte man sich im alten Ägypten von zahlreichen Dämonen bevölkert vor, die im Christentum zu »Teufeln« mutierten.

Es gab bei den alten Ägyptern darüber hinaus schon ein Letztes Gericht, einen Sündenkatalog, der verdächtig an die Zehn Gebote erinnert, eine Art Hölle (*Duat* genannt) und Gebete, die so weit von christlichen Anrufungen nicht entfernt sind.

Auch ein »ewiges Leben« gab es im Nilland. Man nahm an, dass ein Toter, wenn er alle Hindernisse im Jenseits genommen hatte, nach Belieben in einem Stern, einer Pflanze, einem Tier oder einem neuen Menschenkörper reinkarnieren könne, dass er also wiedergeboren wurde und weiterlebte. Aber es gab auch eine Art »Himmel«. Die alten Ägypter glaubten, man könne nach dem Tod sogar zu einem Gott werden, wenn man es nur richtig anstellte, die entsprechenden Zaubersprüche auswendig lernte und die Priester bestach oder ihnen horrende Gelder oder Gold zukommen ließ.

Die Ähnlichkeiten zum Christentum sind frappierender als die Unterschiede.

WEITERE PARALLELEN ZWISCHEN CHRISTEN UND ÄGYPTERN

Die Erfinder und Hüter der Schrift

In Ägypten wie im Christentum waren die Priester die Hüter der Schrift. Im Rahmen des Christentums wurde man belehrt, dass das WORT von Gott stammte. Gottvater hatte also einst den Menschen die Sprache gegeben, so stand es jedenfalls in der Bibel. Die »Machthaber« über alle Buchstaben und Wörter waren deshalb lange ausschließlich die christlichen Priester, nur sie verstanden es zu lesen und zu schreiben.

Die Ausbildung lag in unseren Breiten einst vollständig in den Händen dieser christlichen Priesterkaste, noch im 8., 9. und 10. Jahrhundert n. Chr., bis sich das Bild langsam wandelte und auch »weltliche« Ausbildungsstätten zugelassen wurden.

Herrscher über das Wort und die Schrift waren im alten Ägypten ebenfalls anfänglich nur die Priester. Es gab drei Götter, die Anspruch darauf erhoben, Hüter der Schrift zu sein. Von besonderer Bedeutung war zunächst *Seschat*, die Göttin der Schreib- und Rechenkunst. Seschat (oder Seschet, wörtl. Bedeutung: die Schreiberin) war auch für den Ahnenkult zuständig, sie reinigte die Gliedmaßen der Verstorbenen, aber vor allem war sie die Schutzgöttin der Schreiber, der Tempelbibliotheken und der Baumeister. Manchmal wurde sie als Schwester, Tochter oder Gattin *Thots* dargestellt.

Thot war der eigentliche Gott der Schrift. Zugegeben, es gab noch einen Gott *Hu*, der Mund, Lippen und Zunge Res repräsentierte. Aber Hu war nur eine Art Hilfsgott. Er symbolisierte den (zur Sprache gewordenen) Schöpfungsbefehl des höchsten Gottes. Er war ein Götterbote. In seiner Bedeutung weit überragt wurde er wie gesagt von Thot, dem Gott der Schreiber und Gelehrten, der der Überlieferung nach die Hieroglyphenschrift erfunden und sie dem Menschengeschlecht übergeben hatte. Womit wir erneut bei einem hochinteressanten Thema sind.

Wenn wir dem »Erfolg« der Hochkultur des alten Ägyptens auf der Spur sind, müssen wir in erster Linie auf die Erfindung und Entwicklung der Schrift verweisen – nicht anders als im Fall der Sumerer. Aufgrund der

Schrift konnten die Ägypter endlich Informationen auf sichere Art weitergeben, konkret durch die Entwicklung der *Hieroglyphen*.

Die »heiligen Schriftzeichen, in Stein eingraviert« oder die »heiligen Eingrabungen«, soweit die wörtliche Übersetzung des Ausdrucks *Hieroglyph*en, galten als die »Worte der Götter«. Sprich, man nahm im alten Ägypten an, dass einst Götter den Menschen die Schrift übergeben hatten. Der Überlieferung gemäß hatte wie gesagt ein Gott namens *Thot* die Hieroglyphen geschaffen – dem ein sagenhaftes Alter und Tausende Bücher angedichtet wurden, die er vorgeblich verfasst hatte.

Thot galt als der Gott der Weisheit, der Wissenschaft und der Schreiber. Unter anderem wurde er gern dargestellt als Pavian oder als Mensch mit einem Ibiskopf.

Wenn man von Thot spricht, muss man im gleichen Atemzug auf die Gottesdiener verweisen. Mit anderen Worten: *Priester* des Thot halfen mit, die Hieroglyphen zumindest weiter auszudifferenzieren. Verantwortlich für die Weitergabe der Schrift waren immer die *Priester.*

Das gesamte Schulwesen konnte erst jetzt eigentlich entstehen.

Die Hieroglyphen, die »heiligen eingemeißelten Gottesworte«, bestanden ursprünglich aus einer unkomplizierten *Bilderschrift*, die allein durch ihre optische Aussagekraft bereits eine Kommunikation, eine Botschaft, transportieren konnte. Es verhielt sich anders als bei den Sumerern oder der chinesischen Schrift, die alle ebenfalls ursprünglich Bilderschriften gewesen waren.

Zuvor waren die Ohren von erstrangiger Bedeutung gewesen, Töne und Geräusche hatten Wörter transportiert. Jetzt transportierte man Wörter, indem man das Auge benutzte. Und also entstanden zunächst zahlreiche Bild-Wörter. Die Sonne, dargestellt durch einen runden Kreis, wäre ein Beispiel für ein solches Bild-Wort. Jeder im alten Ägypten wusste, dass damit auf die Sonne und auf den Sonnengott gedeutet wurde. Ganze Wörter, leicht zu verstehende Wörter, wurden im alten Ägypten auf einmal durch gut verständliche, optische Darstellungen vermittelt.

Doch schon bald erhob sich die Notwendigkeit, auch abstraktere Begriffe darzustellen. Und so entstanden die *Ideogramme.* Der Begriff »Ideogramm« setzt sich zusammen aus dem griechischen Wort *idea = Gestalt, Form* und dem Wort *graphein = schreiben.* Die alten Ägypter oder die Priester des Thot sahen sich also nach einer Weile dem Problem gegenüber, auch nicht so leicht abbildbare Begriffe oder Eigenschaften darzustellen, also etwa Wörter wie *Macht, Luft, Kälte, nass* oder *trocken.*

Es war leicht, Wörter in Form von Bildern darzustellen. Aber Ideogramme, die eine schwierigere Sache zum Ausdruck bringen sollten, konnte man nicht so einfach wiedergeben. Ideogramme waren nicht optisch eins zu eins zu »übersetzen«. Man musste relativ willkürlich einem Begriff, einer Sache oder einer Eigenschaft ein Bild zuweisen und sich einfach darauf verständigen, dass eben dieses Bild etwas sehr Präzises symbolisierte.

Wie also sollte man beispielsweise den Begriff »Macht« zum Ausdruck bringen – ein relativ abstrakter Sachverhalt? Man entschied sich letztendlich für dieses Ideogramm:

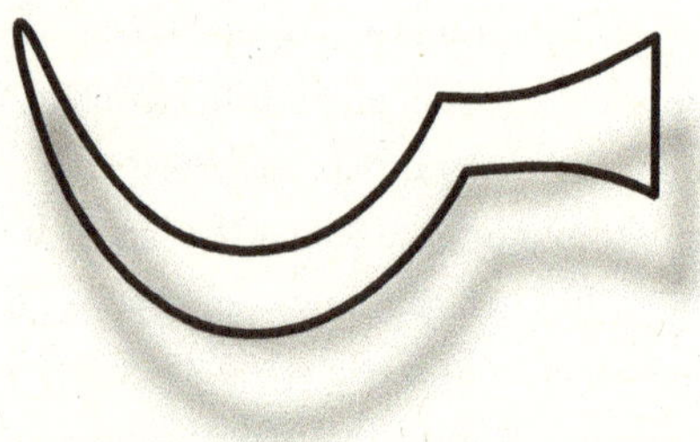

Schriftsymbol für »Macht« im alten Ägypten

Bei diesem Bild handelt es sich um ein altägyptisches Krummschwert. Wurde dieses Zeichen eingeritzt, so wusste der »gelehrte« Ägypter, der »lesen« und »schreiben« konnte, dass es sich um das Wort »Macht« handelte.

Thot-Priester führten zunächst eine ausgewählte Klientel an die Schrift heran, mittels Bildern und Ideogrammen.

Kehren wir wieder zu unseren Göttern zurück.

Die Entwicklung der Götterwelt

Im Laufe der Zeit tummelten sich im alten Ägypten immer mehr Götter – oder Göttern wurden neue Aufgaben zugewiesen.

Eine besondere Rolle im alten Ägypten in der Niedergangsphase spielte *Bastet,* die katzenköpfige Göttin, die Tochter des Sonnengottes Re. Bastet war die Göttin der Fruchtbarkeit und der Liebe. Sie sorgte sich besonders um die Schwangeren. In der Frühzeit Ägyptens, im sogenannten Alten Reich, war sie vornehmlich eine Beschützerin. Aber am Ende der Hochzivilisation veränderte sie sich zunehmend. Der Kult und die Verehrung erreichten einen nie zuvor gesehenen Höhepunkt und breiteten sich über das ganze Land aus.

Bastet geriet nicht nur zur Göttin der Freude, des Tanzes, der Musik und der Feste. Wenn es um Erotik und den Sexus ging, so war Bastet, die Katzengöttin, gefragt. Zu ihren Ehren wurden zuhauf Katzen geopfert. Priester und Priesterinnen der Bastet zogen die Tiere auf – und boten diese in der Folge den Gläubigen zum Kauf an. Der Gläubige zahlte – und übergab das Tier daraufhin wieder einem Priester der Bastet. Dieser tötete nun die Katze für ihn im Rahmen einer hochheiligen Handlung. Danach wurde der Tierkörper mumifiziert. Hatte der Käufer tief in seinen Geld- oder Goldbeutel gegriffen, händigte ihm der Priester die mumifizierte Katze aus. Besonders gut betuchte Ägypter kauften viele Katzen, um die Göttin besonders günstig zu stimmen, denn das hatte, so die Annahme, einen wünschenswerten Einfluss auf das eigene Liebesleben.

Starb eine Katze innerhalb eines nichtpriesterlichen ägyptischen Haushaltes eines normalen Todes, so war es Sitte, dass sich alle Hausbewohner aus Trauer die Augenbrauen scherten. Damit drückten sie der Göttin ihren Respekt aus. Auch diese toten Katzen wurden einbalsamiert. Gewöhnlich setzte man sie in der Folge in Grabkammern bei, berichtet jedenfalls Herodot, der griechische Geschichtsschreiber. [63] Tötete man eine Katze außerhalb des heiligen Tempelbezirks, so galt das als ein todeswürdiges Verbrechen. Wir können uns heute kaum vorstellen, in welchem Umfang das alte Ägypten von Katzen bevölkert war und wie sehr sie verehrt wurden. Das Bastet-Fest, auch *Schönes Fest der Trunkenheit* genannt, wurde jedes Jahr mit Musik, Wein, Bier und Drogen gefeiert und war von Ausschweifungen geprägt. Alle Bande waren während dieses Festes gelockert. Ein Vergleich mit unserer »Fastnacht« oder dem »Karneval« ist durchaus erlaubt.

Es ist wahrscheinlich, dass es eigene Bastet-Tempel gab, die nur der Liebe oder dem sinnlichen Vergnügen dienten, denn keine Göttin sorgte sich so sehr um den Sexus wie die Katzengöttin. Mit Sicherheit wissen wir, dass bereits im alten Ägypten die Prostitution oder die käufliche Liebe existierte. Eine besonders eifrige Liebesdienerin, so berichtet jedenfalls der Historiker Will Durant, war so erfolgreich, dass sie sich aufgrund ihrer hohen Einnahmen sogar eine kleine Pyramide erbauen lassen konnte.[64] Das garantierte das ewige Leben.

Wie praktisch doch einige Liebesdienerinnen denken konnten.

Wie erwähnt wurden alten ägyptischen Göttern im Laufe der Jahrtausende stets neue Aufgaben zugeschanzt.

Alles wurde scheinbar von den Göttern bestimmt – in Wahrheit jedoch von den Priestern. Es gab selbst eine Göttin für die Vorsehung und das Schicksal, *Schai* genannt. Und so könnte man einen ägyptischen Gott nach dem anderen untersuchen und auf seine neuen »Aufgaben« hinweisen. Fast überall wandelten sich die Zuständigkeiten der Götter. Besonders der Tod einer Person wurde weidlich ausgenutzt, schließlich galt es sicherzustellen, dass es eine Person im Jenseits gut antraf. Die Zahl der »Totengötter« wuchs ständig. »Religion« wurde also dazu benutzt, um dem finstersten Aberglauben Vorschub zu leisten und an allen Ecken und Enden Geld aus dem Volk herauszupressen.

Tatsache ist, dass am Ende der ägyptischen Hochzivilisation die *Priester* eine immer dubiosere Rolle spielten. Spätestens seit Pharao Ramses I. ging der größte Anteil jedes Beutezuges (!) an die Tempel. Mit anderen Worten: Im Laufe der Jahrtausende wurden die ägyptischen Götter gefräßiger und gefräßiger – genauer gesagt deren Priester.

Die eroberten Provinzen wurden gewöhnlich hart besteuert – wovon in erster Linie die Priester profitierten. Unter Ramses III. besaßen die Priester schließlich 107 000 Sklaven (ein ganzes Dreißigstel der Bevölkerung Ägyptens), sie verfügten über 750 000 Morgen Land (ein Siebtel der fruchtbaren Fläche), hielten 500 000 Stück Vieh und hatten Einkünfte aus 169 Städten.[65]

Hinzu kamen großzügige Geschenke des Pharao, der sich der Gunst der (mächtigen) Priester ständig rückversichern musste, denn sie beherrschten am Schluss das Alltagsleben in Ägypten. Hunderttausend Säcke Korn und Zehntausende Kilogramm Gold gingen allein unter einem einzigen Pharao an die Priesterclique, als Ägypten seinem Untergang entgegensah.

Die Rolle der Priester in der Niedergangsphase Ägyptens

Wie in allen sterbenden Religionen wurde gegen Ende mehr Obacht auf den Kult, die Zeremonie und die beeindruckende Äußerlichkeit gelegt als auf die ursprünglichen Lehren. Wie wir wissen, durchlaufen Religionen auch einen Zyklus, der über die drei Phasen Aufstieg, Höhepunkt und Verfall führt. Religionen sind zu Beginn mit tiefen Weisheiten durchtränkt und stehen für Integrität und Ethik, am Ende herrschen der Aberglaube und die Gier der Priester.

Das Volk wurde von Heerscharen von Priestern schlussendlich regelrecht ausgenommen, nach allen Regeln der Kunst. Die Priester machten sich zudem den Staat zur Beute. All dieser Priesterbesitz war außerdem noch steuerfrei, nicht anders als der Besitz der christlichen Priester bei uns im Mittelalter.

Es ist deshalb nicht verwunderlich, dass das Leben in Ägypten schließlich gewissermaßen erstarrte und nur noch Wert auf die Vergangenheit gelegt wurde. Die überwältigenden Tempelbauten und die Pyramiden, die die Ewigkeit zu verkörpern schienen, trugen dazu bei, aber hinter allem standen immer die Priester. Ägypten versteinerte förmlich, wie das der Historiker Arnold J. Toynbee ausdrückte. Alles, alles war schließlich auf die Bewahrung der Tradition ausgerichtet, neue Ideen und Entwicklungen wurden ausgebremst. Noch einmal: Hinter dieser Entwicklung standen die *Priester.*

Die Ägypter begannen sich langsamer und langsamer zu bewegen, bildlich und in der Sprache des Films ausgedrückt, bis sie mitten in ihren Bewegungen förmlich erstarrten. Lange bevor die Perser, die Griechen oder die Römer das ehemals allmächtige Weltreich unterjochten, hatte Ägypten sich bereits selbst vernichtet.

Die Rolle der Stellvertreter Christi

Man sieht sich in fataler Weise an die christlichen Priester im Mittelalter erinnert, wo ebenfalls schließlich Geld, Besitz und Reichtümer in einem unvorstellbaren Ausmaß zusammengerafft wurden.

Nur einige dürre Anmerkungen: Spätestens ein paar Hundert Jahre nach Christi Geburt wurde es finanziell hoch attraktiv, Priester zu sein oder gar einen Bischofssitz zu ergattern. In der Regel bekam dieser Bischof von den eingesammelten Geldern so viel wie alle Armen zusammen: Es zahlte sich also aus, für die Armen eine Lanze zu brechen. Auf der einen Seite warnten die Priester nach wie vor vor den Verführungen des Geldes, auf der anderen Seite wurden sie selbst zunehmend wohlhabender. Außerdem vermieden sie nun, die Reichen vor den Kopf zu stoßen. Und so redeten sie mit gespaltener Zunge und passten ihre Lehren und Ratschläge dem jeweiligen Publikum an, mit dem man es zu tun hatte. Selbst der »heilige« Kirchenlehrer Hieronymus gab zu: »Wir brennen wahrhaftig vor Geldgier, und indem wir gegen das Geld wettern, füllen wir unsere Krüge mit Gold und nichts ist uns genug.«[66]

Anfänglich besaß die (christliche) Kirche vor allem Immobilien. Später kamen Naturalien hinzu. Den »Zehnten« kennt schon das frühere zweite Jahrhundert. Das erste Schaf, das erste Rind, das erste Erzeugnis von Korn und Wein musste abgetreten werden. Der Empfänger all dieser Einnahmen: der Bischof. Das System wurde immer ausgefeilter. Im dritten Jahrhundert n. Chr. favorisierte man schließlich folgendes Schema: Ein Viertel der Einnahmen behielt der Bischof, ein Viertel war dem übrigen Klerus reserviert, ein Viertel diente der Instandhaltung der Kirchengebäude und so fort, ein Viertel gab man den Armen.

Auf diese Weise wurde die Kirche, der »Stellvertreter Christi«, immer reicher und reicher, immer fetter und fetter. Wir kennen bereits im Altertum Erzbischöfe, die Banken unterhielten, die Getreidehandel in großem und größtem Stil tätigten, ja, die ganze Fabriken leiteten. Sie waren als Unternehmer tätig oder Kaufleute, verliehen Geld gegen Zinsen oder Wucherzinsen, obwohl doch das Zinsnehmen Christen ehemals ausdrücklich untersagt war.

Sie kauften ausländische Sklaven oder trieben weltweit mit allem Handel, was nicht niet- und nagelfest war. »Berüchtigte Händler waren die Bischöfe Felix von Nantes [= im Westen Frankreichs gelegen] und Badegysilus von Mans [= in der Nähe von Paris gelegen]. Auf dem Bischofsthron von Paris saß ein syrischer Kaufmann.«[67]

Die reichsten Bischofssitze der Antike waren Alexandrien, Konstantinopel und Rom. Der Patriarch von Alexandrien besaß eine ganze Flotte (!) von Handelsschiffen. Im Umkreis Konstantinopels existierten auf kirchlichem Grund und Boden 1100 Geschäftslokale. Die Kirche war besonders hinter gut betuchten Witwen her. Geschichte gemacht hat das Erbe einer gewissen Olympias, einer schwerreichen Witwe, die Gold, Silber, Immobilien und Landgüter spendete, um sich das Himmelreich zu sichern. Außerdem verschlangen die kirchlichen Prachtbauten, die allenthalben entstanden, Unsummen von Geld.

Der Grundbesitz blieb lange das Lieblingskind der Bischöfe. Mit diesem Reichtum ging gewöhnlich ein prächtiges Leben einher. Die kostbarsten Kleider, die vornehmsten Kutschen und eine Vielzahl von Dienern, kurz ein Luxusleben erster Güte, war die Folge. Bischöfe wetteiferten mit Königen, was ihren Besitz anging. Bischofsämter stellten immer fettere Pfründe dar. Schon früh erkannten Päpste, wie lukrativ es war, Bischofs- oder Priesterämter zu verschachern. Der klerikale Ämterverkauf spülte Geld und nochmals Geld in die Kassen. Eine richtiggehende Orgie fand in der »Kirche Jesu« statt, was den (ursprünglich verteufelten) Besitz anging. Gesetze wurden erlassen (etwa unter Papst Alexander III.), die es Juristen erlaubten, nur gemeinsam mit dem örtlichen Bischof Testamente aufzusetzen, sodass nach dem Tod eines Christenmenschen auch mit Sicherheit das Geld in den Schoß der Kirche fiel.

Testamente mussten irgendeinmal ausschließlich durch die Kirche bestätigt werden. Da nur die Priester himmlische Strafen vergeben konnten, erkauften sich viele Leute mit ihrem Testament das Himmelreich. Das Fegefeuer konnte durch (gekaufte Ablässe) beträchtlich verkürzt werden. Im Laufe der Kreuzzüge verpfändeten viele Ritter und Grundherren ganze Ländereien an die Kirche. Da die Kirche selbst von den Steuern in vielen Territorien befreit war, wuchs der Kirchenbesitz schließlich schier ins Unermessliche.

»Es war nichts Ungewöhnliches, wenn eine Kathedrale oder ein Kloster mehrere tausend Güter mit einem Dutzend Städtchen oder gar der einen oder anderen größeren Stadt besaß. Dem Bischof von Langres [= in Frankreich gelegen] gehörte die ganze Grafschaft; die Abtei St.-Martin-de-Tours [= in Frankreich] herrschte über 20 000 Leibeigene; der Bischof von Bologna [= in Italien] hatte 2000 Güter in seinem Besitz, desgleichen der Abt von Lorsch [= in Hessen]; die Abtei Las Huelgasin [in Spanien] war Eigentümerin von 64 Ortschaften. Um das Jahr 1200 besaß die Kirche in Kastilien 1/4 des Bodens, in England 1/5, in Deutschland ein 1/3, in Livland 1/2.«[68]

»Auch viele Klöster wurden unendlich reich. Die Abtei Riquier [im Norden Frankreichs gelegen] ... besaß 2500 Häuser in der Stadt ... und erhielt von ihren Pächtern alljährlich 10 000 Hühner, 10 000 Kapaune und 75 000 Eier ...«[69]

Klöster wurden mächtig und allmächtig, wie Monte Cassino (Italien), Fulda (Hessen), Cluny (Frankreich heute) oder St. Gallen (Schweiz); sie verfügten schließlich über einen unvorstellbaren materiellen Besitz. Ihre Äbte waren einflussreiche Herren, oft weitaus mächtiger als Grafen und Barone. Viele Äbte und Bischöfe lebten das Leben reicher Müßiggänger, beschäftigten sich mit der Falknerei und der Jagd, gaben rauschende Feste, vergnügten sich mit zahlreichen schönen Damen und dienten ihrem Bauch. Sie alle aber wurden übertroffen von den Päpsten in Rom. Und während die »Kirche der Armen« hungerte und darbte, während ihnen immer wieder das Ideal von den armen, aber guten Christen gepredigt wurde, schwelgten die meisten Päpste und Bischöfe in unerhörtem Reichtum, ließen den lieben Gott einen guten Mann sein und verfolgten machtpolitische Ziele mit dem Ehrgeiz von Fürsten und der Skrupellosigkeit von Königen.

AUS PARAHISTORISCHER PERSPEKTIVE

Und so muss man festhalten, dass es erstaunliche Parallelen in der Geschichte der Priester gibt – innerhalb der verschiedenen Zivilisationen. Man könnte tatsächlich zahlreiche Kulturen zitieren – die alte indische Kultur oder erneut Sumer beispielsweise – immer stoßen wir zuletzt auf die Raffgier der Priester.

Bislang ist es von Historikern versäumt worden, Zivilisationen systematischer zu vergleichen, sie nebeneinanderzustellen und auf die Gemeinsamkeiten aufmerksam zu machen – Gemeinsamkeiten des Aufstiegs und des Verfalls.

Was das alte Ägypten und seine Priester angeht, so muss man festhalten, dass die Parallelen zum christlichen Gedankengebäude und seinen geistlichen Vertretern frappierend sind, um es zurückhaltend auszudrücken. Bei Licht betrachtet und ohne Maulkorb gesprochen, sind die Parallelen überwältigend.

In beiden Fällen, bei den altägyptischen und bei den christlichen Priestern, gibt es diese Gemeinsamkeiten, um es noch einmal zusammenzufassen:

- Ägyptische und christliche Priester besaßen ähnliche Götter.
- Augenfällige Gemeinsamkeiten gab es besonders zwischen Amun-Re und Gottvater, zwischen Jesus und Osiris sowie zwischen Isis, der ägyptischen »Gottesmutter« und der »heiligen Maria voll der Gnaden« – ebenfalls eine »Gottesmutter«. Die Dämonen der alten Ägypter mutierten zu »Teufeln« im Christentum.
- Die Funktionen vieler ägyptischer Götter wurden im Christentum von Heiligen übernommen, manchmal eins zu eins.
- Priester waren (anfänglich) die alleinigen Beherrscher der Schrift und des »Wortes Gottes«. Zudem waren sie die einzigen Interpreten für den Willen der Götter. Der »geniale« Priestertrick bestand zu allen Zeiten darin, sich nach außen hin als Diener der Götter zu gebärden, während sie sich später zu den eigentlichen Herren aufschwangen.
- Priester verfügten in vielen Zivilisationen über ein Monopol in Bezug auf die Erziehung und Ausbildung.
- Der Mensch wurde in beiden Religionen für unsterblich gehalten, außerdem gab es ein Jenseits, ein Letztes Gericht, einen Himmel und eine Hölle.
- Nur wer sich mit den Priestern gut stellte, traf es angeblich im Jenseits gut an, er musste freilich eifrig spenden und die Gottesdiener füttern.
- Es gab ähnliche Gebote über gutes und richtiges Verhalten im Christentum wie im alten Ägypten, auch ähnliche Gebete und ähnliche Anrufungen.
- Die Besitz- und Raffgier der Priester nahm in beiden Fällen in unglaublichem Ausmaß zu. Der Aberglaube wurde systematisch gefördert, denn er diente dem Geldbeutel der Gottesdiener.
- Priester waren in beiden Fällen zumindest mitverantwortlich für den Untergang einer ganzen Kulturepoche.

FAZIT

So müssen wir notgedrungen schlussfolgern, dass das Christentum zu einem gewaltigen Teil auf der ägyptischen Religion beruht. Unser ägyptisches Erbe wurde bis heute nicht einmal ansatzweise in den gängigen Geschichtsbüchern systematisch aufgearbeitet. Und Priester generell wurden selten oder nie demaskiert. Die fragwürdige Rolle der »Gottesdiener« in zahlreichen Religionen wurde kaum infrage gestellt.

Die Parahistorie hilft diesem Manko ab.

DAS RÄTSEL DER HEILIGEN DREIFALTIGKEIT

In der Parahistorie beschäftigt man sich besonders gern mit Göttern, Theologien, Sagen und Legenden. Aber sie geht dabei auf andere Art vor als die akademische Historie. Sie vergleicht die Legenden. Sie sucht nach gemeinsamen Mustern. Sie forscht nach einem wahren Kern. Und so gelingt es dem Parahistoriker mitunter, »unlösbare Rätsel« zu lösen. Zumindest kann er mit ganz anderen, neuen, überraschenden Antworten aufwarten.

Nehmen wir eines dieser »unlösbaren Rätsel« aufs Korn, und fahnden wir nach einer Antwort auf eine Frage, die bis heute nicht zufriedenstellend beantwortet wurde und die tausende theologische Gehirne buchstäblich jahrhundertelang beschäftigte ...

KEINE FRAGE DER LOGIK

Was uns schon immer irritierte, war die geheimnisvolle Lehre über die *Heilige Dreifaltigkeit* – innerhalb der christlichen Kirche. Verflixt, wie sollte, wie konnte man das verstehen?

Einerseits sprachen die wortgewaltigen Herren Theologen von *einem* Gott, aber gleichzeitig behaupteten sie, dieser eine Gott habe sich in *drei* Personen manifestiert. Sie sprachen mit hoch erhobenem Zeigefinger von 1. Gott Vater, 2. Gottes Sohn (Jesus Christus) und 3. vom Heiligen Geist. Sie sprachen von der geheimnisvollen *Trinität*, was so viel wie *Dreiheit* bedeutete, oder eben von der *Heiligen Dreifaltigkeit*.

Es handelte sich, ihrer Behauptung gemäß, um eine einzige Person – und um drei Personen zugleich.

Aber wie konnte man dies, mit einem kleinen, erbärmlichen, menschlichen Verstand ausgerüstet, kapieren? Entweder ein Ding, eine Sache oder eine Person existierte dreimal *oder* einmal. Aber nicht dreimal *und* einmal. Eine solche Behauptung lief jeder Vernunft zuwider. 1 + 1 + 1 = 1? Diese Gleichung konnte unmöglich stimmen. Der gesunde Menschenverstand sträubte sich dagegen mit Händen und Füßen. Selbst Kinder begehrten gegen diese Unlogik auf.

Wagte man es jedoch, auf die Unlogik hinzuweisen, erhoben die Herren Theologen sofort warnend den Zeigefinger. Was erlaubte sich ein kleines, erbärmliches Menschengehirn, *Gott* selbst verstehen zu wollen? Das war Blasphemie! Hochmut! Gotteslästerung! Gott konnte man nicht begreifen. Gott konnte aus einer Eins eine Drei machen, wenn es ihm beliebte. Er konnte jede menschliche Logik auf den Kopf stellen. Er stand über der Logik. Man hatte als unbedeutendes Menschlein gefälligst im Staub zu kriechen, wenn es um Gott oder seine Stellvertreter, die Priester, ging. »*Staub, gehorche!*«, schleuderten die Priester den Menschen entgegen, vielleicht noch mit einem Fluch oder Bannstrahl gewürzt, jedenfalls, wenn es jemand wagte aufzubegehren und sich unterstand, seinen eigenen Verstand zu benutzen.

In gut abgeschotteten Zirkeln versuchten jedoch die gescheitesten theologischen Gehirne das Rätsel rund um die Heilige Dreifaltigkeit *selbst* zu begreifen. Viele Jahrhunderte lang brüteten sie über der Unmöglichkeit, dass *eine* Person gleichzeitig Gott Vater, Gott Sohn und der Heilige Geist zu sein vermochte, also *drei* Personen.

Die Heilige Dreifaltigkeit, Jesus! Hierbei handelte es sich wirklich um ein Rätsel, das es in sich hatte. Aber es durfte nicht infrage gestellt werden. Das gesamte Christentum beruhte schließlich auf dieser Annahme. Ein Konzil hatte die Trinität unwiderruflich festgeschrieben, 325 n. Chr., auf dem Konzil von Nicäa, einem Ort, der heute İznik heißt und in der Türkei gelegen ist – er befindet sich nicht allzu weit entfernt von Istanbul. Auch ein paar andere Konzile und Kirchenväter hatten später an dem Problem gefeilt und geschmirgelt.

Hmmm! Selbst die Herren Theologen, die mit Gott doch eigentlich auf du und du standen, durften in den folgenden Jahrhunderten nur »glauben«. Und trotzdem wehrte sich selbst ihr Verstand bis auf das Äußerste.

Die abenteuerlichsten theologischen Interpretationen und intellektuelle Verrenkungen ohnegleichen waren die Folge – nicht anders als im Falle der »jungfräulichen Geburt«, die wir jedoch schon in einem früheren Buch entzaubert haben. Aber selbst sie, die gescheitesten theologischen Gehirne, kapitulierten. Nachdem sie ihre Synapsen überstrapaziert hatten, gaben selbst sie demütig zu: Man vermochte Gott nicht in die Karten zu schauen. Vielleicht war es sogar eine Sünde, Gott verstehen zu wollen. Und so wurde diese Frage einfach abgebügelt, selbst innerhalb theologischer Zirkel.

Dabei kann man das Rätsel um die Heilige Dreifaltigkeit sehr einfach lösen, man kann diesem Geheimnis ohne Weiteres zu Leibe rücken, wenn man die Geschichte kennt.[70]

Tatsächlich gibt es genau *vier* historische Tatsachen, die uns die »Heilige Dreifaltigkeit« sofort und mit einem Schlag verstehen lassen. Man hätte sich also nur mit ein wenig historischem Hintergrundwissen an diese *Trinität* oder *Dreiheit* heranpirschen müssen ...

GESCHICHTLICHE VORBILDER FÜR DIE DREIFALTIGKEIT

Nie oder selten wurde beispielsweise laut auf den Umstand aufmerksam gemacht, dass es *genaue geschichtliche Vorbilder* für diese Trinität gab. Und noch eifersüchtiger wurde der Umstand verschwiegen, dass es tatsächlich ein *Geheimnis* in Bezug auf diese göttliche Trinität gab. Enthüllte man aber genau dieses Geheimnis, so löste sich das Rätsel der Heiligen Dreifaltigkeit auf einmal vollständig in Rauch und Wohlgefallen auf. Plötzlich konnte man kapieren, was *wirklich* dahintersteckte und was mit dieser *Trinität* zum Ausdruck gebracht werden sollte.

Lösen wir also ein für alle Mal das Rätsel der Heiligen Dreifaltigkeit.

... im alten Rom

Wie bereits angedeutet: Die göttliche Trinität war beileibe keine Erfindung des Christentums. Wandern wir etwas in der Religionsgeschichte zurück.

Schon im alten Rom beispielsweise gab es eine göttliche *Trinität.*

Eine Dreifaltigkeit, Dreieinigkeit oder Trinität – auf gut Latein: *trinitas,* im Altgriechischen bedeutet *Trias* Dreizahl – wurde bereits im Falle von Jupiter, Juno und Minerva angenommen. Hierbei handelte es sich um drei respektable Götter, die die Römer von den Griechen gestohlen hatten, wo sie Zeus, Hera und Athene hießen.

Zeus (bei den Griechen) oder Jupiter (bei den Römern) war der Göttervater, er war der oberste Gott, der erste Gott. Gern wurde er bärtig dargestellt. Jupiter warf Blitze zur Erde und ließ den Donner grollen. Wir haben ihn bereits vorgestellt. Jupiter war der erste Teil der römischen *Trinität.*

Ihm zur Seite stand die Göttin Hera (Juno bei den Römern genannt), seine Gemahlin – der zweite Teil der Dreifaltigkeit.

Die eifersüchtige Juno war die Beschützerin der Ehe und der Frauen. Unser Monatsname *Juni* leitet sich von *Juno* her. Sie wurde auch *Iuno Regina* genannt, Königin Juno.

Religionsgeschichtlich gesehen gibt es eine gerade fortlaufende Linie von Isis, der ägyptischen Göttin, die ebenfalls für die Geburt, die Ehe und die Frauen zuständig war, über die griechische Hera zu der römischen Juno und zur heiligen Maria im Christentum. Auch die heilige Maria, die Mutter Gottes, »voll der Gnaden« wurde gern um Beistand angefleht, wenn es um die Kinder, die Familie oder um die Ehe ging. Juno war jedenfalls die Zweite im Bunde der römischen Trinität.

Die Dritte im Bunde war Minerva (Athene bei den Römern genannt). Es handelte sich bei ihr um eine Göttin, die die Weisheit verkörperte, aber sie war auch die Göttin des Kampfes, der Kunst, des Handwerks und der Handarbeit. Der Stadt Athen diente sie als Schutzgöttin.

Kapitolinische Trias

Die drei Gottheiten – Jupiter, Juno und Minerva – bildeten also im alten Rom eine Trinität. Zusammen nannte man sie die »Kapitolinische Trias«. Das *Capitolium* war der Haupttempel im alten Rom, er lag auf einem der sieben Hügel des antiken Roms.

Die »Kapitolinische Trias« bildeten gleichermaßen eine »Dreifaltigkeit« wie die Dreifaltigkeit in der christlichen Theologie.

Im Haupttempel, im *Capitolium,* gab es drei Räume, die als *cellae* bezeichnet wurden – in diesem Begriff entdecken wir unser deutsches Wort »Zelle«. Jeder dieser drei Räume war einer der drei Gottheiten zugeordnet.

Tatsächlich gab es mehrere solcher Tempel im gesamten Römischen Reich. Stets wurden sie als *Capitolium* bezeichnet. Die erste Cella, der Raum Jupiters, befand sich in der Mitte. Juno siedelte man zu seiner linken und Minerva zu seiner rechten Seite an.

Wenn man diese göttliche Dreiheit anrief, so glaubten die alten Römer, hatte man die wichtigsten Götter sozusagen in der Tasche. Nun konnte man getrost der Zukunft entgegengesehen, schließlich standen einem die drei mächtigsten Gottheiten zur Seite.

Die Dreifaltigkeit ist also keineswegs eine Erfindung des Christentums.

Tatsächlich gab es sogar mehrere »Trinitäten« im alten Rom.

Bevor Jupiter, Juno und Minerva Karriere machten, gab es eine andere römische «Dreiheit«. In der Frühzeit Roms bildeten Jupiter, Mars und Quirinus etwa eine göttliche Trinität. Mars war der Gott des Krieges,

Quirinus war ebenfalls ein Kriegsgott, der in den Anfängen Roms verehrt wurde.

Es gab sogar noch eine weitere römische Trinität, die aus *Ceres, Liber* und *Libera* bestand. *Ceres* war unter anderem die Göttin des Ackerbaus, der Fruchtbarkeit und der Ehe. *Liber* galt als Gott der pflanzlichen und animalischen Befruchtung. *Libera* war das weibliche Pendant zu Liber, sie galt als Göttin der (weiblichen) Fruchtbarkeit. Diese drei Götter bildeten ebenfalls eine Trinität.

Und so begegnen wir im alten Rom also gleich mehreren unterschiedlichen »Dreifaltigkeiten«.

Wir bemerken spätestens jetzt, dass der Zahl drei eine besondere Bedeutung zugemessen wurde. Die Drei war »heilig«. Aber warum? Dazu gleich mehr. Verweilen wir zunächst noch ein wenig bei dem Thema der göttlichen Trinitäten.

... im alten Griechenland

Auch im alten Griechenland begegnen wir in auffallender Häufigkeit göttlichen Gestalten, die in *Triaden* auftraten, dreigebündelt also. Die drei stärksten Götter in der griechischen Antike waren selbstverständlich Zeus, der Hauptgott, Poseidon, der Gott des Meeres und Hades, der Gott der Unterwelt. Allgemein nahm man an, es handelte sich bei ihnen um die drei mächtigsten Götter, scheinbar hatten sie die ganze Welt unter sich aufgeteilt – der eine war für die Meere zuständig, der andere für die gesamte Unterwelt und der dritte, Zeus, für alles, was oberhalb der Erde kreuchte und fleuchte.

Ferner gab es ursprünglich drei Musen (später neun), die für die schönen Künste zuständig waren.

Es gab drei Totenrichter im alten Griechenland, und selbst Quellnymphen, (= Quellgeister) verehrte man in Dreiergruppen.

Eine Dreigruppe bildeten auch *Leto, Artemis* und *Apollon. Leto* war der Sage nach eine Geliebte des Zeus, des alten Wüstlings, der mit ihr die beiden Kinder Artemis und Apollon zeugte. *Artemis* war die Göttin der Jagd, des Waldes, des Mondes, aber auch die Hüterin der Frauen und Kinder. *Apollon* war der Gott des Lichts, der Heilung, der Reinheit und Mäßigung, der Künste und der Weissagung.

Wir müssen nicht die gesamten »Jobs« der Götter im Auge behalten oder sie gar auswendig lernen. Wir sind hier nicht in der Schule. Nur so viel: Einige Götter gewannen an Beliebtheit und wurden überhäuft mit Pflichten und Zuständigkeiten. Interessant ist einfach nur der Umstand, dass man Götter stets in Dreiergruppen zusammenfasste.

Pluton, Demeter und *Kore* bildeten eine weitere Dreiheit in der griechischen Antike. *Pluton* war der Gott der Totenwelt, *Demeter* war zuständig für die Fruchtbarkeit der Erde, des Getreides, der Saat und der Jahreszeiten, und *Kore*, auch *Persephone* genannt, eine Zeustochter, galt als Göttin der Fruchtbarkeit und der Unterwelt.

Ignorieren wir erneut die vielfältigen Aufgaben, aber realisieren wir: Wohin das Auge blickt, gab es Trinitäten.

... im Taoismus

Im Taoismus gab (und gibt) es ebenfalls eine Trinität oder Dreifaltigkeit. Man bezeichnete sie als die »Drei Reinen« oder die »Drei Reinheiten«, worunter man drei Götter oder Unsterbliche verstand, die den Himmel bewohnten.

Die drei Götter waren *Yuánshi Tianzun* (der Himmelsehrwürdige des Uranfangs), *Tàishàng Dàojun* (der Himmelsehrwürdige des göttlichen Schatzes) und *Laojun* (der Himmelsehrwürdige des Weges und der Tugend). Nach taoistischen Vorstellungen sind diese drei Götter eine einzige Gottheit und gleichzeitig drei.

... im alten Ägypten

Selbst aus dem ägyptischen Raum kennen wir Trinitäten.

Osiris, *Isis* und *Horus* bilden ebenfalls eine Heilige Dreifaltigkeit.

Der Gott Osiris ist mehr als interessant: Er ist der Gott des Jenseits, der Wiedergeburt und der Toten. Er herrschte über die menschlichen Verstorbenen, das gesamte Totenreich war ihm untertan. Vor ihm mussten sich die Toten verantworten.

Isis war die Göttin der Geburt und Wiedergeburt, aber auch eine Totengöttin.

Horus kann man als Himmelsgott bezeichnen – er war der Sohn des Osiris und der Isis. Es gab also »Gottvater«, eine »Gottesmutter« und einen »Gottessohn«, nicht anders als im Christentum.

Im alten Ägypten bestand sogar noch eine weitere Trinität. Sie setzte sich zusammen aus *Osiris*, *Ptha* und *Sokar*. Die drei wurden ebenfalls gern zu einer singulären Gottheit zusammengesetzt.

Ptah wurde zeitweilig als oberster Schöpfergott angesehen und zum Herrn aller Götter erklärt. Sokar war ein Totengott.

Auch hier galt die Gleichung 1+ 1 + 1 = 1.

...im Hinduismus

Der Hinduismus verfügte und verfügt über so viele Götter, dass man nur staunen kann. Tausende von Göttern tummeln sich hier völlig unbekümmert. Jeder Gläubige kann sich praktisch aussuchen, welcher Gott ihm am meisten zusagt und wen er verehren möchte. Das ist insofern recht praktisch, als die Götter mehr auf die Menschen angewiesen sind als umgekehrt, wenn Sie die leise Ironie erlauben.

Aber auch im Hinduismus gibt es drei Supergötter und also eine Dreigestalt, eine Dreifaltigkeit, die auf Sanskrit *Trimurit* heißt.

Die drei Götter dieser Trimurit sind *Brahma* (der Weltschöpfer), *Vishnu* (der Erhalter) und *Shiva* (der Zerstörer). In einigen heiligen indischen Schriften werden diese drei Götter jedoch als die Erscheinungsform einer einzigen Wesenheit bezeichnet. Im Falle dieser einzigen, singulären Wesenheit spricht man von dem höchsten Gott *Ishvara*. Zahlreiche Skulpturen, die eine dreifache Gestalt in einer einzigen Person darstellen, weisen auf diese Dreifaltigkeit hin. Auch Körper mit drei Köpfen gibt es zuhauf in bildlichen Darstellungen: Maler und Bildhauer lösten das Problem 1 + 1 + 1 = 1 auf ihre Weise.

Darüber hinaus existiert sogar eine weibliche Dreifaltigkeit im Hinduismus. Sie besteht aus *Saravati* (= die Schöpferin), *Lakshimi* (= die Erhaltende) und *Kali* (= die Zerstörerin).

ZWISCHENFAZIT

Natürlich behaupten die Priester jeder Religion, dass es sich in ihrem Fall um eine einzigartige, unvergleichbare Dreifaltigkeit handelt.

Was das Christentum betrifft, so galt es, besonders deutlich herauszustreichen, dass Jesus nichts weniger als ein Gott war und nicht etwa »nur«

ein Prophet. Es galt, die Einzigartigkeit von Jesus Christus zu betonen. Jesus nur als menschlich zu bezeichnen oder als eine Person, die halb menschlich und halb göttlich war, war nicht genug. Auf dem Konzil von Nicäa (in der heutigen Türkei gelegen) wurden solche Vorstellungen als Irrlehre verdammt. Zahlreiche theologische Abhandlungen erschienen in der Folge, die die Göttlichkeit Jesu und die Göttlichkeit des Heiligen Geistes herausstrichen. Wieder und wieder setzte man sich auf verschiedenen Konzilen mit dieser Frage auseinander. Kirchen spalteten sich ab und Sekten entstanden, weil diese »Dreifaltigkeit« einigen Bischöfen oder Kirchenfürsten zu unlogisch erschien. Die katholische Kirche formulierte im Jahre 675 n. Chr. das Dogma der Dreifaltigkeit. Punktum! Wer etwas anderes glaubte, konnte nicht selig werden und ging des Himmels verlustig. Aber immer wieder stießen sich Theologen an dieser Unlogik. Bibelstellen wurden gegeneinander ausgespielt, und Kirchenväter bekriegten sich. Die scharfsinnigsten Argumente wurden wie Geschütze aufgefahren, über 1000 Jahre lang. Aber selbst der gewaltigste Intellekt konnte diese mathematische Kapriole nicht erklären.

Für die einfacheren Gemüter bemühte man Metaphern. Man erklärte ihnen, dass doch auch Kleeblätter dreiblättrig sind; das heißt, es gibt drei Blätter, aber trotzdem handelt es sich nur um eine einzige Pflanze. Analogien und Vergleiche wurden geradezu verzweifelt bemüht, um das Unerklärliche zu erklären.

Auch ein Baum bestand aus 1. Wurzeln, 2. dem Stamm und 3. aus Zweigen. Der Mensch bestand aus 1. Körper 2. Geist und 3. Seele. Hielt man drei Fackeln dicht aneinander, so vereinigten sie sich zu einem einzigen Licht. Ein Würfel bestand aus drei Dimensionen – und war doch nur ein einziger Würfel. Das Dreieck geriet zum Symbol der Dreifaltigkeit. Drei sich überschneidende Kreise wurden ebenfalls bemüht – ein Grund, warum sich entsprechende Darstellungen bis heute in vielen christlichen Kirchen finden, die zudem oft auch drei Teile haben, drei Großräume, kurz Dreiteilungen aller Art.

Nie wurde im Rahmen des Christentums darauf verwiesen, dass Trinitäten auch in anderen Religionen zu finden sind. Sie existierten in überreicher Anzahl. Und in vielen dieser Religionen wurde interessanterweise ebenfalls behauptet, dass eben jede dieser Dreifaltigkeiten in Wahrheit jeweils nur eine einzige Person sei.

Das christliche Rätsel der heiligen Dreifaltigkeit ist also uralt. Es ist nicht auszuschließen, dass es einfach von früheren Religionen abgekupfert wurde. Doch damit haben wir das Rätsel selbst noch immer nicht gelöst. Wir haben lediglich erkannt, dass es sich hier um ein *uraltes* religiöses Symbol handelt, das allerorten und zu allen möglichen Zeiten im Rahmen verschiedener Glaubensbekenntnisse auftrat.

Graben wir also tiefer, und forschen wir weiter. Und fragen wir uns zunächst, warum es sich ausgerechnet immer um *drei* Götter handelt.

DIE HEILIGKEIT DER ZAHL DREI

Schon immer kam der Zahl Drei eine besondere Bedeutung zu. Tiefsinnige Denker stellten fest, dass unsere ganze Welt, der Raum, *drei*dimensional ist. Und die Zeit? Nun, es gibt die Vergangenheit, die Gegenwart und die Zukunft. Aristoteles, der gescheite Grieche, stellte fest, dass die Drei die erste Zahl ist, die einen Anfang, eine Mitte und ein Ende besitzt. Eine Familie bestand aus Vater, Mutter und Kind. Es gab einen zunehmenden Mond, einen Vollmond und einen abnehmenden Mond.

Überall, in der gesamten Natur, konnte man die Zahl Drei entdecken. In Geheimzirkeln und in allen möglichen religiösen Schriften wurde stets auf die Drei reflektiert. Einige Seher und Esoteriker verloren sich vollständig in der Zahlensymbolik.

Am berühmtesten wurde die Lehre des Pythagoras, des scharfsinnigen, erleuchteten Griechen, der jeder Zahl eine bestimmte Bedeutung zugewiesen hatte. Verbargen gar die Zahlen selbst tiefere Geheimnisse? Nach Pythagoras repräsentierte die Eins die »Einheit«, die Identität, den Urgrund, den Ausgangspunkt. Die Zwei war ebenfalls von größter Bedeutung, denn es gab Vater und Mutter, hell und dunkel, groß und klein, plus und minus. Die Drei repräsentierte Anfang, Fortdauer und Ende und beschrieb also ebenfalls zahlreiche Phänomene, wie beispielsweise den gesamten Zyklus einer Aktion – Anfang, Fortdauer und Ende.

Die Vier schließlich war insofern etwas Besonderes, als es Vierecke gab und Würfel, sie hatte etwas mit dem Raum zu tun und der »Welt« überhaupt. Ursprünglich glaubten die griechischen Naturphilosophen, es gäbe nur vier Elemente – Feuer, Wasser, Erde und Luft.

Die Zahl allein beschrieb also kurz gesagt zahlreiche Erscheinungen, mit ihr konnte man vielleicht plötzlich Dinge verstehen, die man vorher nicht verstanden hatte, zumindest konnte man sich mit Zahlen bestimmten Phänomenen auf eine ganz andere Art und Weise annähern. Es handelte sich bei der Mathematik offenbar um eine »kosmische« Sprache, eine »überirdische« Sprache. Jedenfalls konnte man mit Zahlen allein bereits eine gewisse Ordnung herstellen.

Weiter war das Verhältnis der Zahlen untereinander höchst bemerkenswert:

1 plus 2 plus 3 plus 4 ergab die vollkommene 10 beispielsweise; 3 plus 4 die Zahl 7, die in so vielen Kulturen als heilige Zahl galt.

Aber ach! In Wahrheit ging es Pythagoras, bei aller intellektuellen Schärfe, bei aller mathematischen Begabung, eben *nicht* um die Rechenkunst. Der Philosoph *benutzte* die Mathematik lediglich dazu, die Welt besser zu verstehen. Mathematik war kein Eigenzweck oder Endzweck, sie war lediglich ein fantastischer Schlüssel, mit dem man alles Existierende besser beschreiben und begreifen konnte. Der Sinn, diese »mathematische Sprache« zu erlernen, bestand lediglich darin, die höheren Welten zu verstehen.

In der Folge aber wurde dieser Zahlen-Symbolismus weiter und weiter ausgeführt, einige Denker verloren sich darin, wie in einem Irrgarten. Die Drei, die heilige Zahl, wurde mit mysteriösen Girlanden umwunden. Dabei lag die Antwort für die »Dreiheit« auf der Hand. Erst jetzt gelangen wir zum Höhepunkt dieses Kapitels, das Dunkel lichtet sich.

DER EWIGE ZYKLUS

Wenn man »Religion« wirklich verstehen will, muss man zu ihren Anfängen und Urgründen zurückkehren. Zahlreiche religiöse Lehren nahmen jedoch ihren Beginn in *Indien*. Kein Land war je so religiös! Von Indien aus wanderten zahlreiche religiöse Bräuche, Glaubensvorstellungen, Kulte, Engel und Götter nach Persien, Ägypten, Griechenland und Italien. Selbst die Namen der Götter änderten sich teilweise nicht. Indische Götternamen finden sich bis heute in Persien und in Griechenland. Wir müssen deshalb unseren Blick nach Indien richten, wenn wir die »heilige Dreifaltigkeit« verstehen wollen, nicht auf die Römer, nicht auf die alten Griechen, nicht auf den Taoismus und auch nicht auf die alten Ägypter. Von Indien aus verbreitete sich die Idee der Dreifaltigkeit in alle Himmelsrichtungen.

Keiner der angeführten Dreifaltigkeiten war älter als Brahma, der Schöpfergott der Hinduisten. Es handelte sich um eine uralte vedische Gottheit. Die Veden, die heiligen Schriften, waren der Ausgangspunkt. Die Veden sind weitaus älter als nur 3500 Jahre, wie einige Gelehrte heute behaupten, denn wir dürfen nie vergessen, dass die Veden vor ihrer Aufzeichnung buchstäblich bereits viele *Jahrtausende* lang existierten. Die Veden (*Veda* bedeutet wörtlich *Wissen*) wurden penibel auswendig gelernt und über zahlreiche Generationen hinweg mündlich weitergegeben. Einige Forscher nehmen ein Alter von weit mehr als 10 000 Jahren an. Unserer Einschätzung nach sind die vedischen Götter, einschließlich Brahma, Vishnu und Shiva, älter als selbst die alten ägyptischen Götter ... sofern man eben diese mündliche Tradition in Rechnung stellt.

Wiederholen wir: Die drei Götter der hinduistischen Dreifaltigkeit sind Brahma (der Weltschöpfer), Vishnu (der Erhalter) und Shiva (der Zerstörer).

Die Dreieinigkeit beschrieb also lediglich die Erschaffung, die Fortdauer und die Zerstörung. Sie beschrieb Anfang, Fortdauer und Ende. Sie war ein Symbol für ... schlichtweg alles.

Tatsächlich kann alles Existierende mit diesen drei Stadien begriffen werden: Immer und ausnahmslos gibt es bei einer Sache Anfang, Fortdauer und Ende. Oder: Starten, Verändern und Stoppen. Oder: Geburt, Überleben und Tod. Es ist der ewige Zyklus, der allem anhaftet und dem niemand entkommt. Wir alle werden geboren, leben und sterben. Jede Zivilisation steigt auf, hat ihren Höhepunkt und stirbt. Jedes Tier und jede Pflanze unterliegt diesem Zyklus. Selbst Planeten entstehen, bleiben eine Weile aufrechterhalten und verglühen dann oder »sterben«. Das gesamte Dasein, einfach alles, unterliegt diesem dreifachen Schritt. Und eben dieser Dreischritt wird symbolisiert durch die Götter Brahma, Vishnu und Shiva.

Das ist die wahre Lehre der göttlichen Dreifaltigkeit. Auch Pythagoras wusste darum, als er im Falle der Zahl Drei von Beginn, der Fortdauer und dem Ende sprach. Aristoteles erkannte es. Immer wieder entdeckten erleuchtete Geister diese gleiche Botschaft. Und das ist auch schon das ganze Geheimnis der »Heiligen Dreifaltigkeit«, jedenfalls in ihren historischen Ursprüngen. Das ist die grundlegende Botschaft, die philosophische Basis, die freilich später im Christentum völlig verloren ging. Kein noch so gewitzter christlicher Theologe konnte sie ausgraben, denn es hätte bedeutet, dass er sich mit anderen, früheren Religionen intensiv hätte auseinandersetzen müssen – was seinen eigenen Glauben und den Glauben seiner Schäfchen erschüttert hätte. Noch einmal: Anfang – Fortdauer – Ende, oder: Erschaffen – Überleben – Zerstören. Hierin erschöpft sich die gesamte Existenz, damit beschreibt man alles.

Das also ist das wahre Geheimnis des Rätsels der Dreifaltigkeit … von einem allerletzten und noch größerem Geheimnis abgesehen.

EINE PERSON, DIE AUS DREI PERSONEN BESTEHT

Lösen wir nun endlich die Gleichung 1 + 1 + 1= 1. Offen ist lediglich noch die Frage, wie eine einzige Person gleichzeitig drei Personen sein kann. Es handelt sich um eine mathematische Unmöglichkeit, aber spirituell gesehen macht die Gleichung Sinn.

Auch hierauf gibt uns der Hinduismus eine Antwort.

Betrachten wir nur die Figur Vishnus, des Erhalters. Vishnu selbst, der Gott, gilt als »Manifestation des Höchsten«, so klären uns verschiedene Lexika auf. Aber was haben wir unter »Manifestation« zu verstehen?

Nun, natürlich die *Wiedergeburt*, die *Reinkarnation*. Der gesamte Hinduismus ist voll von Geschichten über die Seelenwanderung oder die Reinkarnation. Man geht kurz gesagt davon aus, dass man nicht nur einmal lebt, sondern dass man ständig wiedergeboren wird, in einem neuen Leib, in einem neuen Körper.

Das trifft auch auf die Götter zu. Vishnu wurden also zahlreiche Inkarnationen angedichtet und zugeschrieben. Ursprünglich war er ein Sonnen- oder Lichtgott, aber auch als Gott der Zeit und des Raumes, ja des gesamten Universums wurde er gehandelt. Mit anderen Worten: Vishnu war einst ein Schöpfergott, nicht anders als Brahma.

In zahlreichen Inkarnationen oder Wiedergeburten als Mensch oder Tier kämpfte er später gegen Dämonen und half so, die Welt zu erhalten, verrät uns die Legende. Nun begegnen wir Vishnu, dem Erhalter. Vishnu trat, gemäß einigen heiligen indischen Schriften, auf als Fisch, Schildkröte, Eber, Löwenmensch, Zwerg, ja selbst als Buddha ... unter anderem.

Aber in verschiedenen hinduistischen Texten wird auch darauf hingewiesen, dass Vishnu *alle drei Aspekte* in sich verkörperte, dass er alle drei Aktivitäten auszuführen vermochte: Er konnte erschaffen – aufrechterhalten – und zerstören.

Wiederholen wir: Vishnu, eigentlich der Erhalter, kann auch zerstören und erschaffen.

Wenn man mit der Idee der Wiedergeburt vertraut ist, fällt es uns auf einmal wie Schuppen von den Augen: Götter können *in verschiedenen* Gestalten inkarnieren. Und insofern sind die Körper zwar unterschiedlich, aber die Seele, die diese Körper bewohnt, ist stets dieselbe.

Und so verstehen wir endlich die Gleichung 1 + 1 + 1= 1. Es handelt sich immer um die gleiche Person, die sich freilich in verschiedenen Körpern verlustiert, sie benutzt und in ihnen spazieren geht.

Brahma, Vishnu und Shiva waren eine einzige Person!

Und damit haben wir die ursprüngliche Bedeutung der Dreifaltigkeit endgültig verstanden. Wir betrachten hier nur das Konzept der Wiedergeburt.

Deswegen wurden viele indische Götter mitunter auch mit mehreren Köpfen dargestellt, mit vier Köpfen etwa oder mit zehn Armen. Der Grund: Wiedergeburt und nochmals Wiedergeburt. Ein Gott oder eine Göttin konnte sich in beliebig vielen Körpern manifestieren oder in ihnen reinkarnieren. Und so erkennen wir endlich, dass das christliche Konzept der *Heiligen Dreifaltigkeit* spielend leicht verstehbar ist, wenn, wenn ... ja wenn man die Religionsgeschichte kennt. Ein Gott, der gleiche Gott, spielte erst den Erschaffer, dann den Erhalter und zuletzt den Zerstörer.

FAZIT

Wiederholen wir: Zunächst sollte mit der Erhöhung Jesus zum Gott, ja mit der Gleichsetzung zu Gottvater, die Einzigartigkeit dieses Christus festgeschrieben und für alle Zeiten in Stein und Eisen gehauen werden. Es ging darum, ketzerische Sekten in ihre Schranken zu weisen und auszuschließen.

Aber da ein zweigeteilter Gott zu wenige Vorbilder besaß, und da umgekehrt die Religionsgeschichte voll war von Trinitäten, holte man später noch den Heiligen Geist ins Boot.

Verschwiegen wurde dabei sorgfältig, dass zahlreiche Religionen Trinitäten besaßen, wie wir dargelegt haben. Man wird förmlich erschlagen von all diesen Dreifaltigkeiten.

Jedenfalls befand man sich innerhalb des Christentums jetzt in bester Gesellschaft. Eine neue Religion verdrängt ja selten eine alte Religion vollkommen: Sie saugt vielmehr Teile einer alten Religion auf und übernimmt sie. Sie verändert sie ein wenig und verleibt sie sich ein. Nichts anderes geschah mit der Trinität.

Zudem besaß die Drei, die heilige Zahl, eine hoch heilige Tradition.

Verschwiegen wurde dabei die *ursprüngliche* Bedeutung all dieser Trinitäten, nämlich Geburt, Überleben und Tod, oder Anfang, Fortdauer und Ende.

Das war die eigentliche Botschaft, mit der sich alles Existierende erklären ließ.

Erst recht verschwiegen wurde die Tatsache der Reinkarnation, die es Göttern erlaubte in drei, ja vier oder gar zehn Reinkarnationen herumzuturnen. Ein Gott konnte einen Menschenleib aufgreifen, benutzen und wegwerfen, ganz nach Belieben. Er ergriff sich im Falle des Todes schnell einen neuen, frischen Leib. Kein Problem! Das war nichts Besonderes! Das war geradezu der kleinste Trick, den man als Gott beherrschte.

Aber auch diese Bedeutung wurde rasch beiseitegeschoben. Man brauchte sie nicht im Christentum. Im Gegenteil: Wenn Menschen wussten, dass sie wiedergeboren wurden und sie also nicht zu fürchten brauchten, »ewig« im Höllenfeuer zu braten, konnte man sie nicht so leicht kontrollieren. Also fort damit! Und so wurde die Idee der Wiedergeburt ebenfalls gleich mitverdammt, obwohl es das ursprüngliche Konzept der Trinität gewesen war, religionsgeschichtlich gesehen.

Und so erkennen wir, dass wir es mit und in dem Christentum mit nichts anderem zu tun haben als mit *veränderten* Ideen und Prinzipien. Die ursprünglichen Konzepte und Ideen wurden von einigen Priestern und Kirchenvätern auf Konzilen flugs unter den Tisch gekehrt, speziell auf dem Konzil von Nicäa, 325 n. Chr.

Es handelte sich um eine machtpolitische Entscheidung, nicht um eine Entscheidung, die der Wahrheit gedient hätte.

Damit aber haben wir das Mysterium der »Heiligen Dreifaltigkeit« endgültig in der Tasche und gelöst. Man muss lediglich um vier Tatsachen wissen:

1. Es gab zahlreiche Trinitäten im Laufe der Geschichte.
2. Die Zahl Drei galt Jahrtausende lang als »heilig«.
3. Geburt, Fortdauer und Tod war die ursprüngliche Bedeutung der Metapher der »Dreifaltigkeit«.
4. Das Konzept der Wiedergeburt ermöglichte die Gleichung 1 + 1 + 1 = 1.

DIE MYSTERIÖSE VERBINDUNG ZWISCHEN HANNIBAL UND GENERAL PATTON

Bevor wir ein weiteres Kabinettstückchen der Parahistorie vorstellen, das uns bis unter die Haarspitzen erregt, müssen wir zunächst zwei Gestalten vorstellen, welche nichts weniger als die *gesamte Geschichte* beeinflussten – einmal in der relativen Gegenwart, ein andermal in der römischen Antike.

Beide Figuren sind so interessant, dass es sich lohnt, ihre Biografien zunächst getrennt zu betrachten – bevor wir auf ihre mysteriöse Verbindung eingehen.

Im ersten Falle handelt es sich um *Hannibal* – vielleicht der begabteste Feldherr, der je lebte und der selbst eine Weltmacht zum Zittern brachte – nämlich das alte Rom. Man muss es sich plastisch vorstellen: Selbst die Römer, die weder Tod noch Teufel fürchteten, fingen an zu beben, wenn nur der Name *Hannibal* fiel.

HANNIBAL, DIE BIOGRAPHIE

Im dritten Jahrhundert vor Christi Geburt war der gefährlichste Gegenspieler der Römer das sagenumwobene *Karthago*, in dem eine Zeit lang Hannibal die entscheidende Rolle spielte.

Bei Karthago handelte es sich um eine antike See- und Handelsmacht in Nordafrika; gleichzeitig wies man mit dem Wort auf die Hauptstadt hin, die ebenfalls Karthago hieß; sie lag im heutigen Tunesien.

Karthago bedeutete wörtlich so viel wie »neue Stadt«. Die *Phönizier*, deren Heimatland und Zentrum ehemals grob gesprochen im heutigen Libanon angesiedelt war, hatten einst dieses Karthago oder Carthago gegründet – eine *neue Stadt* in Nordafrika also, die immer mächtiger wurde. Schlussendlich quoll Karthago über vor Waren, Gold und Silber, es gebot zudem über eine eigene mächtige Flotte und ein riesiges Heer.

Die Ausdrücke *Karthager*, *Punier* und *Phönizier* wurden von den Römern dazumal oft bedenkenlos nebeneinanderher verwendet, sie waren im allgemeinen Sprachgebrauch praktisch identisch. Eigentlich bezeichnet die punische Sprache eine Spätform der phönizischen Sprache.

Im Namen Hannibal steckt der Göttername *Baal*, was wörtlich so viel wie *Herr*, *Meister*, *König* oder sogar *Gott* bedeutet. Übersetzt heißt der Name Hannibal so viel wie *Baal ist gnädig*. Der Göttername Baal war im alten Phönizien besonders populär, er verkörperte spirituelle Macht, wurde jedoch auch in Karthago in hohen Ehren gehalten, sowohl in der Stadt als auch im gesamten nordafrikanischen Umland. Noch immer lebt nebenbei bemerkt der Begriff Baal in unserem Wort *Beelzebub* fort, der ursprünglich *Baal*-Sebub hieß (= wörtlich: Herr der Fliegen) – ein Gott mutierte zum Teufel.

Jedenfalls handelte es sich bei Hannibal, dem Karthager, um einen Heerführer der Sonderklasse. Bereits sein Vater *Hamilkar* hatte sich durch zahlreiche Siege gegen die Römer und andere Völkerschaften ausgezeichnet. Er hatte gleichzeitig eine »Löwenbrut« herangezogen, deren prominentester Vertreter eben jener Hannibal war – sein ältester Sohn.

Hannibal wurde von Kindesbeinen an rigoros abgehärtet. Ein Spartaner erzog ihn, denn Sparta genoss noch immer den Ruf, unnachgiebig in Bezug auf die Körperzucht zu sein. Das unbarmherzige Lagerleben der Soldaten lernte Hannibal bereits als Jugendlicher kennen, mit seinem Hunger und Durst, dem wenigen Schlaf, den ständigen Waffenübungen und dem bedingungslosen Einsatz, wenn es galt, den Feind in Panik und Schrecken zu versetzen und zu besiegen.

Hannibal, hochgewachsen und muskulös – wenn man jedenfalls einigen späteren Darstellungen glaubt – war Zeit seines Lebens selbst den ungeheuerlichsten Strapazen gewachsen. Er lief schneller als ein Hirsch und zeichnete sich im Kampf durch einen unvergleichlichen Mut aus. Darüber hinaus war er ein strategisches Genie und mit einer schneidenden Intelligenz begabt.

Gleichzeitig war er ein Edelmann, was Erziehung und Ausbildung anging, er war selbst in der Literatur und in der Geschichte bewandert.

Als sein Vater ermordet wurde, übertrugen ihm die Karthager ohne lange zu überlegen bereits mit 26 Jahren den Oberbefehl über das karthagische Heer, das damals in Spanien stand; sie statteten ihn also mit einer ungeheuren Machtfülle aus.

Seine Krieger liebten ihn, »weil sie in seiner gebieterischen Gegenwart und seinem durchdringenden Blick ihren alten Führer Hamilkar (= den Vater Hannibals) in Fleisch und Blut in neuer Jugend unter sich sahen«.[71] Und Hannibal war wirklich eine Ausnahmeerscheinung. Er war mit allen Listen und Kniffen der Kriegsführung und der Spionage vertraut. Er operierte in unglaublicher Geschwindigkeit. Und er überraschte den Feind ständig.

Als Erstes führte Hannibal einen Feldzug gegen verschiedene spanische Stämme und besiegte sie fast im Spaziergang, selbst wenn der Feind zahlenmäßig überlegen war. Nur eine Stadt an der Ostküste Spaniens leistete entschlossen Widerstand. Die Römer schlugen sich auf die Seite dieser widerspenstigen Stadt. Hannibal belagerte sie 219 v. Chr., stürmte sie und ließ die Bevölkerung töten.

Die Römer im entfernten Italien schrien wutentbrannt auf und verlangten von Karthago die Auslieferung Hannibals, denn es bestand ein Abkommen zwischen den Römern und Karthagern, dass Hannibal angeblich gebrochen hatte, was indes nicht der Wahrheit entsprach. Die Karthager lehnten ab. Das war der Auftakt zu einem der furchtbarsten Kriege in dieser Zeit, die fast zum Untergang Roms führte.

Hannibal spielte dabei die entscheidende Rolle.

AUF LEBEN UND TOD

Zwei »Weltmächte« kämpfen in der Folge gegeneinander, verbissen und bis aufs Messer. Auf der einen Seite steht das ewige Rom, mit dem Senat und mehreren berühmten Heerführern, auf der anderen Seite befindet sich Karthago, mit Hannibal, der bereits in jungen Jahren eine Legende ist.

Kaum wenden sich die Römer gegen die Karthager und Hannibal, fordert der junge Kriegsgott das Schicksal heraus. Mit 50 000 Fußsoldaten und 9000 Reitern zieht er los. 3000 Soldaten desertieren, 7000 entlässt er, da sie das Unternehmen, das er ins Auge gefasst hat, für undurchführbar halten.

Das Unternehmen? Hannibal beschließt, die Römer in ihrem eigenen Land heimzusuchen, in Italien also, und mit all seinen Soldaten, Pferden und riesigen Elefanten die Alpen zu überqueren.

Hannibal durchzieht mit seiner Armee zunächst ganz Spanien, dann überquert er die Pyrenäen. Allein die Anwesenheit seiner Elefanten jagen jedem Gegner Angst und Schrecken ein. Danach hetzt Hannibal seine Mannen durch den Süden Frankreichs, das damals Gallien hieß, um zu den hoch aufragenden Alpen zu gelangen.

Ein römisches Heer wird ihm entgegengeworfen.

Hannibal weicht geschickt aus. Trotzdem muss er mit einigen Gebirgsstämmen den Kampf aufnehmen. Er siegt. Danach unternimmt er die unmenschliche Aufgabe, Elefanten, Pferde und seine Soldaten über die Alpen zu führen.

Mit dem Aufstieg allein fordert er schier die Götter heraus. Schnee und Eis, Kälte und Hunger müssen besiegt werden. Das raue Wetter macht den Aufstieg fast unmöglich. Noch gefährlicher ist der Abstieg. Die Erde bröckelt unter den Hufen der Pferde und reißt auf unter den Tritten der Elefanten. Lawinen überrollen das Heer und begraben mehr als einmal Mensch und Tier unter sich. Krieger rutschen auf dem Eis aus und stürzen zu Tode oder werden in die Schluchten gerissen.

Hannibal aber motiviert seine Männer immer und immer wieder. Er berichtet mit glänzenden Augen von dem herrlichen Italien, dem Paradies mit seiner leuchtenden Sonne und den grünen Ebenen, das auf sie alle wartet. Nach 17 Tagen erreicht er mit seinen Soldaten die Ebene jenseits der Alpen. Zahlreiche Krieger, Pferde und Elefanten haben inzwischen ihr Leben verloren. Hannibal verfügt nunmehr über 26 000 Mann, seine Streitmacht ist auf weniger als die Hälfte geschrumpft. Einige Stämme auf der anderen Seite der Alpen begrüßen ihn immerhin als Retter, denn Hannibal ist gerissen und klug genug, den Feldzug gegen die Römer auch propagandistisch zu führen. Er lässt sich als Befreier von dem römischen Joch feiern.

Die Römer können nicht glauben, was quasi direkt vor ihren Augen passiert. Panik bricht im Senat aus. Allein das Wort *Hanniba*l verbreitet Angst und Schrecken. Der römische Senat weiß, er muss handeln. In aller Eile unterrichtet er seine Verbündeten. Boten jagen durch das Land. Es gilt, eine so gewaltige Streitmacht den Eindringlingen entgegenzuwerfen, dass sie allein aufgrund der zahlenmäßigen Überlegenheit verzagen. Die Verteidigung wird organsiert. Es geht um Leben und Tod. 300 000 Fußsoldaten, 14 000 Reiter und 465 000 Reservisten werden von Rom aufgestellt und Hannibal entgegengeschickt.[72] Selten oder nie hat man in der Geschichte ein so gewaltiges Heer gesehen.

Die erste Schlacht wird geschlagen. Hannibal, obwohl zahlenmäßig weit unterlegen, siegt. Die Römer können es nicht fassen. Erneut greifen sie an, wieder werfen sie alles in die Waagschale. Hannibal jedoch lockt das feindliche römische Heer in eine Ebene, hinter der sich Hügel und Wälder erheben. Die Römer laufen in die Falle. Sie triumphieren zunächst. Als sie schon glauben, den Sieg in der Tasche zu haben, brechen aus Dickichten und Büschen, aus den Wäldern und hinter den Hügeln Hannibals Krieger hervor. Wie ein Sturmwind fallen sie über die Römer her. Die Römer sehen sich umzingelt. Beinahe alle römischen Soldaten werden erschlagen, man macht nur wenige Gefangene. Hannibal erringt erneut einen fast unmöglich zu erringenden Sieg.

Er blickt um sich, mit dem Schwert in der Faust. Er herrscht nun über ganz Norditalien.

Doch noch immer sind die Römer zahlenmäßig weit überlegen – etwa im Verhältnis 10 : 1. Hannibal weiß, er muss geschickt, äußerst geschickt vorgehen. Flugs lässt er einige Gefangene, die seine Soldaten gemacht haben, frei – jedoch nur *Verbündete* der Römer. Er tönt mal wieder, dass er nur gekommen sei, um Italien und andere Länder von dem römischen Joch zu befreien. Propaganda ist alles.

Außerdem gönnt er seinen Soldaten und sich selbst das erste Mal eine kleine Ruhepause. Wunden müssen verbunden und Tote beerdigt werden. Er selbst leidet an einer Augenentzündung. Da erreichen ihn erneut Nachrichten, die sofortiges Handeln erfordern. Die Verschnaufpause wird abgeblasen. Er muss seine Soldaten hart und rücksichtlos anfassen, nur so kann man siegen.

Aber auch gegenüber sich selbst ist er mitleidlos. Hannibal verzichtet darauf, seine Entzündung auszukurieren. Er erblindet auf einem Auge. Doch das ist gleichgültig, wichtig ist nur der Sieg. Er marschiert mit seinen Mannen im Eilmarsch weiter durch Italien. Einige Stämme fordert er auf, sich ihm anzuschließen. Zunächst findet er kaum Gehör. Gleichzeitig geschehen zahlreiche Anschläge auf sein Leben. Die Römer dingen einen Meuchelmörder nach dem andern. Vergebens. Hannibal überlebt alle Anschläge. Immerhin operiert er inzwischen mit verschiedenen Verkleidungen, um seine Feinde in die Irre zu führen.

Die Römer haben sich mittlerweile halbwegs erholt. Sie ernennen *Quintus Fabius Maximus* zum Diktator, im Jahre 217 v. Chr. Dieser General und Staatsmann, der bereits fünfmal das Konsulamt bekleidet hat, soll sie vor Hannibal retten. Der fabianische Maximus ersinnt eine umwälzend revolutionäre Strategie, die ihm den Beinamen *Cunctator* einträgt, was so viel wie *Zögerer* oder *Zauderer* bedeutet. Kurz gesagt vermeidet er geschickt jede Entscheidungsschlacht. Dafür versetzt er mit seinen Soldaten Hannibal unablässig Nadelstiche. Konkret schneidet er Hannibals Heer die Versorgungslinien ab und engagiert sich in kleineren Scharmützeln – und selbst das nur, wenn die Umgebung, die Landschaft, günstig für ihn aussieht. Er weicht Hannibal ständig aus. Er zermürbt den Karthager. Nie riskiert er die offene Feldschlacht mit all seinen Legionen. Er ist der Vater des Guerillakrieges.

Hannibal ist ohnmächtig vor Zorn.

Aber auch die Römer murren. Der Cunctator, der Zauderer, wird in Rom immer unbeliebter – besonders beim Pöbel, der nichts von Strategie versteht. Man will Rom siegen sehen. Die Volksversammlung setzt gegen den Senat durch, dass ein Mitregent erhoben wird, namens *Minucius*. Um sich die Gunst des Volkes zu sichern, gibt Minucius die fabiansche Strategie auf und greift Hannibal frontal mit allen römischen Legionen an.

Aber wieder ist der karthagische Fuchs schlauer. Auch Minucius lockt er in eine Falle. Wieder werden die Römer furchtbar geschlagen.

Die Römer erkennen mit einiger Verspätung, dass die Ausweichmanöver des Cunctators weitaus klüger waren. Trotzdem wird der Zögerer seines Postens enthoben. Ein neuer Feldherr wird bestellt: *Varro*. Und wieder stürzt sich auch dieser Feldherr in die offene Schlacht, mit allen Legionen, die noch verblieben sind.

Bei Cannae, einem Ort in Unteritalien, kommt es zur Entscheidungsschlacht. 86 000 Römer treten an gegen 35 000 Karthager. Wieder lockt Hannibal die Feinde in einen Hinterhalt. Und wieder werden die Römer auch unvorbereitet von der Flanke her angriffen sowie zusätzlich im Rücken. Hannibals Soldaten kesseln die Römer ein. Das Gemetzel ist unvorstellbar, die Erde färbt sich blutig rot. Varro und seine Legionäre werden aufgerieben. Hannibal dagegen verliert nur 6000 Mann, zwei Drittel davon sind Gallier, die ihm nur zugelaufen sind.

Nie, nicht in der gesamten Geschichte der Menschheit, ging ein Feldherr so klug vor, nie gewann ein Stratege mit so bescheidenen Mitteln und mit so wenigen Soldaten einen Krieg – und das gegen eine Weltmacht.

Hannibal fühlt sich unüberwindlich. Er schreibt Weltgeschichte.

Rom zittert. Zahlreiche Völkerschaften schließen sich jetzt dem siegreichen Hannibal an, den offenbar nie das Kriegsglück verlässt. Karthago, so scheint es, ist die kommende Weltmacht, Roms Stern ist im Sinken begriffen. Selbst die Makedonier/Griechen verbünden sich mit Hannibal – die stolzen Nachfolger Alexander des Großen. Rom sieht sich plötzlich von allen Seiten umzingelt. Nichts ist gefährlicher, als wenn man seine eigenen Verbündeten nicht mehr durch Siege beeindrucken kann.

Mehr und mehr Bundesgenossen Roms verlassen das sinkende Schiff.

Hysterie kommt auf. In Rom geht die Angst um. Man beschwört die Unsterblichen, den Göttervater Jupiter und Mars, den Kriegsgott vor allem. »Matronen aus den besten Familien laufen weinend in die Tempel und reinigen mit ihren Haaren die Statuen der Götter. Einige Frauen, deren Männer und Söhne gefallen sind, geben sich Fremdlingen und Sklaven hin, damit ihr Geschlecht nicht ausstirbt.«[73] Sogar Menschenopfer lässt Rom wieder zu – nur um die Götter zu besänftigen. Alles, alles, wird in die Waagschale geworfen. Hannibal ist der Schrecken Roms.

Der Klassenkampf in Rom kommt eine Weile zum Stillstand, der Pöbel verbündet sich mit der Aristokratie. Die Steuern erreichen unbekannte Höhen, aber alle bringen sie Opfer, nur um neue Waffen schmieden zu können. Hannibal, Hannibal, es geht immer nur um Hannibal. Selbst Sklaven werden bewaffnet. Die alten, erfahrenen Soldaten Roms strömen freiwillig in die Armee, ohne Geld für ihren Kriegsdienst zu verlangen.

Aber Hannibal marschiert nicht auf Rom zu, dafür ist er zu klug. Berechnend wartet er ab. Zunächst will er verschiedene Verbündete unter seinem Banner vereinigen, um dann mit allen gemeinsam und gleichzeitig loszuschlagen. Karthago soll von Spanien/Frankreich und den Alpen her, vom Norden also, die Römer angreifen, Makedonien/Griechenland vom Osten, Syrakus/Sizilien vom Süden. Er selbst will überall wie ein Berserker wüten.

Wenn die Römer gleichzeitig von vier Seiten aus angegriffen werden, wird ihr Weltreich zusammenstürzen wie ein Kartenhaus, glaubt Hannibal. Eilig schickt er Boten an seine Verbündeten. Karthagische Reiter/Botschafter hetzen wie vom Teufel gejagt in alle Himmelsrichtungen davon. Es gilt, ein Weltreich in die Knie zu zwingen.

Hannibal belagert inzwischen einige kleinere Städte Italiens. Und wieder siegt und siegt er. Endlich gönnt er seiner Armee eine neue Ruhepause.

Aber seine Verbündeten, die er aufgerufen hat, ihm zur Seite zu stehen, bemühen Ausreden oder schlafen. Teilweise werden sie von römischen Legionen außerhalb Italiens aufgehalten, wie die karthagischen Truppen in Spanien.

Fünf Jahre lang führt Hannibal seine Soldaten zu verschiedenen unbedeutenden Siegen. Aber der ganz große Wurf misslingt.

Die Römer haben inzwischen wieder Mut gefasst. Sie stellen neue Legionen auf. Hannibal verfügt nach wie vor nur über 40 000 Mann. Und also marschieren die Römer mit ihren frischen Soldaten auf die italienische Stadt zu, in der Hannibal gerade residiert. Erstmalig siegen die Römer, vielleicht, weil die Truppen Hannibals inzwischen das Luxusleben im sonnigen Italien zu sehr genießen.

Auch an anderen Fronten werfen die Römer den Karthagern ihre Legionen entgegen. Außerdem macht ein neuer, hochbegabter Feldherr in ihren Reihen von sich reden: *Scipio Africanus*, einer der besten Heerführer, den Rom je sah. »Das Volk bewundert ihn nicht nur wegen seiner Schönheit und seiner Beredsamkeit, seiner Intelligenz und seiner Tapferkeit, sondern auch wegen seiner Frömmigkeit, Ritterlichkeit und Gerechtigkeit.«[74]

Es handelt sich bei Scipio Africanus um einen Liebling der Götter, dem schier alles gelingt. Trotz seiner nur 24 Jahre genießt er bereits den Ruf eines Helden. Die erste wichtige Schlacht schlägt er in Spanien – die Karthager werden besiegt. Eine Stadt nach der anderen kehrt in den Schoß des römischen Weltreiches zurück. 205 v. Chr. ist Spanien wieder römische Provinz. Wertvolle Bodenschätze fließen erneut in Richtung Rom.

Hannibal hofft auf Verstärkung durch andere karthagische Truppen, die sein Bruder anführt. Aber Scipio besiegt auch Hannibals Bruder, der im Kampf den Tod findet. Die neuerliche Niederlage und der Tod des geliebten Bruders sind für Hannibal schlimmer als zehn Dolchstiche in die Brust.

Aber noch hat er den Krug nicht bis zur bitteren Neige geleert. Weitere Hiobsnachrichten erreichen ihn. Karthago in Nordafrika versucht, ihm 100 Schiffe mit Proviant, Waffen und Soldaten zu senden – doch die Schiffe werden durch einen Sturm an fremde Küsten verschlagen, wo sie die Römer erst entern und dann versenken.

Scipio, auf der Höhe seiner Kraft, segelt nun mit einem neuen römischen Heer nach Nordafrika. Er zielt auf das Herz des Widerstandes und bringt Karthago selbst in Bedrängnis. Der Krieg läuft auf seinen Höhepunkt zu.

Die reichen Aristokraten in Karthago und mit ihnen das Volk flehen Hannibal an, der Heimatstadt beizustehen. Hannibal stimmt grummelnd zu, aber ein Großteil seiner Soldaten meutert. Hannibal lässt 20 000 Kämpfer, die ihm den Gehorsam verweigern, hinrichten. Dann setzt er mit dem verbliebenen Haufen nach Karthago /Nordafrika über, um seine Vaterstadt zu verteidigen. 80 Kilometer südlich von Karthago tritt er Scipio entgegen. Es folgt eine der wildesten und erbittertsten Schlachten der Weltgeschichte.

Hannibal hat es erstmalig mit einem Gegner zu tun, der ebenso brillant, intelligent und draufgängerisch ist wie er selbst. Außerdem sind die Römer zahlenmäßig überlegen. Hannibal verliert die furchtbare Schlacht. Allein der Propagandaeffekt ist vernichtend. Eine Legende wird zerstört, die Legende des unbesiegbaren Hannibal. 20 000 Karthager finden den Tod.

Nachdem er selbst wie ein Löwe gekämpft hat, entzieht sich Hannibal im letzten Augenblick der Gefangennahme. Er reitet wie von Furien gehetzt nach Karthago. Dann rät er den Führern seiner Heimatstadt, den Frieden zu suchen. Zähneknirschend stimmen die reichen Aristokraten zu.

Scipio verlangt, praktisch alle karthagischen Kriegsschiffe auszuliefern. Außerdem muss sich die Stadt verpflichten, 50 Jahre lang jedes Jahr 200 Talente zu entrichten – eine unvorstellbare Summe.

Ein karthagisches *Talent* zu dieser Zeit entspricht 27 Kilogramm in Silber- und Goldmünzen – ein Talent ist eigentlich eine Gewichtseinheit. Es stellt ein Vermögen dar. Man kann ein karthagisches Talent mit rund 400 000 Euro im Jahre 2019 vergleichen.

Rom siegt auf der ganzen Linie. Karthago scheint vernichtet zu sein. Aber wie nimmt sich das weitere Schicksal Hannibals aus?

HANNIBALS SCHICKSAL

Selbst die größten Feldherren sind nicht unsterblich.

Kaum sind die Römer abgezogen, fordert das karthagische Volk Hannibal auf, der korrupten Herrschaft der Aristokraten, Geldsäcke und Richter in der Stadt ein Ende zu bereiten. Hannibal nimmt die neue Herausforderung an und bestimmt, dass karthagische Richter künftig nur noch für ein Jahr wählbar sein dürfen; damit setzt er ein Stück Demokratie durch. Außerdem macht er gegen die Bestechlichkeit der alten Adels- und Kaufmannsclique Karthagos mobil. Zusätzlich werden die Steuern herabgesetzt.

Dann bringt er die Finanzen der Stadt in Ordnung. Kurz gesagt sorgt er dafür, dass die alte, elende Herrschaft der Kaufmanns-Aristokratie in Karthago ein Ende findet.

Karthago beginnt schon nach kurzer Zeit wieder zu blühen und zu gedeihen.

Aber die alten Raffzähne spielen ein doppeltes Spiel. Ihrer Macht beraubt, informieren sie Rom heimlich von der neuen Blüte der Stadt. Sie lügen das Blaue vom Himmel herunter und deuten an, dass Hannibal erneut gegen Rom Krieg führen will. Rom antwortet mit dem Befehl, Hannibal sofort auszuliefern. Bevor seine Feinde zuschlagen können, flieht Hannibal jedoch bei Nacht und Nebel aus der undankbaren Vaterstadt.

Er flieht nach *Antiochien*, eine Stadt im antiken Syrien, die heute in der südlichen Türkei liegt und *Antakya* heißt – Antiochien umfasste damals ein ganzes (syrisches) Reich.

Er überredet den König von Antiochien, gegen die Römer loszuschlagen. Er selbst verspricht, in der neuen Armee an vorderster Front mitzukämpfen. Aber im Jahre 189 v. Chr. verlieren die Antiochier die entscheidende Schlacht.

Wieder entkommt Hannibal im letzten Augenblick. Er schlägt sich nach Kreta durch, wo er eine Weile untertaucht. Doch die Römer sind ihm auf der Spur. Sie hetzen ihn wie ein Stück Wild. Nie haben sie ihm vergeben, dass er einst das gesamte römische Weltreich herausgefordert hat.

Hannibal flieht über verschiedene Zwischenstationen nach *Bithynien* – heute eine Region in der nördlichen Türkei. Dort heuert er als Flottenkommandant an. Wieder geht es gegen Rom, dem er umgekehrt nicht verzeihen kann, was sie den Karthagern angetan haben. »Er lässt Tonkrüge mit Giftschlangen befüllen und mittels Schiffskatapulten auf die … [römische] Flotte schleudern, um Panik unter den feindlichen Schiffsbesatzungen auszulösen.«[75] Aber das Schlachtenglück ist ihm nicht mehr hold. Hannibal verliert die entscheidende Auseinandersetzung, die Römer sind einfach nicht mehr zu besiegen.

Hannibal flieht erneut.

Die Römer heften sich wieder an seine Fersen, sie sind wie Schweißhunde. Endlich spüren sie Hannibal auf. Dann umstellen sie sein Versteck, eine Festung namens *Libyssa*, die ebenfalls in der heutigen Türkei liegt.

Auch diese Festung wird von den Römern eingenommen. Hannibal sieht, dass es keinen Ausweg mehr gibt. Er schluckt Gift und zieht es vor, sich das Leben zu nehmen, bevor die Römer seiner habhaft werden können.

184 v. Chr. verlässt die Seele Hannibals seinen sterblichen Körper. Wenige Monate später folgt ihm Scipio ins Grab nach, der Hannibal stets Respekt zollte, obwohl er sein ärgster Widersacher war.

DIE LEGENDE UM HANNIBAL

Kaum ist Hannibal tot, erwacht die Legende erneut zum Leben. Der berühmteste Sohn Karthagos steht gewissermaßen wieder aus dem Grabe auf. Als »größter Feldherr der Antike« gerät er zum Gegenstand unendlicher Bewunderung. Poeten dichten Verse auf ihn, und Schriftsteller überschlagen sich in hymnischer Verehrung. Einige der größten Griffel der Weltgeschichte – *Petrarca*, *Swift*, *Lessing*, *Grabbes* – erweisen ihm Referenz. Maler erstellen Kolossalgemälde, Kupferstiche, Tuschzeichnungen und mehr. Selbst *William Turner* und *Tiepolo* versuchen sich an dem Hannibal-Thema. Tunesien versucht im dritten Jahrtausend nach Christi Geburt das Thema *Hannibal* für sich zu vereinnahmen – Karthago befand sich einst in der Nähe des heutigen Tunis, der Hauptstadt des Landes. *Hannibal TV* lautet der Name des ersten privaten Fernsehsenders Tunesiens.

Zahlreichen Militärführern und Feldherren dient er noch nach über 2000 Jahren als Vorbild – er wird jetzt verehrt wie ein Kriegsgott. Könige schmücken sich mit entsprechenden Vergleichen. Auch Mordgesellen wie *Napoleon*, *Ludendorff* und *Göring* versuchen sich in seinem Glanz zu sonnen.

Aber warum haben wir das Leben ausgerechnet eines *Feldherrn*, sprich einer kriegerischen Persönlichkeit, in diesen Band aufgenommen, in dem doch *spirituelle* Eigenschaften die Hauptrolle spielen?

Gedulden wir uns noch einen Augenblick. Und führen wir uns zunächst die Biografie eines der größten Generäle der USA zu Gemüte, bevor wir das Geheimnis lüften – eines Generals, der in einem eigenartigen Verhältnis zu Hannibal stand.

Steigen wir übergangslos ein.

GENERAL PATTON, DIE BIOGRAPHIE

Einer der interessantesten Haudegen der Geschichte ist George S. Patton (1885–1945), ein General der US-Army im Zweiten Weltkrieg, vor dem selbst die Deutschen zitterten, das heißt die abgebrühten Nazis und die gnadenlosen deutschen Militärs, denn der Ruf, der diesem Mann vorausging, war einzigartig.

Bevor wir näher auf ihn eingehen, müssen wir kurz auf die historische Situation reflektieren.

DIE USA UND DER ZWEITE WELTKRIEG

Zu Beginn siegte Hitler förmlich an allen Fronten. Geradezu im Spaziergang lehrte er ein Land nach dem anderen, was es hieß, sich mit der gut geölten Kriegsmaschinerie der Nazis anzulegen. Selbst Frankreich fiel ihm in den Schoß, und in Großbritannien zog man die Köpfe ein.

Doch im Hintergrund gab es noch immer diese verdammten Yankees, die übermächtigen Vereinigten Staaten von Amerika, die sich längst auf die Seite der Briten geschlagen hatten. Offiziell jedoch hielten sich die US aus dem Krieg heraus. Es war ein europäischer Krieg, mit dem man anfänglich in US-Amerika nichts zu tun haben wollte.

Aber der Krieg artete auch deshalb zu einem Weltkrieg aus, weil Japan durch seine Expansionsgelüste im Fernen Osten schließlich die USA auf den Plan rief. Japan versuchte, sich weite Teile Chinas (und andere Staaten) unter den Nagel zu reißen, was auf wenig Gegenliebe seitens der Vereinigten Staaten stieß. Als die USA die Japaner zurückpfeifen wollten, antworteten diese mit einem Bombenangriff auf die US-Pazifikflotte in Pearl Harbor – einem Hafen und Stützpunkt der US-Marine und der US-Luftwaffe auf Hawaii. Die Stimmung in den USA schlug daraufhin unversehens um, sprich, die amerikanische Bevölkerung, die bislang von der Auseinandersetzung nichts hatte wissen wollen, signalisierte ihre Bereitschaft, in den Zweiten Weltkrieg einzutreten. Hitler, der bisher vermieden hatte, gegen die USA mobilzumachen, erklärte daraufhin zusammen mit Italien frech und in völliger Selbstüberschätzung den Vereinigten Staaten den Krieg. Die Japaner jubelten – und gewannen zunächst wider Erwarten einige wichtige, aufsehenerregende Schlachten im Osten. Der Krieg tobte nun an allen Fronten, zu Lande, zu Wasser und in der Luft.

Für Hitler kam die Wende in Stalingrad, in Russland. Hier kapitulierte die deutsche Armee schließlich im Jahre 1942 im Angesicht der sowjetischen Übermacht, die scheinbar unendliche Ressourcen an Menschen und Material mobilisieren konnte.

Hitler begann das erste Mal an sich selbst zu zweifeln und ließ häufiger seinen Leibarzt zu sich rufen; seine aufgesetzte Selbstsicherheit fing an zu zerbröseln. Die schlechten Nachrichten fielen nun wie Bomben über ihn her:

- Die Japaner erlitten entscheidende Niederlagen in Asien.
- In Afrika gelang es den Engländern unter General Montgomery, die Deutschen und die Italiener zum Rückzug zu zwingen.
- In Deutschland selbst wurden nun deutsche Städte von englischen Flugzeugen bombardiert.
- Im U-Boot-Krieg und im Luftkrieg zeichnete sich eine deutliche Wende zuungunsten Deutschlands ab. Hitler entließ in rascher Folge verschiedene deutsche Heerführer und maßte sich selbst die Rolle des begnadeten Feldherrn an.
- In Stalingrad kapitulierte schließlich die eingeschlossene deutsche Armee.

  Die Russen setzten zum Gegenangriff an.[76]

  Und was taten die USA?

Kurz gesagt wurde die gesamte Wirtschaft in den USA umgestellt. In den amerikanischen Fabriken wurden nun Waffen, Panzer und Flugzeuge hergestellt, in einer schier unvorstellbaren Größenordnung. Der Gigant schnaufte und erhob sich.

Schon bald flogen auch Amerikaner Großangriffe gegen viele deutsche Städte – bereits im Jahre 1943. Weiter versuchten die amerikanischen Soldaten auf dem europäischen Kontinent *und* in Afrika Fuß zu fassen, um von dort aus über Sizilien/Italien und also vom Süden her die Nazis in Bedrängnis zu bringen.

Plötzlich war das Militär in den US, mit seiner legendären *Navy* und der *United States Air Force* gefragt. Die Stunde der gefürchteten, zum Teil sagenumwobenen US-Generäle schlug. Und so wurden, ungesehen von den Deutschen, einige mutige Pläne ausgebrütet, die den Nazis endgültig den Garaus machen sollten. Die generelle Strategie bestand darin, Hitler und seine Armeen von allen Seiten zum Rückzug zu zwingen, im Norden, Süden, Osten und Westen.

Die Russen sollten dafür sorgen, dass die Deutschen an der Ostfront zurückwichen und auch aus dem Norden verschwanden – aus Finnland etwa. Die Amis nahmen sich mit den Engländern zusammen Afrika oder den Süden sowie den Westen vor. Aber wer konkret sollte bei den Amerikanern mit der Aufgabe betraut werden, die Nazis zurückzudrängen? Immerhin stand das Schicksal zahlreicher Nationen auf dem Spiel. Infrage kam nur einer der prominentesten, ausgezeichnetsten militärischen Köpfe.

DIE LEGENDE UM GEORGE PATTON

G. S. Patton wird in eine Familie hineingeboren, in der das Militär und die große Politik Tradition besitzen. Sogar ein General befindet sich unter den Vorfahren, sowie mehrere Oberste. Patton selbst besucht zunächst die berühmte Militärakademie *West Point*, eine militärische Eliteinstitution in der Nähe New Yorks, die bekannt dafür ist, die brillantesten Köpfe hervorzubringen. Die Mission der Akademie besteht bis heute darin, Kadetten zu trainieren und ihren »Charakter zu formen« in Richtung Pflicht, Ehre und »Dienst am Vaterland«. *West Point* in den USA steht synonym für eine steile Karriere und eine Offizierslaufbahn.

Patton, körperlich topfit und ein Fünfkämpfer, ist schon 1909 Kavallerieoffizier. 1916, als frischgebackener Leutnant, schickt man ihn an die mexikanische Grenze, um dort für Ruhe und Ordnung zu sorgen. Hier kämpft Patton gegen Aufständische, es gilt, die mexikanische Revolution niederzuschlagen. *Francisco Villa*, ein General der mexikanischen Revolution, selbst eine Legende, ein Freiheitskämpfer, Guerillero, Volksheld und Warlord in einem, für die Bevölkerung eine Art Robin Hood, wird von Patton, wenn nicht besiegt, so doch in seine Schranken gewiesen. Patton tötet den Führer seiner Leibgarde persönlich mit seinem Colt.

Die Legende nimmt ihren Anfang.

Im Ersten Weltkrieg verdient sich Patton weitere Lorbeeren. Er bildet 500 US-amerikanische Panzerfahrer aus und zeichnet sich wieder mehrfach im Kampf in Frankreich aus. Man befördert ihn zum Colonel. Aber er ist verwundet, die Kugeln eines Maschinengewehres haben ihn erwischt. Er kommt jedoch rasch wieder auf die Beine.

Als der Zweite Weltkrieg am Horizont heraufzieht, ist Patton sofort wieder an vorderster Front mit von der Partie. Unter General Eisenhower, dem späteren US-Präsidenten, nimmt er 1942 an der *Operation Torch* teil, der *Operation Fackel*, wie der Deckname der britisch-amerikanischen Invasion Französisch-Nordafrikas lautet.106 000 Soldaten werden von den Briten und Amerikanern bei dieser Invasion eingesetzt, weiter Schlachtschiffe, Flugzeugträger, Kreuzer und Zerstörer. Es gilt, die Macht der Nazis in Nordafrika zu brechen. Grundsätzlich geht es darum, Stalin an der Ostfront zu entlasten. Hierzu ist es notwendig, in Marokko, Algerien und Tunesien – eben Französisch-Nordafrika – Fuß zu fassen. Letztlich will man dem deutschen Afrikakorps, das auf deutscher Seite von Feldmarschall Rommel geführt wird, in den Rücken fallen. Ein Exilpole hilft den Briten und Amerikanern und lässt ihnen Geheiminformationen über die Stellung der Feinde zukommen, zu denen auch Franzosen gehören, die mit den Nazis sympathisieren. Gleichzeitig sollen die wichtigsten Häfen in Französisch-Nordafrika eingenommen werden. Patton, inzwischen Generalmajor, befindet sich in seinem Element. Mit Feuereifer bereitet er an mehreren Stellen die Landung in Nordafrika vor. Zunächst sorgt er dafür, dass die Soldaten direkt von der Ostküste der USA sicher an die Küsten Nordafrikas transportiert werden. Daraufhin beobachtet er wie ein Luchs die verschiedenen Landungsstellen. Wenig später schlägt er erbarmungslos zu. Im Rahmen mehrerer gefährlicher Operationen waten amerikanische

Soldaten mit schussbereiten Gewehren an Land, im Rücken die eigenen Kreuzer. Auf einige US-Schiffe wird das Feuer eröffnet. Aber Patton schießt aus allen Rohren zurück. Die Landungen werden erfolgreich abgeschlossen. Kurz darauf nimmt er verschiedene Schlüsselortschaften ein, unter anderem Casablanca, die größte Stadt Marokkos. Schiffe des Feindes, die seine Invasionsflotte attackieren, werden versenkt oder suchen das Weite.

Das letztliche Ergebnis besteht darin, dass sich Feldmarschall Rommel, »der Wüstenfuchs«, selbst ein Mythos, zurückzieht. Hitler tobt. Er setzt Rommel ab und ersetzt ihn durch einen neuen Befehlshaber. Aber die Deutschen verlieren immer weiter an Boden. Die Amerikaner und Engländer schneiden ihnen den Nachschub ab. Am 11. Mai 1943 kapitulieren rund eine Viertelmillion deutscher und italienischer Soldaten.

Wieder hat sich Patton ausgezeichnet. Hitler wurde ein Dämpfer verpasst. Die Deutschen sind nicht unbesiegbar.

Dabei ist das alles nur der Auftakt zu der späteren Legende des George S. Patton.

Mittlerweile hat sich der Name *Patton* bei den Deutschen herumgesprochen. Selbst Rommel, der Wüstenfuchs, musste den Schwanz einziehen. Immer häufiger spricht man im Lager des Feindes von dem gefährlichen amerikanischen Offizier.

Eisenhower befördert Patton zum Lieutenant General. Zudem wird er zum Befehlshaber der siebten US-Armee ernannt. Die nächste Aufgabe läuft unter dem Codenamen *Operation Husky* (Husky = wörtl. starker Mann). Dahinter verbirgt sich der Auftrag, von Nordafrika aus Sizilien zu erobern – eine der umfangreichsten Wasser-Land-Angriffe der gesamten Geschichte. Danach will man auf den italienischen Stiefel vorstoßen. Dort hält noch immer Mussolini, der Bundesgenosse Hitlers, die Macht in seiner eisernen Faust.

Die Landungen auf Sizilien finden während eines Sturmes statt. Die Italiener und die Deutschen, die dort die Stellung halten, werden völlig überrascht. Patton stößt auf Widerstand, aber er siegt und siegt. Dem geballten Angriff der Amis und der Engländer können die Deutschen und die Italiener kaum etwas entgegensetzen. Schiffe aller Arten und Größen, darunter Schlachtschiffe und sogar zwei Flugzeugträger, zudem 2500 Flugzeuge und fast 200 000 Soldaten, stürmen plötzlich in Sizilien an Land. Die italienischen Truppen ergreifen panikgeschüttelt die Flucht, die Deutschen leisten hartnäckigen Widerstand. Hitler flucht und tobt und beschimpft die feigen Italiener. Er gibt den Deutschen den Befehl, das Kommando über die italienischen Truppen zu übernehmen und deren Offiziere auszuschalten. Eine kurze Zeit lang liegen Italiener und Deutsche im Clinch miteinander; schließlich geben die Italiener klein bei. Doch nichts kann das Blatt mehr wenden.

Die Briten kämpfen mit den Amerikanern darum, wer bestimmte Stellungen in Sizilien schneller erobert. Das Rennen macht Patton mit seinen Truppen.

Am Ende finden rund 9000 deutsche und italienische Soldaten den Tod, bei etwa 45 000 Verwundeten, zudem werden 120 000 Feinde gefangen genommen. Die letzten Luft- und Seestreitkräfte der Deutschen und Italiener ergreifen die Flucht.

Mit einem Mal befinden sich verschiedene Seestraßen in den Händen der Amerikaner, auch der Zugang zum Mittelmeer ist endgültig gesichert.

Der Juli 1943 markiert endgültig den Wendepunkt. Als zu guter Letzt Palermo eingenommen wird, die Hauptstadt Siziliens, wirkt das wie ein Fanal: In Italien bricht Panik aus. Alle schieben sie Mussolini die Schuld in die Schuhe. Mussolini, der Erzfaschist, wird abgesetzt. Daraufhin wird er verhaftet und interniert. Ein hochrangiger Offizier der Italiener handelt mit den US-Amerikanern einen Waffenstillstand aus.

Als Hitler davon erfährt, tobt er noch mehr, wenn das überhaupt möglich ist. Er befiehlt, dass deutsche Truppen Italien besetzen. Was er dabei vergisst, ist der unbeugsame Wille General Pattons.

Patton ist erbarmungslos, wenn es um die militärische Disziplin geht. Die Deutschen zittern mittlerweile ebenfalls vor ihm, wenn sie es auch nie zugeben würden. Einige seiner martialischen Aussprüche sind überliefert:

> »Möge Gott Gnade mit meinen Feinden haben, denn ich werde sie nicht haben!« Ein anderer Spruch lautet: »Der Kraut [= die Abkürzung für Sauerkraut, ein Ausdruck, mit dem die Deutschen gern bezeichnet wurden] … Der Kraut hat seinen Kopf in den Fleischwolf gesteckt, und ich halte die Kurbel in der Hand.«[77]

Zunächst führt Patton die Nazis an der Nase herum, indem er eine Landung US-amerikanischer Truppen in der nördlichsten Region Frankreichs vortäuscht. Er benutzt dazu Fahrzeug- und Geschütz-Attrappen.

Hitler ist völlig konfus. Er weiß nicht, werden die Amis tatsächlich dort Fuß zu fassen suchen – oder doch in der Normandie, die weiter westwärts liegt. Hitler lässt sich von Patton täuschen.

Patton lacht sich eins.

Des Guten aber noch nicht genug. 1944 erringt Patton im Rahmen der *Operation Cobra* neue Lorbeeren. Nachdem die Amerikaner an der Küste der Normandie gelandet sind, dringen sie in das Innere vor. Die Operation Cobra verlangt, dass der Stellungskrieg in einen motorisierten Bewegungskrieg einmündet. Das Genie Pattons ist gefragt. Mit der vierten und sechsten US-Panzerdivision durchbricht er mit ungeheurer Schnelligkeit die linke deutsche Flanke in Frankreich. Jetzt ergießen sich die amerikanischen Soldaten wie ein unaufhaltsamer Strom in das Land.

Sie erobern immer mehr Raum. Eine furchtbare Schlacht wird geschlagen, nach der sich die Deutschen zurückziehen müssen. Ein Großteil Frankreichs wird von den Deutschen aufgegeben. Hitler versteht die Welt nicht mehr. Der unerbittliche Patton treibt seine Feinde wie Vieh vor sich her. Pattons Ruhm steigt und steigt.

Die Deutschen weichen weiter und weiter zurück. Selbst die Stadt Metz nimmt Patton ein, im Herzen Lothringens liegend, zwischen Frankreich und Deutschland. Dort hat sich inzwischen die gefürchtete SS eingenistet. Patton fegt alles und alle beiseite. Er erobert sogar die alte Festung Metz. Lothringen geht Hitler verloren.

Patton lässt sich nicht aufhalten.

Bei der Ardennenoffensive mischt er wieder an vorderster Front mit. Die *Ardennen* sind ein Waldgebirge zwischen Belgien, Luxemburg und Frankreich. Hitler versucht, den Amis und Briten dort eine entscheidende Niederlage beizubringen. Er will einen Hafen in der Nähe zurückzuerobern. Der Streich soll Patton Nachschubprobleme bereiten. An der Ardennenoffensive sind eine Million Soldaten beteiligt. Es handelt sich für die Amis um die größte Landschlacht des Zweiten Weltkriegs.

Aber nach anfänglichen Siegen müssen die Deutschen erneut zurückweichen. Die Amerikaner können ihre anfänglichen Verluste innerhalb von nur zwei Wochen ausbalancieren. Wehrmacht und Waffen-SS scheitern. Die Nazis sprechen in ihren Propagandasendungen nun nicht mehr von der *Festung Europa*, sondern von der *Festung Deutschland*, die sie verteidigen müssen. Patton vertreibt die Bande endgültig aus Frankreich.

Die Schlinge zieht sich um Deutschland mehr und mehr zu. Noch immer schreien Hitler und sein teuflischer Propagandaminister Dr. Joseph Goebbels ihre Parolen in die Mikrofone und hetzen die Deutschen zum Widerstand auf. 16-Jährige werden eingezogen und die »Hitlerjugend«, halbe Kinder, mobilisiert, um die »Heimat« zu verteidigen. Aber während vom Westen her nun unnachgiebig die Engländer, die Franzosen und die Amerikaner vorrücken, leisten im Osten die Russen ganze Arbeit.

Brücken werden jetzt von Deutschen selbst gesprengt, um den Vormarsch der feindlichen Armeen aufzuhalten. Überall soll der Gegner nur »verbrannte Erde« vorfinden. Doch der Vorstoß, bis in das Herz Deutschlands, ist nicht aufzuhalten. An allen Fronten fallen nun ehemalige Verbündete von Deutschland ab.

Ein letztes Mal versucht Hitler verzweifelt, den Vorstoß der Feinde abzublocken, im Westen wie im Osten. Aber die schiere Anzahl der Angreifer ist zu hoch. Dresden und andere Städte verwandeln sich in ein Flammenmeer. Wien und die süddeutschen Länder fallen in Feindes Hand. Um Berlin, wo sich Hitler verschanzt hält, schließen die Russen einen engen Ring. Hitler, schon halb im Wahn befangen, befiehlt dennoch, weiterzukämpfen.

Als es gilt, den Rhein zu überschreiten, spielt Patton erneut die entscheidende Rolle. Er operiert mit schier unglaublicher Geschwindigkeit. Die Nazis können nicht mehr mithalten. Deutschland wird eingekreist. Patton nimmt eine Stadt nach der anderen ein. Er presst Deutschland zusammen wie eine Zitrone, die ausgequetscht werden soll.

Immer weiter stoßen die amerikanischen Truppen vor.

Als Patton das furchtbare KZ Buchenwald erreicht – bei Weimar gelegen, in Thüringen – eines der größten Konzentrationslager auf deutschem Boden, nimmt die bestialische SS Reißaus und überlässt Patton das Ruder.

Patton übernimmt sofort die Leitung des KZs, aber er kann seinen Augen kaum trauen. Die Barbarei der Nazis ist nicht fassbar, selbst nicht für ihn, der im Krieg eine Grausamkeit nach der anderen erlebt hat.

Zehntausende von Menschen, ausgemergelte KZ-Häftlinge, werden von Patton befreit. Er ist so schockiert, dass er der Militärpolizei den Auftrag gibt, tausend Weimarer durch das KZ zu führen, damit sie sich mit eigenen Augen von der Bestialität der Nazi-Bande überzeugen können.

Haus um Haus, Straße um Straße werden in Berlin umkämpft. Hitler selbst verkriecht sich immer tiefer in seinem Bunker. Endlich, eine Minute vor zwölf, gesteht auch er sich ein, dass der Krieg nicht mehr zu gewinnen ist. Irritiert fragt sich der größte Feldherr aller Zeiten nach dem Grund für die Niederlage. Schließlich findet er ihn: Schuld ist das deutsche Volk, das in rassischer Hinsicht offenbar doch unterlegen ist und die Niederlage verdient hat.

Während in Berlin um seinen Bunker herum die Bomben einschlagen und die Maschinengewehre knattern, lässt sich Hitler trauen. Danach ernennt er zu seinem Nachfolger als Reichspräsidenten Großadmiral Dönitz, zu seinem Nachfolger als Reichskanzler Propagandaminister Goebbels. Daraufhin tötet er sich selbst. Aber auch Goebbels zieht sich rasch aus der Affäre. Er nimmt sich ebenfalls das Leben.

Als im Auftrag von Dönitz versucht wird, eine geschäftsführende Regierung zu etablieren, wird diese sofort abgesetzt. Die Siegermächte erringen einen vollständigen militärischen Sieg über Deutschland. Nun erzwingen sie die bedingungslose Kapitulation. Die USA, Russland, England und Frankreich übernehmen in Deutschland die Regierungsgewalt.

Aber … was ist mit Patton?

PATTONS SCHICKSAL NACH ENDE DES DRITTEN REICHS

General Patton wird nach dem Krieg zum Militärgouverneur über Bayern bestellt – er regiert das Bundesland vom Mai bis zum September 1945.

Er weiß, dass er Weltgeschichte geschrieben hat.

Die Ehrungen, die er später für seinen Mut und sein strategisches Können erhält, sind Legion. Zahlreiche Straßen werden nach ihm benannt, ferner viele Gebäude, in verschiedenen Ländern.

Museen und Memorials rund um den Namen George S. Patton entstehen. Panzer tragen später seinen Namen genauso wie Briefmarken. In Luxemburg und Kalifornien, in den USA und in Frankreich, in Belgien und Tschechien, in Marokko und in Deutschland erhält er Auszeichnungen oder gedenkt man seiner. Schulen und Militärsiedlungen tragen heute seinen Namen. Außerdem regnet es Orden. Belgien und Luxemburg zeichnen ihn besonders aus, er wird auch zum Kommandeur der französischen Ehrenlegion ernannt, und das British Empire verleiht ihm den Titel eines »Knight«.

Am 9. Dezember 1945, einen einzigen Tag, bevor er in die USA zurückkehren will, stößt sein Wagen mit einem Lkw zusammen, frontal. Ein Halswirbel bricht, eine Querschnittslähmung ist die Folge.

Ein paar Tage später, am 21. Dezember 1945, verlässt die Seele Pattons seinen sterblichen Körper in einem Militärhospital in Heidelberg.

HANNIBAL UND PATTON IM VERGLEICH

Zerschlagen wir jetzt endlich den Knoten, und lösen wir das Rätsel, was diese beiden Biografien angeht. Warum haben wir sie einander gegenübergestellt?

Zunächst muss man festhalten, dass sie erstaunliche Parallelen aufweisen:

Beide Figuren waren Militärs und Soldaten vom Scheitel bis zur Sohle. Beide waren schier unglaublich begabt, wenn es darum ging, Schlachten zu schlagen und zu siegen. Beide motivierten ihre Soldaten bis unter die Haarspitzen – und waren gleichzeitig vollständig rücksichtslos, wenn es darum ging, Disziplin herzustellen.

Beide waren sie unerbittlich gegen sich selbst, sie verlangten dem eigenen Körper alles ab. In beiden Fällen verfielen die Feinde schon in Panik, wenn sie nur deren Namen hörten.

Weshalb wir diese beiden Biografien parallel erzählten, geschah nur aus einem einzigen Grund: Patton war ein Anhänger des Reinkarnations-Gedankens. Er glaubte fest und unverbrüchlich daran, dass man nicht nur einmal lebt. Und er schrieb in seinen privatesten Notizen, dass er selbst, in einem früheren Leben … Hannibal gewesen war.[78] Die Gleichung, die er aufstellte, lautete: Hannibal = Patton.

Außerdem nahm Patton an, dass er in einem früheren Leben bereits Frankreich kennengelernt hatte. Die Reinkarnation war für Patton eine Selbstverständlichkeit.

All das ist umso erstaunlicher, als Patton ein Militär durch und durch war. Der Krieg war sein Zuhause, die Schlacht sein Metier. Er war kein

»Spinner«, kein esoterischer Grübler, kein paranormaler Narr, Einfaltspinsel oder Hohlkopf. Patton war eine Figur, denkbar »diesseitsgewandt«, er neigte keinen spirituellen Höhenflügen zu.

Und dennoch glaubte er mit jeder Faser daran, dass er bereits zuvor auf der Erde gewandelt war.

Ist sein persönliches Wissen, sein »Urwissen«, seine persönliche Gewissheit beweisbar? Natürlich nicht. Aber in einem Band über Parahistorie *musste* seine Story nacherzählt und aufgenommen werden.

Die gesamte Geschichtsschreibung würde sich ändern, wenn man die Vorstellung der Reinkarnation zuließe. Denn was wären die Konsequenzen?

FAZIT

Oh, packen wir den Stier gleich bei den Hörnern. Die Konsequenzen wären nichts weniger als abenteuerlich.

Erstens: Zunächst einmal müsste die gesamte Geschichte neu geschrieben und umgeschrieben werden. Kein Stein bliebe auf dem andern. Stellt man sich vor, dass sich einige Exemplare der Spezies Mensch tatsächlich an ihre früheren Leben erinnern können, so würde das zu einem unvorstellbaren Ausmaß neue (und bessere) Quellen zur Verfügung stellen. Viele »wissenschaftliche« Annahmen könnten bestätigt oder widerlegt werden. Plötzlich stünden Materialien wie nie zuvor zur Verfügung. Alles, alles würde umgestoßen werden, alles neu bewertet.

Zweitens: Darüber hinaus müsste man logischerweise annehmen, dass die »Größten der Großen« eben nicht tot sind, sondern wieder unter uns leben, freilich in einem anderen Körper, mit einem anderen Namen und in einer anderen Identität.

Theoretisch könnte eine Person die Nation gewechselt haben und gänzlich anders aussehen, ein Mann könnte sich gar in einem Frauenleib niedergelassen haben.

Die kreativsten Köpfe der Weltgeschichte würden noch immer unter uns weilen.

Tatsächlich gibt es in den USA inzwischen schon eine ganze Bewegung innerhalb bestimmter esoterischer Zirkel, in deren Rahmen man sich fragt: »Was macht heute eigentlich Mozart?«, oder: »Möchte wissen, wo sich inzwischen Goethe tummelt?« Andere würden fragen: »Was ist mit Lincoln? Was mit Jefferson?«

Natürlich würden sich auch Scharlatane dieses Gebietes annehmen.

Vielleicht aber würde auch kaum mehr eine Person über ihre früheren Leben plaudern, denn ist es nicht ein Zeichen von höchstem spirituellen Niveau, über sie zu schweigen? Ist es nicht »unethisch«, darüber zu palavern?

Drittens: Jedenfalls würde man realisieren, dass die Gegenwart zu einem gewissen Grad stets die Vergangenheit kopiert. Wenn die gleichen »Player«, lies Menschen, wieder- und wiederkommen, so würde das ohne Zweifel zu Abläufen oder Ideen führen, die sich zumindest teilweise ähneln. Oder nicht? Denn bleiben die grundlegenden Charaktere nicht gleich?

Viertens: Schließlich und endlich würde unser Verantwortungsniveau auf eine völlig neue Ebene gehoben werden. Wir könnten nicht mehr nach dem Motto leben: »Nach mir die Sintflut!« Wenn wir wirklich wüssten, dass wir morgen ernten, was wir heute gesät haben, so würde man nicht mehr in dem engen Rahmen eines einzigen, kleinen Menschenlebens denken, sondern Hunderte, Tausende und Zehntausende von Jahren der Zukunft in die Rechnung einbeziehen. Man würde den eigenen Verantwortungsbereich ausdehnen.

All diese Konsequenzen würden sich im Gefolge der Parahistorie befinden.

Und Hannibal? Oder Patton? Oder Cäsar? Nun, Patton würde es in seiner rabiaten, deftig-militärischen Umgangssprache so ausdrücken: »Möchte nur wissen, wo Cäsar, der Hurensohn, heute wieder herumzigeunert!«

DOROTHY EADY, DIE GESCHICHTE EINER ÄGYPTISCHEN PRIESTERIN

Unser normales Geschichtsbild, ja unser gesamtes Weltbild, wird vollständig auf den Kopf gestellt, wenn wir uns den Bericht einer Lady namens Dorothy Eady zu Gemüte führen, die 1904 in England geboren wurde und sich an die erstaunlichsten Details aus einem ihrer früheren Leben im alten Ägypten erinnern konnte.

Die Detailgenauigkeit ihrer Erinnerung war so frappierend, dass sie mit der schärfsten Logik nicht hinwegdiskutiert werden konnte. Selbst eingefleischte Skeptiker scheiterten. Etwas war ... nicht erklärbar. Dorothy Eady erinnerte sich nicht nur an ihren ehemaligen Namen im alten Ägypten – Bentreshyt –, sondern darüber hinaus auch an altägyptische Bauweisen und Techniken etwa, was später dazu führte, dass aus völlig ungeordneten Trümmern ein ehemaliger Tempel wieder exakt in seiner ursprünglichen Form wiederauferstehen konnte, nach Tausenden von Jahren.

Wie hat man dieses unerklärliche Phänomen einzuordnen? Was war passiert?

Wir werden am Ende eine völlig neue Bewertung vorstellen, die tatsächlich an den Grundfesten unserer bisherigen Überzeugung rüttelt. Aber berichten wir zunächst, was überhaupt geschah.

DIE GESCHICHTE VON DOROTHY EADY

Dorothy Eady ist eine Britin aus der Mittelschicht. Im Alter von drei Jahren erlitt sie einen schweren Unfall, sie stürzte eine Treppe hinab. Kurzzeitig wurde sie für tot erklärt, aber in Wahrheit trug sie nur einige Verletzungen davon. Jedenfalls hatte dieser Unfall eine solche Wirkung auf sie, dass sie auf einmal von Träumen und Visionen heimgesucht wurde. Sie redete anders, mit einem neuen Akzent, vielleicht in einer fremden Sprache, möglicherweise nutzte sie einige altägyptische Ausdrücke – die genauen Wortfetzen können heute kaum mehr rekonstruiert werden. Dringend forderte das kleine Mädchen jedenfalls seine Eltern auf, sie »nach Hause« zu bringen. Die Eltern wussten nicht, wie sie das Phänomen einordnen sollten.

Eines Tages besuchten sie mit ihrer Tochter das *Britische Museum* in London, wo Dorothy in der ägyptischen Abteilung das erste Mal Mumien erblickte, weiter Darstellungen von Pharaonen sowie zahlreiche ägyptische Kunstprodukte, wie Tiere, Vasen, Gefäße und Hieroglypheninschriften. Unter anderem erblickte sie in den Ausstellungsräumen auch ein Foto des Tempels von Sethos I., auch Seti I. genannt, einem Pharao, der ca. von 1323–1279 v. Chr. gelebt hatte, ein Sohn und Mitregent des Pharao Ramses I. und Vater Ramses II.

Vom Anblick des Tempels und Setis I. war das kleine Mädchen förmlich elektrisiert, er zündete etwas in Dorothy an. Es mag sein, dass erst jetzt die vollständige Erinnerung an das alte Ägypten zurückkehrte. Ihren erstaunten Eltern teilte sie mit, endlich »bei ihrem Volk« angekommen zu sein.

Als Dorothy die Fotografie der Tempelanlage Setis I. genauer betrachtete, rief sie plötzlich aus: »There is my home … but where are the trees? Where are the gardens?« – »Das ist mein Zuhause, aber wo sind die Bäume?

Wo sind die Gärten?« Aufgeregt rannte sie durch verschiedene Räume des Museums, wobei sie einigen ägyptischen Statuen die Füße küsste.[79]

Die Eltern konnten sich die Begeisterung, ja Verzückung ihrer Tochter kaum erklären.

In der Folge nahm Dorothy jede Gelegenheit wahr, wieder und wieder die ägyptische Abteilung des Britischen Museums zu besuchen. Gleichzeitig suchten sie wilde Träume heim, sie schlafwandelte und sprach immer wieder vom alten Ägypten, ja sogar davon, dass Seti I. sie des Nachts besucht habe, dass er ihr erschienen sei.

Dorothy wuchs heran, aber ihr brennendes Interesse an dem alten Ägypten ließ nie nach, es nahm im Gegenteil noch zu. Mit 16 Jahren besuchte sie Museen und archäologische Stätten in ganz Großbritannien.

Im Alter von 27 Jahren fing sie an, für ein Magazin zu arbeiten, dessen Schwerpunkt Ägypten war. Sie schrieb Artikel, zeichnete Bilder und setzte sich politisch für Ägypten ein.

Parallel dazu begann sie systematisch die altägyptische Sprache und Kultur zu studieren. Wie hypnotisiert tauchte sie völlig ein in diese Welt. Ohne akademische Ausbildung geriet sie im Laufe ihres Lebens zu einer bekannten Expertin und Forscherin in Sachen Altägypten, wobei sie immer noch von Seti I. wie besessen war, ein Pharao, der offenbar eine unerklärliche Anziehungskraft auf sie ausübte.

In dieser Phase lernte sie ihren späteren Ehemann kennen, Eman Abdel Meguid, einen ägyptischen Studenten. Als Meguid nach Ägypten zurückkehrte, korrespondierte sie weiterhin mit ihm und zog schließlich selbst nach Ägypten.

Als sie dort ankam, küsste sie den Boden und verkündete, endlich heimgekommen zu sein und dass sie in diesem Land bleiben würde. Die beiden heirateten und hatten einen gemeinsamen Sohn, den sie Seti nannte. Später wurde sie selbst bekannt unter dem Namen *Omm Seti*, die *Mutter von Seti*, wie die wörtliche Übersetzung lautet.

In Ägypten arbeitete Dorothy zunächst an verschiedenen Stätten und Projekten, denn die Archäologie in Frankreich, Deutschland und England machte in dieser Zeit Quantensprünge; das weltweite Interesse stieg und stieg. Sie selbst kooperierte mit namhaften Ägyptologen und erforschte in dieser Phase unter anderem verschiedene Bauten. Obwohl sie selbst nie ein formales Studium der Ägyptologie genossen hatte, veröffentlichte sie zahlreiche Artikel und Bücher über das alte Ägypten, die selbst in der Gelehrtenwelt Erstaunen hervorriefen. Bekannt wurde sie auch als technische Zeichnerin im Rahmen des *Supreme Council of Antiquities* – der obersten Denkmalschutzbehörde Ägyptens.

Seltsamerweise konnte sie ausgezeichnet mit Schlangen umgehen, selbst mit der hochgiftigen Kobra. Weiter fiel auf, dass sie jedes Mal ihre Schuhe auszog, wenn sie einen altägyptischen Tempel aufsuchte, und dass sie den alten Statuen voller Respekt begegnete, ja, ihnen manchmal sogar Gaben darbrachte. Sie sprach mit einigen engen Freunden über ihre nächtlichen Erscheinungen und Besuche von Geistern sowie über zahlreiche Erfahrungen außerhalb ihres Körpers, den sie selbst oder ihre »Seele« (Ba) offenbar manchmal wissentlich verlassen konnte.

Schließlich kehrte sie zu ihrem Ursprung zurück, der gewissermaßen ihr »Erwachen« ausgelöst hatte: Ab dem Jahre 1950 suchte sie mehrfach den Tempel Sethos I. auf, der sie so früh im Britischen Museum in Bann geschlagen hatte. Erneut geriet sie in einen Taumel der Begeisterung.

DIE ERINNERUNG AN EIN ALTES LEBEN

Zeit ihres Lebens hatten ihre Visionen und Träume nie aufgehört, gestand sie später.[80] Eines Tages nahm sie an einer *Séance* teil, also an einer spiritistischen Sitzung mit einem Medium. Diese Technik war schon im alten Griechenland bekannt – man versuchte, mit den Geistern der Verstorbenen in Kontakt zu treten. Mitte des 19. Jahrhunderts erfuhr die Séance eine Renaissance. Als sichtbares Zeichen des Kontakts mit den Geistern des Jenseits galt das sogenannte »automatische Schreiben« oder der unmittelbare mündliche Austausch mit einem Toten. Im Rahmen einer solche Sitzung schrieb Dorothy Eady auf einmal altägyptische Hieroglyphen nieder. (Es gibt mindestens sechs unterschiedliche Phasen der Hieroglyphenschrift.)

Außerhalb der Séance fuhr sie fort, »automatisch« zu schreiben. Laut ihrem eigenen Bekenntnis diktierte ihr eine Erscheinung ein ganzes Buch. Sie diente im wahrsten Sinne des Wortes als »Ghost-Writer«, als Schreiber eines Geistes. Zwölf Monate lang diktierte ihr ein Geist ihre eigene Geschichte, die Geschichte ihres früheren Lebens als Priesterin. Das Buch mit ihren Hieroglyphen umfasste am Ende 70 Seiten.

Ihre Zeichen, später entziffert, verrieten, dass sie in einem früheren Leben ein Mädchen namens *Bentreshyt* gewesen war. *Harfe der Freude* bedeutet der Name Bentreshyt wörtlich übersetzt. Ihre Mutter starb, als sie drei Jahre alt war, der Vater war nicht imstande, sie zu ernähren. Er brachte sie in einen Tempel. Dort bildete man Bentreshyt zur Priesterin aus. Als sie zwölf Jahre alt war, fragte sie der Oberpriester, ob sie künftig in dem Tempel als geheiligte Jungfrau und Priesterin der Isis, der hochverehrten Göttin, dienen wolle. Ohne zu verstehen, was von ihr verlangt wurde, willigte sie ein und legte die entsprechenden Gelübde ab. Sie erfuhr im Rahmen ihrer weiteren Ausbildung von dem Leidensweg des Gottes Osiris, erfuhr von seinem Tod und seiner Wiederauferstehung und lernte die Rolle einer jungfräulichen Priesterin in dem Tempelgeschehen auszufüllen.

Da passierte es.

In eben diesem Tempel begegnete sie eines Tages Sethos I., dem Pharao. Obwohl verboten, nahm eine stürmische Liebe mit dem gottgleichen Herrscher ihren Anfang. Sie »aßen zusammen die ungekochte Gans«, wie ein altägyptischer Ausdruck lautete, der verglichen werden könnte mit dem Ausdruck »sie aßen von der verbotenen Frucht« – womit auf eine unerlaubte Beziehung angespielt wird.

Nach einiger Zeit bemerkte Bentreshyt mit Entsetzen, dass sie schwanger war. Der Hohepriester, dem sie sich anvertraute, eröffnete ihr, dass ihr Vergehen aller Wahrscheinlichkeit nach mit dem Tod bestraft werden würde. Sie habe sich gegen Isis versündigt, ja gegen alle Götter. Da sie einen öffentlichen Skandal vermeiden wollte, beging sie Selbstmord, denn eine Beziehung zwischen einer Priesterin und dem Pharao wurde als ein Verbrechen betrachtet.

Das Erlebnis, diese Erinnerung, war so einschneidend, dass es ihr gesamtes gegenwärtiges Leben beeinflusste und veränderte.

Später versuchten Skeptiker ihre Erinnerungen als Resultat eines überspannten Gehirns abzutun, entsprungen aus einem überwachen Geist, verwirrt durch Träume und Ahnungen, aber was in der Folge passierte, passte in keines der braven, altüberlieferten Denkmodelle, es sprengte jede Dimension, die man bislang dem Bewusstsein zugewiesen hatte; denn dies geschah:

WISSEN, DAS LOGISCH NICHT ZU ERKLÄREN IST

Wir haben bereits gehört, dass Dorothy Eady durch Bücher und Zeichnungen in der Gelehrtenwelt auf sich aufmerksam gemacht hatte. Sie war an Ausgrabungen beteiligt und an allen Aktivitäten, die die Ägyptologie bis heute auszeichnet. Als sie jetzt jedoch über konkrete »Wieder-Erinnerungen« verfügte, über *pures Wissen*, was ehemals tatsächlich geschehen war, konnte sie bei einem Tempel Setis I., der völlig zerstört worden war und jetzt wiederaufgebaut werden sollte, Hinweise geben, die zu haben eigentlich völlig undenkbar war.

Erstens: Dorothy behauptete zu wissen, wo sich eine Gartenanlage in der Nähe dieses Seti-Tempels befunden habe. Sie verwies auf einen bestimmten Ort, obwohl dort nicht das Geringste zu erkennen war. Sprich, sie verwies auf die (unsichtbaren) Ruinen eines verschollenen Gartens in der Nähe des Tempels, in dem sie als Priesterin gedient hatte, obwohl an diesem bestimmten Ort keinerlei Indiz dafür vorhanden war. Wiederholt wurden ihre Ratschläge, doch an diesem Ort zu graben, um den Garten zu entdecken, von all den erfahrenen Ägyptologen und Ausgräbern infrage gestellt.

Dorothy ließ nicht locker. Schließlich bequemte man sich dazu, doch an diesem Ort zu graben, und wenn auch nur, um ihre Behauptungen zu widerlegen. Und siehe da, die verschollenen Ruinen einer altägyptischen Gartenanalage kamen genau an der Stelle zum Vorschein, auf die Dorothy Eady verwiesen hatte. Gegen alle Argumente der »Experten« stellten sich ihre Erinnerungen als richtig heraus.

Zweitens: Dorothy Eady erinnerte sich weiter an den genauen Standort von Tunneln und Gräbern. Man muss wissen, dass Archäologen einen großen Teil ihrer Zeit darauf verschwenden, an den falschen Stellen zu graben. Viele, zu viele Archäologen opfern oftmals ein ganzes Gelehrtenleben, weil sie an falschen, unrichtigen, unwichtigen Stellen graben. Ausgrabungen sind dabei immer sündhaft teuer, denn üblicherweise sind ganze Teams mit hochwissenschaftlicher Qualifikation damit beschäftigt, dem Sand und der Erde ihre Geheimnisse zu entreißen. Jedenfalls ist es durchaus keine Selbstverständlichkeit, auf Anhieb um die richtigen Orte zu wissen. Weiß man dagegen um die richtigen Stellen, werden nicht nur Millionen von Dollar an Kosten eingespart, vor allem hebt es die Moral der Archäologen und Arbeiter selbst, wenn sie endlich fündig werden. Nichts ist frustrierender, als mit einer ganzen Mannschaft zwei oder drei Jahre lang oder auch viel länger in der Erde zu wühlen, nur um am Ende herauszufinden, dass die alten Ägypter ab und an Hühnerfleisch verzehrten, weil zufällig ein paar wurmstichige Hühnerknochen in einem uralten Kochgefäß gefunden wurden. Nur am Rande: Normalerweise aßen die alten Ägypter Getreide und Brot, Gemüse wie Kichererbsen, Zwiebeln, Auberginen und Bohnen, viele Früchte, aber selten Fisch, Fleisch vom Rind oder Huhn. Das waren seltene Genüsse. Aber was hilft eine solche »Entdeckung«? Was hilft es, zu wissen, dass auch Huhn gelegentlich von den alten Ägyptern verspeist wurde? So dramatisch und spannend Ausgrabungen in Abenteuerfilmen dargestellt werden, so frustrierend sind sie, wenn man selbst jahrelang vergeblich im Boden wühlt, ohne ein aufsehenerregendes Ergebnis, das zum Beispiel ein vollständig neues Licht auf eine altägyptische Pharaonendynastie werfen könnte.

Dies alles geschah nicht im Falle unseres speziellen Seti-Tempels. Dorothy Eady wusste auf Anhieb, wo sich die Tunnel und Gräber befanden. Mit schlafwandlerischer Sicherheit wies sie auf die entsprechenden Stellen. Schließlich gaben es die Ausgräber auf, an ihren Worten zu zweifeln. Denn sie entdeckten an den entsprechenden Stellen ausnahmslos die vermuteten Gräber.

Drittens: Darüber hinaus wusste Dorothy Eady um die genaue Lage von Tempelbildern und Gemälden – selbst wenn diese Bilder oder Gemälde noch nicht entdeckt und freigelegt worden waren. Sie sagte voraus, wo sich bestimmte Gemälde finden würden.

Ein skeptischer, kritischer Archäologe testete sogar ihr Vorauswissen und versuchte sie aufs Glatteis zu führen. Er schickte sie in einen finsteren Raum innerhalb einer Ausgrabungsstätte, in der man kaum die Hand vor den Augen sehen konnte. Das Ergebnis: Dorothy Eady wusste genau, wo sich ein vermutetes Gemälde befand.

Viertens: Als man Teile des Seti-Tempels wiederaufbaute, wusste Dorothy Eady exakt, wo welche Trümmer hingehörten, sie erinnerte sich, wie der

Tempel einstmals tatsächlich ausgesehen hatte. Auch das war keine Selbstverständlichkeit, denn aus einem Wust von chaotischen Trümmern, zudem durch die Zeit teilweise zerstört, kann man durchaus nicht problemlos auf den ursprünglichen Platz schließen, wo ein Trümmerstück innerhalb eines Tempels hingehörte.

Mit traumwandlerischer Sicherheit gab sie den Architekten Anweisungen.

Fünftens: Weiter war es nichts weniger als spektakulär, dass sie eine konkrete Prophezeiung machte, die sich später erfüllte: Man werde im *Tal der Könige* – heute eine der berühmtesten Ausgrabungsstätten in Ägypten, in der Nähe der Stadt Luxor – weiteren aufsehenerregenden Funden entgegensehen. Die gesamte Archäologie-Elite war nicht ihrer Meinung. In der Folge wurden jedoch tatsächlich zahlreiche neue, spektakuläre Grabmäler im *Tal der Könige* entdeckt.

Kurz und gut: Die etablierte Wissenschaft sah sich auf einmal einem Phänomen gegenüber, welches einfach nicht zu erklären war und sich nicht einordnen ließ.

Graben wir tiefer. Untersuchen wir das persönliche Verhältnis von Omm Seti zu dem alten Ägypten genauer, und kratzen wir nicht nur an der Oberfläche.

Es war bekannt, dass Dorothy geradezu einen persönlichen Umgang mit den alten ägyptischen Göttern pflegte. Sie »betete« zu ihnen, das heißt sie »sprach« mit ihnen, verbeugte sich vor ihren Statuen und verbrachte manchmal in einer Pyramide eine ganze Nacht. Sie glaubte wortwörtlich, dass es sich bei Horus, Osiris, Isis und Re um Götter gehandelt habe, um mächtige Geister, die noch immer existierten.

Dabei respektierte sie auch alle anderen Religionen, das Christentum ebenso wie den Islam. »Religion« betrachtete sie als ein Beziehungsgeflecht, das von den alten Ägyptern zu den Juden gekommen war und von dort auf das Christentum und den Islam Einfluss genommen hatte, und wir sind geneigt, ihr zuzustimmen. Alle »neuen« Religionen verdankten der uralten ägyptischen Religion viel, ohne es selbst zu realisieren oder zuzugeben. Die Vorstellung der Sünde, der Glaube an die Unsterblichkeit der Seele, die

Vorstellung einer Hölle und der Glaube an ein Jüngstes Gericht – all das ist sowohl ägyptischer, als auch christlicher und islamischer Natur.

Sich selbst bezeichnete Omm Seti als eine Anhängerin der altägyptischen Religion. Sie enthielt sich der Speise an den Geburtstagen von Osiris und Isis, versorgte ihre Standbilder mit Gaben und hielt sich häufig und gern in dem Seti-Tempel auf. Sie beschrieb den Seti-Tempel als eine Art Zeitmaschine, in der die Vergangenheit Gegenwart wurde. Sie stellte sogar die provokative Frage in den Raum, ob man ein Bildnis oder ein Gemälde eines alten ägyptischen Gottes nicht animieren und zum Leben wiedererwecken könne, wenn man ehrfurchtsvoll den Namen des Gottes anrief; könnte ein Bild in diesem Fall nicht wieder zum Leben erwachen?

Bemerkenswert war weiter der Umstand, dass sie viele gegenwärtige Gebräuche und Sitten der modernen Ägypter, die sich doch als Mohammedaner verstanden, auf die Sitten und Gebräuche der sehr viel älteren ägyptischen Religion zurückführen konnte. Sie beobachtete, dass selbst aktuelle Rituale ihren Ursprung im alten Ägypten hatten, wie etwa die Totenwache, die man bei einem Dahingeschiedenen hielt, die Waschung und das Einbalsamieren eines Toten, die Lichter, die um einen Leichnam gruppiert wurden und vieles mehr.

So wies sie etwa auch auf den Brauch der alten Ägypter hin, die sich aus hygienischen Gründen beschneiden ließen – ein Brauch, der von den Juden adaptiert wurde, die ihn dann den Mohammedanern vermachten.

Außerdem entdeckte sie, dass viele moderne Ägypter noch immer an die alten Götter glaubten, nicht anders als sie selbst. Sie nahm weiter an, dass selbst bösartige, zerstörerische Flüche Kraft besäßen. Viele moderne Kinderspiele und Spielzeuge gab es bereits im alten Ägypten, stellte sie fest. Sie wusste ferner, dass bereits die alten Ägypter angenommen hatten, dass der Schatten einer Person ein wichtiger Bestandteil des Menschen sei und mit Sorgfalt beobachtet werden müsse – ein Glaube, dem sie auch im modernen Ägypten immer wieder begegnete. Unwissentlich hielten viele heutige Ägypter an uralten Glaubensvorstellungen fest. Der Glaube der Mohammedaner an Dämonen, die angeblich die Welt bevölkerten, die Dschinn, war ebenfalls altägyptischen Ursprungs. Er war bereits auf den Pyramidentexten nachzuweisen. Auch die Sitte, Koranverse auf Amulette zu schreiben, um sich gegen Unheil zu schützen, war ein Brauch, der letztlich auf die alten Ägypter zurückging, die Särge und Amulette mit heiligen Inschriften versehen hatten.

Sie glaubte ferner an die heilende Kraft des Wassers an bestimmten Plätzen und sprach über einige spektakuläre Heilungen – was uns an unsere modernen, heilenden Badeorte erinnert. Sie berichtete über besonders Bäume, Heilsträucher und Heilpflanzen, die, wie wir inzwischen wissen, tatsächlich über Heilkräfte verfügen, und die wir jetzt, in unserem ach so fortschrittlichen Jahrhundert, wiederentdecken. Und immer wieder brach sie eine Lanze für gute Geister und gute Absichten.

An ihrem Lebensende baute sie ihr eigenes Grab mit einer falschen Tür, um böse Geister zu narren und damit ihr Ka oder Ba – die Seele – zwischen den beiden Welten ungehindert hin- und herreisen konnte.

Mit anderen Worten: Dorothy Eady war von Kopf bis Fuß eine Anhängerin der altägyptischen Religion.

KRITIK UND ANERKENNUNG

Natürlich traten alle möglichen Skeptiker auf den Plan, die sich vor allem an ihrem Vorherwissen störten, an ihren treffsicheren Erinnerungen. Selbst die renommierte *New York Times* schickte ihre Reporter. Aber sogar dieses Blatt nannte Dorothy Eady »eine faszinierende und überzeugende moderne Fallgeschichte in Bezug auf die Reinkarnation«.[81] Das heißt, niemand konnte ihr am Zeug flicken, weil sie einfach ständig recht behielt. Die Psychologen verzweifelten, einige Gelehrte standen Kopf. Die Behauptung, sich »wieder erinnern« zu können, schien zu vielen unglaubhaft. Dabei gab es keine anderen Erklärungsmodelle. *Suchte sie nur das Rampenlicht?*, fragten einige Skeptiker. Keinesfalls, verteidigten sie ihre Kollegen. Dorothy Eady war alles andere als eine Person, die sich zwanghaft in den Vordergrund zu schieben suchte. Sie war auch als Individuum glaubwürdig, anständig und ehrlich, ja sogar zurückhaltend und bescheiden. Mit ein paar großtönenden, pseudowissenschaftlichen Psychologie-Vokabeln konnte sie jedenfalls nicht aus dem Rennen geworfen werden.

Kurz gesagt stand man vor einem Phänomen, das man nicht einordnen konnte.

Sie besaß selbst in den etablieren Archäologie-Zirkeln zahlreiche Freunde, die mit ihr eng zusammengearbeitet hatten, einige befanden sich in den höchsten Positionen. Große Namen verteidigten sie, berühmte Ägyptologen, wie Selim Hassan oder Ahmed Fakhry, unbestrittene Koryphäen ihrer Zunft. Niemand bestritt ihre Kompetenz, was die Übersetzung der Hieroglyphen anging und die Interpretation der bildlichen Darstellungen.

Ägyptologen, die später von zynischen, hyperkritischen Journalisten befragt wurden, gaben ausnahmslos kund, dass sie Dorothy Eady in höchstem Maß respektierten, auch was ihre Integrität anging. Sie sei außerdem eine ausgezeichnete Wissenschaftlerin und könne haarscharf beobachten; alle waren sie des Lobes voll und tief beeindruckt von ihrem Fachwissen. Selbst fanatische Skeptiker, die mit ihr direkt zu tun hatten, gaben hilflos zu verstehen, dass sie in persönlicher Hinsicht untadelig sei.

DIE REINKARNATION DOROTHY EADYS AUS PARAHISTORISCHER PERSPEKTIVE

Das Fragezeichen bezüglich ihres Vorherwissens ist bis heute nicht auszuradieren. Unseres Erachtens sollte man deshalb durchaus einmal ernsthaft die Vorstellung der Reinkarnation in Erwägung ziehen, denn es gibt einfach zu viele Berichte in dieser Beziehung, ganz davon zu schweigen, dass bis heute ganze Erdteile und Kulturen diese Idee kultivieren; in Indien und China etwa gibt es Hunderte von Millionen Anhänger.

Kommen wir deshalb zu unserer Auswertung:

1. Die Reinkarnation und der Glaube an die Wiedergeburt muss als ernsthafte Realität diskutiert werden.
2. Das würde bedeuten, dass wir uns auch an den Gedanken gewöhnen müssten, dass wir bislang vielleicht einem falschen Gedankenmodell aufgesessen sind, was die wahre Natur des Menschen angeht.
3. Auf jeden Fall müssen wir zulassen, dass es gänzlich andere Philosophien und Anschauungen gibt, die dem gegenwärtig akzeptierten, materialistischen, modernen Weltbild diametral entgegengesetzt sind.

4. Erinnerungen von Einzelpersonen, auch und gerade wenn sie noch so subjektiv sind, enthalten möglicherweise tiefere und größere Wahrheiten als bestimmte »wissenschaftlich« gewonnene Erkenntnisse. Sie können uns zudem in die richtige Richtung führen, was bestimmte Fragen angeht, wie der Fall Omm Seti beweist.
5. Auch die Geschichtswissenschaft könnte davon profitieren. Heute ist »Historie« nichts anderes als eine Übereinstimmung derjenigen Gelehrten, die sich gerade am Ruder befinden. Diese Gelehrten herrschen über die wichtigsten Publikationsforen und/oder sitzen auf den »richtigen« Professorenstühlen. Wie gewinnen sie ihre Erkenntnisse? Gängige Geschichtswissenschaft nutzt ausschließlich materielle Zeugnisse als »Beweismittel«, um *Geschichte* festzuklopfen, also zum Beispiel Dokumente, sichtbare Gegenstände, Siegel, Münzen, Gebäude, Gräber, Särge, Knochen und so fort. Aufgrund dieser materiellen Zeugnisse werden Rückschlüsse auf die Vergangenheit gezogen. Subjektive, »spirituelle« Zeugnisse werden penetrant ignoriert, wenn man von der unmittelbaren Gegenwartsgeschichte absieht, wo ab und an *Zeitzeugen* interviewt werden. Dadurch schließt man jedoch 99 Prozent des Beweismaterials aus, wenn man versucht, der Vergangenheit auf die Spur zu kommen. Wie viel aufregender, reicher und wahrer könnte die Historie jedoch ausfallen, wenn auch andere, subjektive Quellen zugelassen werden würden!
6. »Geschichte« müsste in diesem Fall völlig neu geschrieben und umgeschrieben werden. Das wäre jedoch begrüßenswert, es würde dem Fach eine vollständig neue Dimension geben.
7. Wenn die Reinkarnation zweifelsfrei als Faktum etabliert werden könnte, würde das bedeuten, dass wir Erinnerungen nicht im »Gehirn« speichern, wie heute allgemein angenommen wird. Das heißt, viele Psychologen, Psychiater, Nervenärzte, Gehirnforscher, Anthropologen und Ärzte würden sich auf dem völlig falschen Dampfer befinden, auf einem Irrweg, was das Gedächtnis angeht. Sie müssten ihre »alten« Wissensgebiete von Grund auf abändern. Manchmal müssten sie sie sogar völlig entsorgen. Pseudowissenschaften würden in Blitzgeschwindigkeit von der Bildfläche verschwinden.
8. Beinahe alle Wissensgebiete, die existieren, müssten ihren »Kurs« und ihre Grundlagen ändern. Unser neues Weltbild würde völlig

neue Betrachtungsweisen einfordern. Es ist nicht auszuschließen, dass dieses neue »Reinkarnations-Weltbild« die größte Revolution auf dem Gebiet praktisch aller Wissenschaften auslösen würde. In vielen Fachgebieten bliebe kein Stein auf dem anderen. Es würde in zahlreichen Wissensgebieten die Beurteilungskriterien für einen Sachverhalt zurechtrücken, Ziele und Forschungsrichtungen würden sich verändern, und man würde neue Schwerpunkte setzen. Es wäre eine wissenschaftliche Großtat, allein für die zehn bis 20 wichtigsten Fachgebiete neue Axiome zu formulieren, die dem Umstand der Wiedergeburt gerecht würden. In der Biologie beispielsweise würde man völlig neu nachdenken müssen, um »Leben« zu definieren und funktionierende Grundsätze aufzustellen, denn die »Biologie« ist die »Lehre vom Leben«, so jedenfalls die wörtliche Bedeutung. In der Astronomie und bei der Suche nach außerirdischen Intelligenzen würde man ebenfalls zu neuen Ansichten gelangen; denn wenn Leben schon immer existierte und im Grunde genommen »unsichtbar« und nicht den Gesetzen der Physik unterworfen ist, dann, ja dann …

9. Wir schätzen, dass weiter Tausende von neuen Wissenschaften entstehen würden. Vollständig neue Ansätze wären möglich, nicht nur in der Biologie und der Astronomie, nicht nur in der Physik und der Energiewirtschaft, nicht nur in Bezug auf die Medizin und in fast allen Sprachwissenschaften. Wenn sich die Grundlage derart verändern und verschieben würde, gäbe es mit einem Mal Fachgebiete und Forschungsrichtungen, von denen wir bislang nicht einmal geträumt haben.
10. Auch »Religion«, ja alle Religionen, würden sich von Grund auf ändern. Damit aber stehen wir der größten intellektuellen Revolution gegenüber, die überhaupt denkbar ist, denn das neue »Reinkarnations-Weltbild« würde alles, alles verändern.

FAZIT

Es mag ein Fehler sein – falls es frühere Leben gibt – sich auf ein einziges vergangenes Leben zu fixieren. Es mag nicht notwendig sein, eine einzige frühere Existenz zum Zentralpunkt des eigenen Denkens und Handelns zu bestimmen. Theoretisch müsste man von vielen vergangenen Leben ausgehen, was jedes einzelne Leben relativieren würde. Insofern kann die Fixierung auf eine einzige frühere Existenz, eine frühere Identität, eine Fallgrube in sich selbst sein, selbst wenn sie noch so hochspannend und aufregend ist. Es mag spirituelle Technologien geben, die weit über den Gesichtspunkt Omm Setis hinausgehen.

Und vielleicht mag es sogar klüger sein, generell über das Thema »frühere Leben«, sofern es den persönlichen Bereich betrifft, Stillschweigen zu bewahren, denn zu viel wurde bereits von tölpelhaften Witzbolden in dieser Beziehung zerredet und ins Lächerliche gezogen.

Es kann auf der anderen Seite nicht angehen, eine so wichtige Erkenntnis ganz unter den Teppich zu kehren, weil die Anstrengungen in allen Wissenschaften einen ganz anderen Verlauf nehmen würden, einen besseren, richtigeren, überlebensfreundlicheren Verlauf, wenn wir einer so bedeutungsvollen Wahrheit auf der Spur wären.

Festhalten müssen wir auf jeden Fall, dass das Phänomen der Reinkarnation momentan von der gängigen Wissenschaft nicht eingeordnet werden kann. Und während wir gestehen müssen, dass Séancen zu mehr als einem Betrugsszenarium genutzt wurden, während wir weiter annehmen, dass wir erst ganz am Anfang einer ernsthaften Forschung stehen, und während wir schließlich zugeben, dass mit der Erinnerung an frühere Leben in der Vergangenheit gelegentlich Schindluder getrieben wurde, müssen wir gleichzeitig realisieren, dass das Phänomen selbst zu wichtig ist, als dass man es ignoriert, ausklammert und vielleicht nur gelegentlich auf einer Party zur Sprache bringt.

Falls es mit der Wiedergeburt seine Richtigkeit hat, haben wir eine brandheiße Spur aufgenommen. Falls es sich um Wahrheit handelt, würde sich unser Horizont unendlich erweitern.

Insofern sind wir Omm Seti durchaus zu Dank verpflichtet.

NORMALE GESCHICHTSSCHREIBUNG VS. PARAHISTORIE

Die vorangegangenen Seiten haben uns gelehrt, dass wir aus der Geschichte die erstaunlichsten Erkenntnisse herausklauben können. Auch der »normale« akademische Mainstream-Historiker wird mit vielen vorgestellten Fakten übereinstimmen. Er wird zudem darauf verweisen, dass »Götter« oder »Heilige« oft nur die Problemfelder, Wunschvorstellungen und Bedürfnisse der Gläubigen widerspiegeln.

Und so viel ist richtig: Menschen können Götter und Heilige erfinden. Nicht eben wenige Menschen erschaffen sich ihre eigenen Götter oder Heilsgestalten.

Dieser Umstand ist besonders leicht zu erkennen, wenn man den Hinduismus mit seinen Tausenden von Göttern betrachtet: Jeder Hindu kann sich praktisch den Gott aussuchen, dessen Nasenspitze ihm gerade zusagt, wenn es sich nicht gerade um den Elefantengott Ganesha handelt, dem Gott des Glücks, der über einen Rüssel verfügt.

Viele Götter und Heilige sind nichts anderes als frommes Wunschdenken. Man kann sie unter dem Begriff »Aberglaube« rubrizieren. Der Aberglaube existiert also, es wäre ein Fehler, etwas anderes zu behaupten.

Buchstäblich jahrtausendelang wurden Krankheiten nicht sachgerecht behandelt, sondern von Priestern, Schamanen oder Geisterbeschwörern »ausgetrieben«.

Insofern versetzte die »akademische« Historie dem Aberglauben einen empfindlichen Schlag. Es handelte sich um ein höchst fortschrittliches Denken, dem man nur applaudieren kann.

WAS BLEIBT UND IST ZU ERWARTEN

Dennoch ist damit beileibe noch nicht die Existenz von »Geistern«, »Göttern« oder »Außerirdischen« widerlegt.

Innerhalb der Parahistorie verweist man sehr viel nachdrücklicher darauf, dass nicht nur Zivilisationen, sondern auch Religionen dem »ewigen Dreischritt« unterliegen. Er besteht aus Beginn, Fortsetzung und Ende – wir haben bereits darauf mehrfach aufmerksam gemacht. Auch Religionen (1) werden geboren, (2) behaupten sich eine Weile/sie verändern ihr Gesicht und (3) legen sich dann zum Sterben nieder.

Besonders in Phase zwei finden sich viele *Priester*, die schließlich behaupten, sie allein könnten den Willen der Götter interpretieren. Am Ende einer Zivilisation/Religion, in Phase drei also, herrscht immer eine namenlose Besitz- und Raffgier in den Reihen der Priester, wie ebenfalls schon ausgeführt. Zahlreiche Zivilisationen können für diese Behauptung in den Zeugenstand gerufen werden. Jetzt erst greift der »Aberglaube« wie wild um sich, er überwuchert alles wie Unkraut.

Und so werden hoch ethische Religionen am Schluss gewöhnlich pervertiert, nicht selten enden sie mit »Lehren«, die in vollständigem Widerspruch zu den Lehren am Anfang stehen.

Am Beginn einer Zivilisation und einer Religion dagegen finden sich tatsächlich oft »unerklärliche« Mächte und Gründer, die, zugegeben, im Nachhinein oft verklärt und zu Göttern erhoben werden. Aber wer kann schon mit absoluter Sicherheit ausschließen, dass es nicht tatsächlich am Anfang »Geister« mit weit überdurchschnittlichen Fähigkeiten gab, die auch außerhalb eines Körpers operieren konnten und gewissermaßen zu einer höheren Kategorie von Wesen gehörten? Damit zielen wir auf spirituelle Fähigkeiten ab und/oder auf eine technologische Überlegenheit. In gewissem Sinne ist es gleichgültig, ob wir von Außerirdischen sprechen, von Göttern, Geistern oder Seelen.

Die Berichte über »Geister« treten einfach zu oft in der Geschichte auf, als dass sie mit einem Achselzucken abgetan werden könnten.

Pythagoras, der große griechische Philosoph, lehrte, dass man nicht nur einmal lebt. Platon schloss sich seiner Meinung an sowie zahlreiche andere erleuchtete Lehrer der Menschheit, deren Intelligenz, Wahrnehmungsfähigkeit und Integrität man kaum infrage stellen kann. Pythagoras glaubte sogar, dass man in einem Tier reinkarnieren könne.

Die Berichte über »Schutzengel« oder »Dämonen« sind so zahlreich, dass allein die reine Quantität dieser Berichte zu denken geben sollte. Das Gleiche gilt für Berichte, welche die Tier- und Pflanzenwelt betreffen – die angeblich von Wesen beseelt sein können.

Unserer Ansicht nach wäre es arrogant und töricht, all diese Behauptungen von vorneherein als Lügen abzutun. Und während es auch der Wahrheit entspricht, dass sich viele Scharlatane im Rahmen verschiedener esoterischer Bewegungen tummeln, ist es ebenfalls korrekt, dass dort viele edle Gestalten zu finden sind, die geradezu verzweifelt auf der Suche nach der Wahrheit sind.

Scharlatane und Fälscher existieren jedoch auch im Rahmen der »normalen«, akademischen Historie – Beispiele haben wir zitiert. Kein Wissenschaftler kann behaupten, dass sein Fachgebiet frei von Missbrauch und Makel ist.

Die parahistorische Perspektive besitzt weiter den Vorteil, dass sich viele »unerklärliche Phänomene« auf einmal begreifen lassen oder sie zumindest ein Erklärungsmodell zur Verfügung stellt. Wir plädieren also dafür, beide Gebiete gelten zu lassen, die normale und die paranormale Historie. Es ist nicht auszuschließen, dass die Parahistorie in der näheren und ferneren Zukunft einen enormen Aufschwung nehmen wird. Vielleicht stehen wir am Beginn einer neuen, aufregenden Disziplin, die uns künftig die überraschendsten Einsichten serviert.

ZUM AUTOR

Frank Fabian studierte Geschichte, Germanistik und Philosophie in Würzburg und Frankfurt. Der ehemalige Fernsehjournalist, der im ZDF für über 200 Filmbeiträge verantwortlich zeichnete, schrieb bislang 25 (Geschichts-)Werke.

Der Bestsellerautor, der bisher in neun Ländern publizierte, erhielt zahlreiche Auszeichnungen, so dreimal die Goldene Feder.

Einige Erfolgstitel in Deutschland:

- *Die größten Lügen der Geschichte*
- *Die geheim gehaltene Geschichte Deutschlands*
- *Die mächtigsten Geheimbünde in Geschichte und Gegenwart*
- *Geheime Verschlusssache*
- *Wie Hitler hätte verhindert werden können*

Der Autor beantwortet jede konstruktive E-Mail persönlich und begrüßt den Kontakt mit seinen Lesern ausdrücklich.

Kontakt: frankfabian11@yahoo.com

ANMERKUNGEN

1 Vgl. J. Douglas Kenyon, Wie wissenschaftliche Erkenntnisse vertuscht werden, in: *Die Archäologie-Verschwörung*, Rottenburg 2011, S. 46 ff.

2 Davis Lewis, Das Geheimnis des Ursprungs Indiens, in: *Die Archäologie-Verschwörung*, S. 129 ff.

3 Davis Lewis, a. a. O., S. 132.

4 Frank Joseph, Japans Unterwasserruinen, in: *Die Archäologie-Verschwörung*, Rottenburg 2011, S. 258 ff. Vgl. auch verschiedene Berichte im History-Channel in den USA.

5 Viktor Farkas, *Rätselhafte Wirklichkeiten*, Rottenburg 2007, S. 22.

6 Vgl. Wikipedia, Stichwort Stefan Ossowiecki, sowie erneut Viktor Farkas, a. a. O.

7 Frank Fabian, *Was wir aus 10 000 Jahren Geschichte lernen können*, Suhl 2013, S. 16 ff.

8 Vgl. Helmuth von Glasenapp (Hrsg.), *Bhagavadgita*, Stuttgart 2003, 7. Gesang.

9 Horst A. Mehler, *Pokerspiel*, Güllesheim 2006, S. 305 ff.

10 Siehe http://www.jenseits-von-allem.de/Zitate.htm.

11 Vgl. Wikipedia, verschiedene Stichworte, wie Bridey Murphy.

12 Vgl. verschiedene Fernsehberichte in den USA, beispielsweise im Rahmen des History-Channels innerhalb der Redaktion »Ancient Aliens«. Mehrere Beispiele wurden hier zitiert.

13 Vgl. Rudolf Steiner, Atlantis, London 2001.

14 Siehe Joscelyn Godwin, *Atlantis*, Grafing 2014, S. 411. Die Vergleiche wurden von Godwin angestellt.

15 Godwin, a. a. O., S. 412.

16 Wilhelm Mohorn, *Raumenergie decodiert*, Güllesheim 2017.

17 Edward Cayce, *Das Atlantis Geheimnis*, München 1991.

18 Siehe Gregor Betz, *Descartes' »Meditationen über die Grundlagen der Philosophie«*, Stuttgart 2011.

[19] Siehe Gregor Betz, *Descartes' »Meditationen über die Grundlagen der Philosophie«*, Stuttgart 2011.

[20] Siehe Gregor Betz, *Descartes' »Meditationen über die Grundlagen der Philosophie«*, Stuttgart 2011.

[21] Siehe Gregor Betz, *Descartes' »Meditationen über die Grundlagen der Philosophie«*, Stuttgart 2011.

[22] Siehe Gregor Betz, *Descartes' »Meditationen über die Grundlagen der Philosophie«*, Stuttgart 2011.

[23] Die Zeit, 2003.

[24] Frank Fabian, *Die größten Fälschungen der Geschichte*, München 2013, S. 270.

[25] Frank Fabian, a. a. O., S. 271.

[26] Vgl. Wikipedia, Stichworte David Pilbeam und Evolutions-Kritik.

[27] Frank Fabian, a. a. O., S. 278.

[28] Vgl. Michael Brehe, *Darwins Black Box, Biochemische Einwände gegen die Evolutionstheorie*, publiziert bei Amazon, Deutschland, 2007, S. 27.

[29] J. Douglas Kenyon, *Die Archäologie-Verschwörung*, Rottenburg 2011, S. 26.

[30] J. Douglas Kenyon, a. a. O., S. 27.

[31] Vgl. Stephen Jay Gould, *Ever Since Darwin*, Frankfurt 1984.

[32] Vgl. diese und andere Fakten: Will Durant, *Das Vermächtnis des Ostens*, Band I, Lausanne, ohne Jahresangabe, S. 185 ff.

[33] Wikipedia, Vgl. die Stichworte Sumerische Sprache und Keilschrift.

[34] Will Durant, a. a. O., S. 187.

[35] Will Durant, a. a. O., S. 189.

[36] Stephen Mitchell, a. a. O., S. 152.

[37] Will Durant, a. a. O., S. 189.

[38] Will Durant, a. a. O., S. 201.

[39] Will Durant, a. a. O., S. 212.

[40] Vgl. Will Durant, *Das Vermächtnis des Ostens*, Band II, Lausanne, ohne Jahresangabe, S. 188.

[41] Will Durant, a. a. O., S. 256.

[42] Stephen Mitchell (Hrsg.), Gilgamesch, a. a. O., S. 81 ff., vgl. weiter Will Durant.

[43] Vgl. Will Durant, *Die Entstehung der Kultur*, Lausanne, ohne Jahresangabe, S. 214 ff.

[44] Christian Jacy, *Die Pharaonen*, München 1996, S. 22.

[45] Vgl. Erdogan Ercivan, *Verbotene Ägyptologie,* Rottenburg 20411 sowie *Das Sternentor der Pyramiden*, München 2001.

[46] Vgl. das Stichwort Re in Wikipedia.

47 Frank Fabian, *Der falsche Pharao*, Clearwater 2012.

48 J. Douglas Kenyon, a. a. O., S. 156.

49 J. Douglas Kenyon, a. a. O., S. 321.

50 Vgl. Hesiod, aspis 4-6.

51 Dieses und die folgenden Beispiele zitiert nach: Frank Fabian, *Die geheime Geschichte von Jesus Christus*, 20192, S. 14 ff.

52 Frank Fabian, a. a. O., S. 14 ff.

53 Vgl. Poma de Ayala, Felipe Guamán, *Die neue Chronik und gute Regierung*, hgg. von Ursula Thiemer-Sachse, Berlin 2004, Kap. 78, 3408.

54 Ulrike Peters, Die Inka, Wiesbaden 2018, S. 134.

55 Ulrike Peters, a. a. O., S. 223, dort zitiert nach Pedro Pizarro.

56 Vgl. Wikipedia, Stichwort Inka, sowie Ulrike Peters, a. a. O., S. 149.

57 Wikipedia, Stichwort Mythologie der Inka.

58 Vgl. Ulrike Peters, a. a. O., S. 95.

59 Seref Aygün, *Ganz oben*, Suhl 2002, S. 32.

60 Vgl. Wikipedia, Stichwort Azteken.

61 Vgl. Wikipedia, Stichwort Azteken.

62 Reinhard Rinnerhtaler, *Verzeichnis der Krankheits-Patronate*, Salzburg 2007.

63 Herodot, *Historien II*, 66,67. Diese Information ist auch zu finden bei Wikipedia, Stichwort Bastet.

64 Vgl. Will Durant, Das Vermächtnis des Ostens, Lausanne, ohne Jahresangabe, S. 214.

65 Vgl. Will Durant, *Kulturgeschichte der Menschheit*, Frankfurt, München, 1972.

66 Gef. bei: Karlheinz Deschner, *Kriminalgeschichte des Christentums*, Band II, Reinbek bei Hamburg 1996.

67 Vgl. Karlheinz Deschner, *Kriminalgeschichte des Christentums*, Reinbek bei Hamburg, 2006.

68 Will Durant, *Das frühe Mittelalter*, Frankfurt 1981, S. 455.

69 Will Durant, a. a. O., S. 476.

70 Vgl. Frank Fabian, *Geheimnisvolles Mittelalter*, München, 2024.

71 Will Durant, *Cäsar und Christus*, Lausanne, ohne Jahresangabe, S. 93.

72 Will Durant, a. a. O., S. 95.

73 Will Durant, a. a. O., S. 98, Zitat aus dem Imperfekt ins Präsens gesetzt.

74 Will Durant, a. a. O., S. 101.

75 Vgl. Wikipedia, Stichwort Hannibal.

76 Frank Fabian, *Die geheim gehaltene Geschichte Deutschlands*, München 2018, S. 358 ff.

77 Vgl. Wikipedia, Stichwort Patton.

78 In einer TV-Sendung, ausgestrahlt von CNN, 2016, wurde hierauf ebenso reflektiert wie hier: George S. Patton, *War as I knew it*, Hougton Mifflin, 1947/1975. 1947 wurden Teile der Papiere Pattons veröffentlicht. Später folgten weitere Memoiren-Bände.

79 Vgl. Barbara Lesko, Breaking Ground: Women in Old World Archaeology, PDF im Internet.

80 Vgl. Dorothy Eady with Hanny El Zeini, *The Search for Omm Seti*, New York 1987.

81 New York Times vom 26. Juli 1987, John Anthony West, »She had her life to live over«.

Wie die deutsche Geschichte hätte verlaufen können

Wie hätte sich Deutschland entwickelt, wäre die Revolution 1848 anders verlaufen? Was wäre passiert, wenn die Machtergreifung Hitlers verhindert worden wäre? Es gibt viele solcher Schlüsselmomente der deutschen Geschichte, die Gegenwart, Zukunft und Selbstverständnis dieses Landes geprägt haben.
Anhand von unterhaltsamen alternativen Szenarien zu Ereignissen der deutschen Vergangenheit zeigt Frank Fabian, dass Geschichte immer das Produkt bestimmter Entscheidungen ist, und erläutert, warum es sich lohnt, alternative Handlungsstränge der Geschehnisse zu entwerfen – um künftig bessere Entscheidungen für die Zukunft zu treffen und so den Lauf der Geschichte positiv zu beeinflussen.

240 Seiten
Hardcover
20,00 € (D) | 20,60 € (A)
ISBN 978-3-86881-930-4

---

www.redline-verlag.de

REDLINE | VERLAG

Deutsche Geschichte, wie sie in keinem Schulbuch steht

Frank Fabians spannende Neuauswertung historischer Fakten über Geheimdienst und Spionageaktionen, Medienmanipulation, Nazi-Versteckspiele in der BRD und DDR sowie die Geschichte der Bundeskanzler zeigt, dass die deutsche Politik in weit größerem Ausmaß von den Geheimdiensten bestimmt wurde und wird, als viele denken. Vieles davon wird bis heute schlicht unter den Teppich gekehrt und verschwiegen.
Von der Gründung der deutschen Geheimdienste mithilfe von NS-Mitgliedern bis hin zu Schröders fragwürdiger Beziehung zum Kremlchef Putin – es ist an der Zeit, Licht ins Dunkel zu bringen und einen Blick auf den tatsächlichen Einfluss der Geheimdienste auf die Geschichte Deutschlands zu werfen.

400 Seiten
Hardcover
20,00 € (D) | 20,60 € (A)
ISBN 978-3-86881-901-4

---

www.redline-verlag.de

REDLINE | VERLAG